江山与人民

中国治理体系解析

熊万胜 著

中国人民大学出版社
·北 京·

哪里有幸福，哪里就有真理

序　言

自计划经济向市场经济转轨以来，人们便通过市场竞逐各种生活机会。经验证明，在资源配置上“市场”较“计划”具有更高的效率，但在“社会”效应上，市场经济推动了高流动（横向的空间流动与纵向的地位流动）的同时也促成了社会高分化（从一般的贫富分化向两极分化的自然演变），且在伦理上推动了以个人责任（对家庭、对单位、对国家承担责任）为核心的道德规范向以更加注重个人权利或利益的方式演进。相互冲突的意向和利益导致大量社会失范行为的产生。如何认识这个曾被单位体制全部吸纳，又随单位体制的解体而自发形成的“社会”，以及如何管理或治理这人人卷入其内且急剧变动又模糊不清的市场经济社会，使之稳定有序，并且赋予其新的生活意义，便成为朝野关注的大问题。回答这一问题也变成了我国社会学界必须承担的学术责任。

一代人的学术研究方向便是研究者对身处其内的时代问题的探讨与回答，目的是理解给其造成内心困惑的诸多“社会”问题。于是，各种有关“社会转型”和“社会治理”的学术论文、论著涌现。熊万胜的新著《江山与人民：中国治理体系解析》，乃是在综合文献资料和作者十余年到全国各地调研成果的基础上，试图为理解“治理”问题提供一些新思考、新观点、新贡献。本书立意甚为宏阔，希望通过宏观社会学的比较法和历史法，解析社会治理问题的中西之别与古今之变，以期用宏大的视野深入地理解当代中国社会治理的若干特质——它的历史沿革与创新、它的优势与依然存在的问题。重点是想回答中国共产党如何有效地处理人民之间的差异性，或者说作者反复强调的“上下联结”的中国特色问题。

该书的主旨是回答“系统力量是如何联结生活世界的”这一问题。作者认为，中国现已形成的上下联结模式有三大特征，并内存治理优势：一是系统力量主动介入生活世界；二是直面有差异的具体个人；三是系统生活化要比群众政治化更为契合当代中国社会与政治的实际运行。这些学术化概念的实际指涉与内容，在该书内有具体的说明。其大意是将民众所急之事、所难之事、所愁之事、所盼之事，通过基层政府的积极主动行为以及其与各社会组织和民众自身的“共建、共治”，在基层社区内得到有效的处理、解决（共享）。从“治效”的角度看，这种颇具中国特色的治理方式比西式民主有效得多。说实在的，西式民主制度设计本身并不在于“治效”，而在于西方一再鼓吹的“政治合法性”，在于限制“行政权的集中”，即防止“行政集权”干坏事，然而，这样的政体也难以为民众办好事。中国的政治目标是为人民谋幸福，为民族谋复兴。中国的治理体系既能“集中力量办大事”（这方面我们已有成功的经验），又能“集中力量办小事”，即基层民众各种急难愁盼之事（分而言之皆是小事，合而言之便是大事）。集中力量办“大事”不易，但集中力量办好群众急难愁盼的“小事”更难。如何促使中国基层政府在对上负责的同时更多地对下负责，如何将为人民服务的好事办好（群众满意）而不办坏，这依然是中国社会治理中的重大问题。

希望回答当代中国治理问题，这是作者的宏愿；至于是否有效地回答了该问题，只有交给学术界同行与读者判断了。在我看来，具有960多万平方公里国土和14亿多人口的超大型社会，各地区间存在着很大的差异，且改革开放以来因市场化而形成的“社会”，其与政治、经济、文化、生态相区别的领域边界向来模糊不清，更重要的是这个社会领域处于急速变化之中。黑格尔有句名言，“密纳发的猫头鹰要等黄昏到来时，才会起飞”（密纳发的猫头鹰是罗马神话中的智慧之神），意思是只有当一个历史过程终结之后，才能对其进行哲学反思，并获得对它的理解。如今，社会治理的迫切需要迫使密纳发的猫头鹰在清晨就起飞，这对一切关注社会变革的人来说只能是一种勉为其难的努力。该书叙述宏阔，论述疏失甚至过于武断在所难免；至于“具象社会”与“抽象社会”之分、“框架性国家”与“榫卯结构”概念之用，或存商榷空间。若该书能引发学术界同行与读者的讨论与批评，我想这也是作者的期待。

曹锦清

2022年4月

自序：静水深流的中国社会

1960年代晚期到1980年代早期，是中国乡村生活很特殊的一段时期。温饱、团结、安全、礼数、亲情、适度紧密且不失人情的干群关系，以及受到家长高度信赖的小学教师，这些出现在同一个村里。这是一种贫穷但是紧密的共同体生活，对于儿童和老年人来说是比较理想的；但对于当家过日子的人来说，他们必须忍受物资匮乏和人际关系摩擦。社会转型广泛地消除了贫困状态，也普遍地瓦解了这种共同体。我出生在1970年代的乡村，也算是亲身经历过从小共同体到大社会的转型过程。

社会转型有的时候非常明显，比如19世纪中晚期的坚船利炮、1950年代的社会主义改造和人民公社化运动、1980年代的人民公社解体、1990年代的企业改制或者21世纪加速的城镇化，等等。有些变化却是不知不觉地发生的，如同在平静水面之下的深处涌动的暗流，悄悄地改变了乃至翻转了我们的生活。比如，信息技术逐渐成为社会的基本架构，人们沉浸在虚拟世界里的时间越来越长，人的时空观念的改变，乡村高度老龄化，年轻人结婚和生育的意愿下降，国民身心素质的变化，城镇中个体经营单位的占比迅速提升，单位内部人际关系和政府行为的制度化，家庭内部语言交流的进一步减少，人际关系的个体化，不乱扔垃圾的习惯的形成，等等。有些变化的性质还难以判断，也有些变化对于国家来说明显是积极的，比如民族自信心的提升，年轻人对于社会主义制度的认同明显加深，社会治理能力的提升，社会安全感的大幅增强，等等。这样的转型没有明确的时间起点，起步的时候不明显，等到被人们注意到的时候，已经有相当的深度了。它们可以说是隐性的社会转型，不同于前面的显性的社会转型。

观察这些静水深流的变化是学者的重要责任。近些年的隐性转型出现了世界同步的趋势。这种同步的转型中有一个深刻的道理，可以这样概括：经济系统对于社会文化领域逐渐冷漠。在涂尔干的时代，当时的理论家都相信，经济基础会主动地对上层建筑或者社会文化提出要求，即要求它们做出改变来配合自己的发展。涂尔干相信，如果没有强有力的社会整合，系统领域的社会分工就进行不下去，所以分工会催生道德。现在，我们看到了另外一种趋势：经济基础不再对上层建筑或者社会文化提出积极的要求，而是提出消极的要求，即不是要求它们积极地配合自己，而是要求它们不要妨碍自己就可以了。所谓的“脱钩”就是系统对社会文化领域提出新要求的方式。这是因为，新技术为系统力量提供了可以替代制度变革的便利。在发达国家还有另外一些因素，使得经济系统可以对于社会整合保持高冷姿态：主要的企业成了跨国公司，它们的社会责任感发生了变化。整个国家从不平衡的国际政治经济秩序中获利。有些发达国家进口主要的工业品，并且引进人才，伴随着产品和人才被引进的，是其中蕴含的勤劳、守纪律和智慧等文化品质。如果文化品质可以进口，何必要给自己的教育和文化系统加压？

全球化使得分工和分化在全球范围内发展，国内社会系统的完整性开始瓦解，如同市场经济在国内瓦解乡村社会一样。如果可以测量各国社会系统的完整性，就会看到很大的差异。国家内社会系统的不完整性首先出现在顶尖的国家中，它本身是全球化的发动机，必须首先将本国经济的部分功能转移出去，才能促动全球分工，并在分工中更好地发挥自己的比较优势。国际分工一开始只是经济上的分工，但是正如前面所说的，产品背后内含的是人的文化品质，因此，社会系统的不完整性就会在经济结构和文化结构上同时体现出来。美国想要再次“伟大”，想要召回一些制造业，但是发现要找到适应这种制造业的劳动力很不容易，这不仅仅是劳动力结构的不完整，也是文化结构的不完整。美国没有意愿也没有能力恢复自己的文化结构，它最想做的事情是继续巩固自己的全球霸权，继续维持自己的生活模式。

不同的国家有不同的活法。一个能够在全球竞争中保持上进的后发国家，它应该具有怎样的社会特征呢？我想，它既要获得全球化的好处，也要尽可能地弱化全球化对本国社会系统的瓦解。或者说，它要成为一个尽可能完整的社会。这样的社会至少能够在关键领域保持基本的自给自足。需要保持基本自给的不仅仅是农产品和关键工业品，更有合格的劳动力和高品质的人才。有些后发的发达国家，比如日本和韩国，似乎就擅长培养自己需要的拥有各方面文化品质的人才，只是数量上有所不足。一个完整的社会所需要的人才，在数量和质量上都要有保障，如在质量方面，不仅要强调能力和素质，还要强调身心的健康。反过来说，一种身心健康的方案，或者某种道德理想，也只有当它能够带来很现实的且不可或缺的好处时，它才不至于太过空想。我相信，关注人的身心健康会给国家带来不可或缺的好处，因为国家的前进必须自给自足一些最关键的能量。这样来谈人，并不是抱着一种冷冰冰的功利态度，把人当成社会整体的工具。在本书中我想说明的一个核心观点是国家的生存与人的活法之间存在契合性。身心的健康是人生幸福的基本条件，而这个基本条件不是个人或者家庭靠自己就能满足的，它需要整个社会一起来努力，既提升人民的身心素质，又保障国家的持续发展。这对中国来说尤其如此。

既提升人民的身心素质，又保障国家的持续发展，这是在强调治理体系的社会建设能力。在本书中，我讨论了治理体系的体系化结构、与特定的理想人格目标联系在一起的文化根基、资源共享的倾向及其内容和方式、依赖人格化联系的运行机制。在这样的体系中，每个人都是作为实名制的人被联结在一起的，国家直面每个人的差异性。这样的治理体系的能力不限于维持秩序，它的理想也绝不限于长治久安。塑造理想的人格始终是中国国家治理的基本目标。如果一定要用功能主义的眼光看问题——这当然太狭隘了，我们会说，传统中国对教化的重视是为了维持秩序，今天，我们还要从持续发展的角度来理解理想人格的塑造问题。这提出了一个内圣与外王之间关系的新角度，是否合适，就让读者来判断吧。如果理想的人格应该是既独立又完整的，我感到，从人格的完整性起步才是更有希望的。这是我对这种东方文明的自信。

2022 年 3 月

目　录

导论：如何想象中国社会

批判性反思的出发点是认识到你究竟是谁，认识到你自己也是一种历史过程的产物，它在你身上留下无数的痕迹，但你却理不清它的头绪，因此，找出这头绪就成为当务之急。

——葛兰西《狱中札记》

中国到底算是哪一类？这在近些年来再次成为一个广受关注的问题。从现象上看，这是从2004年以后关于“北京共识”和“中国模式”的讨论开始的一场知识运动①。虽然主要的参与者是学者，但学术讨论是社会思潮的反映。这种知识运动的发生，既因为中国自己的状况发生了很大的变化，也因为中国相对于他者的地位发生了很大的变化。

中国到底是怎样的国家和中国社会到底是怎样的社会，谁会对这个问题很关心呢？最关心这个问题的是必须处理国家间关系的政府。“中国”这个词本身是一个地理意义上的名词，可以解释成“居中的国土”。“华夏”可能是关于中国特性的最早的官方表述：“中国有礼仪之大故称夏，有服章之美谓之华。”各个朝代都会给本朝起一个名字作为“国号”。有趣的是，早期的朝代名字没有特别的寓意，甚至也不像百姓给子女起名字那样寄予美好的期待。它往往出自开国皇帝过去的封地、爵位甚至任职的地方，比如汉朝之所以叫作“汉”，最直

① 美国高盛公司高级顾问、清华大学教授乔舒亚·库珀·雷默（Joshua Cooper Ramo）于2004年5月11日在英国外交政策研究中心发表了一篇题为《北京共识》的研究报告。这篇报告全面总结了中国20多年改革开放的经验，第一次在国际上提出“北京共识”（Beijing Consensus）。至于“中国模式”，则是一个出现很早的口语式表达。秦宣对这个词的提出有完整的梳理，参见：秦宣．“中国模式”之概念辨析．前线，2010（2）。

接的原因是刘邦曾经被封为汉中地区的汉王。唐朝之所以叫作“唐”，是因为唐高祖李渊曾袭封“唐国公”。也就是说，古代国号的意思是：皇帝本人或家族曾经是什么，名字即根基。这些名字具有很强的私人性和地方性，皇帝老老实实地向天地报告自己的来历。但是到了后来，国号就越来越有寓意，包含了合法性论证。元代是一个突破，元代的“元”取之“大哉乾元”，它要做新的开端。明代的“明”寓意日月光明。清代何以命名为“清”在今天是一个谜。到了中华民国和今天的中华人民共和国，不再是王朝，也不再以当权者的来历为国命名，寓意就更加明确了。其寓意的方式可以理解成：以我们想要成为的社会状态作为我们的名字，名字即理想。

以往的朝代命名只在中国的历史中考虑问题，不必照顾周边的国家。到了中华民国和今天的中华人民共和国，就必须考虑在这个地球上“我是谁”，所以，国名中直接嵌入“中”“国”两字。同时，使用“中华”，也代表了对历史的承续。因此，“中华人民共和国”就代表了我们在全球化的时代想要成为一个属于人民的、按照共和制来组织的继往开来的新中国。

对于中国到底是怎样的国家和中国社会到底是怎样的社会，还有一些人也是非常关心的，即其他国家的商人、宗教传播者、学者。经过 180 年的接触和研究，中国社会对于西方知识界和官方智库已经彻底祛魅。最明显的证据就是，在各门社会科学中关于中国研究的范式大多出自西方学术界，西方人成了中国人研究中国的“导师”。摆在中国学者面前的任务是：要在“西方导师”的中国研究的基础之上，努力创造出自己的理论阐释乃至范式。

中国学者用现代方法研究社会大致可以从 1910 年代算起，这个时间点之前有一些重要的铺垫，如 1898 年建立京师大学堂和 1905 年废除科举制度。在废除科举制度之年的前后就开始有文科留学生毕业归来。除了海外归来的学者，也有一些更加本土的思想者展开了自己的中国研究，比如 1927 年完成《湖南农民运动考察报告》的毛泽东、1920 年代写出《中国文化史》的梁启超、1930 年代写出《乡村建设理论》的梁漱溟。新中国成立以后，社会科学的自由探索进入低潮。改革开放以后，社会学、政治学等社会科学得到重建。与此同时，自由主义思潮重新兴起，对于中国传统体制和文化的批判一时成为风潮。这股风潮一直延续到 2004 年开始出现关于“北京共识”和“中国模式”的讨论，才算是进入一个全新的阶段。在这个阶段，中国知识界开始用学术的方式表达社会中逐渐提升的自信心。这种自信心来自中国社会的持续现代化和人民生活水平的持续提升，也受到一些重大事件的影响。比如，2006 年完成的农村税费改革，2007 年美国次贷危机引起的全球金融危机以及中国的应对，2008 年第 29 届夏季奥林匹克运动会在北京的举办，2012 年以后的强力反腐败，以及中国政府在 2020 年波及全球的新冠肺炎疫情大考验中的表现，都进一步地提升了整个民族的自信心。

在这个过程中，经济学的反思是比较早的，也是富有成效的。但对于中国政治制度和过程的本土理解却很难突破，这是意识形态建构的核心领域，西方的思想家和学者已经经营了几百年。

尽管如此，中国学者也还是投入了巨大的精力展开了本土化的论述。比较著名的如王绍光主持的关于“理想政治秩序”

的研讨[①]，潘维主持的关于“中国模式”的讨论[②]，甘阳等人关于“通三统”和古典文化的当代意义的论述[③]，赵汀阳关于“天下”的思考[④]，刘复生关于政治儒学的设想[⑤]，等等。以上研究多数是从哲学、政治学或者中国文化的视角展开的。社会学相关学科的研究有所不同，主要的差异是它们很注重最基层的生活领域的经验，试图在宏观和微观的对接中把握中国社会的特质。人类学家王铭铭提出的文明是对一个“超社会体系”的思考成果，试图对于中华文明的内在混杂性给出一个理论解释[⑥]。相比而言，黄宗智的研究是比较独特的，他是从历史学中的法律研究和农业经济研究推进到对于中国社会整体性质做出判断的，从而使得他的研究具有特别丰富的经验基础[⑦]。相

① 王绍光．理想政治秩序：中西古今的探求．北京：生活·读书·新知三联书店，2012.

② 潘维．中国模式：解读人民共和国的 60 年．北京：中央编译出版社，2009.

③ 甘阳．通三统．北京：生活·读书·新知三联书店，2007；丁耘．中道之国：政治·哲学论集．福州：福建教育出版社，2015；柯小刚．古典文教的现代新命．上海：上海人民出版社，2012.

④ 赵汀阳．天下的当代性：世界秩序的实践与想象．北京：中信出版社，2016.

⑤ 刘复生将这段时间的观点概括为“文明中国”论，且分为三类：政治儒学、古典学派和“中国道路”派。刘复生．“文明中国”论的图谱．文艺理论与批评，2017（6）.

⑥ 王铭铭．超社会体系：文明与中国．北京：生活·读书·新知三联书店，2015.

⑦ 黄宗智．中国的新型正义体系：实践与理论．桂林：广西师范大学出版社，2020. 还可参考他的一些论文，比如：黄宗智．重新思考“第三领域”：中国古今国家与社会的二元合一．开放时代，2019（3）；黄宗智．从土地的资本化到资本的社会化：中国发展经验的新政治经济学．东南学术，2021（3）。这里且不列出他的经验性的农业经济研究和法律研究方面的重要著作。

关的研究应该还有不少，囿于笔者的阅读范围狭小，不能周遍地注意到。

在本书中，笔者想要提出的是另外一种理解中国社会特质的思路。这是一种关于中国社会如何被组织起来的研究，尤其是要在这个流行“脱钩”的时代，研究中国社会中的上下联结问题。这种研究是从一个人们都熟悉的经验事实开始的。比如在中国的精准扶贫过程中，我们对于扶贫对象的了解是十分透彻的，从家庭地点、家庭人数、住房与周边环境、土地等资产、家庭的亲属关系网、邻里关系，到每个人的姓名、性别、年龄、身体状况、受教育程度、就业情况、实际收入等，几乎都要了解，虽然不一定都要记录在册，但要确保有人知道，因为所有这些对于精准扶贫的成效都有影响。当国家如此了解群众的时候，群众就是具体的，或者说具象的。我们能够做到这一点，正是依赖于和群众之间的人格化的日常联系。因此可以说，中国用这些日常联系替代了宏大的结构性互动，而替代的可行性来自独特的组织社会的方式。笔者把欧美的社会称为“抽象的社会”，而把采取这种依赖人格化的日常联系组织起来的社会称为“具象的社会”。

在如此巨大的中国社会中采取这种人格化的社会组织模式，必然要依靠一套复杂的结构，并依托独特的机制、丰富的资源和相应的文化才能实现。本书注重研究其中的结构，机制、资源和文化都作为理解这套结构的重要因素。这套结构可用一个现成的而且常见的词来表达，也就是“治理体系”。

“治理体系”一词的提出是中国人的制度自觉的结果。很多人都注意到这是一个非常能够给人带来想象空间的词，值得努力把这个政策提法发展成一个社会理论的术语。在描述中国的总体治理结构时先后出现过多种提法，2013 年十八届三中全会正式形成了“治理体系”的表述。2019 年十九届四中全会的完整提法是：“坚持和完善共建共治共享的社会治理制度，保持社会稳定、维护国家安全”，“社会治理是国家治理的重要方面。必须加强和创新社会治理，完善党委领导、政府负责、民主协商、社会协同、公众参与、法治保障、科技支撑的社会治理体系”。“共建共治共享”是某些制度集成，更是中国式治理体系的一种理想追求，要实现这个治理体系的理想状态需要依靠“党委领导、政府负责、民主协商、社会协同、公众参与、法治保障、科技支撑”。

“治理体系”这个词的理论潜力不仅仅出自“治理”。“治理”这个词在英语中以 governance 出现时，是世界银行等机构为受援国的政治体制和机制提出的社会改革方案，它替代了简单的选举式民主的方案，深入制度运行的细节中。但这个词被翻译成中文的“治理”之后，迅速激活了中国传统的治国智慧。人们发现，如果能从中国的历史经验出发看问题，“治理”这个词实际上照亮了中国国家运行的长处。这确实是一次戏剧性的语义翻转。继而，有学者如曹锦清依据中国的治理实践提出了“治体”一词，作为替代西方政治学理论中的“政体”思维的新概念工具。他认为，中国政治学“要将重点从‘政体’转向‘治理体系’的研究。中国政治学说史向来无政体一说，重在治体，而西方的学说重在政体，轻于治体。西方以政体为中心的政治学说理论的研究源于古希腊尤其是亚里士多德的政体说，而中国政治传统重在治体，它分为治道、制度与治术，在这个论述上向来是儒法合流的”①。本书也将“治体”理解成“治理体系”的简称，如同将“政体”理解成“政治体制”的简称。这样一来，我们可以同时连接“治理”与“体系”这两个术语背后丰富的历史经验和理论脉络。

对于治理体系，本书主要研究的是它整合社会尤其是联结上下的功能，研究以治理体系实现社会整合的条件和普遍性意义。治理体系的结构不是本书的重点，这是另外一个很有意义的研究领域，国内外很多同行做过很好的探索，笔者在《体系：对我国粮食市场秩序的结构性解释》和一些文章中也做过讨论，要说清楚它还需要非常多的努力，只能留待将来。治理可以分类，比如政府治理、社会治理、经济治理、文化治理、生态治理等，本书所研究的是国家治理中和百姓有直接关联的那些方面，因此与“社会治理”比较有关系，但又不限于狭义的“社会治理”，而是所有可以被百姓直接感受到的治理，可以说是一种广义的“社会治理”。

一　上下如何“联结”

1. 联结问题的提出

治理体系要解决的问题是一个社会整合的问题。对于中国

① 曹锦清．郡县中国与当代国家治理．华东理工大学学报（社会科学版），2017（5）.

来说，社会整合的中心问题始终是一个“联结”问题，也就是如何在社会权力的上层结构和下层结构之间，或者说中心结构与边缘结构之间建立良好的联结。

在幅员辽阔而且人口众多的中国，这种依托于政府科层体制的上下之分和阶级、城乡、民族、区域、产业或身份等关系糅合在一起，国家权力要借助这些关系才能抵达基层。这些关系既可以是权力的通道，也可以是权力的障碍。在传统中国，社会整合的程度总体是不高的。费孝通将传统中国的上下结构理解成“双轨”[①]，也就是说，存在自上而下和自下而上双通道，相互协作来解决中国社会存在的治理问题。但在黄仁宇看来，上下之间的沟通机制是非常无力的，根本不能对外来压力做出有效的反应。他将这样的上下结构比喻成“潜水艇三明治”——一种美国面包：上下两片长面包，中间一些蛋黄酱和莴苣叶[②]。

这种上下之分非常顽固，而且难以打通。不仅仅是中国如此，那些被动进入现代化的民族都会发现自己的上下之分是一个障碍。迈克尔·曼认为，传统国家总体上基础性权力薄弱，也就是国家权力难以渗入基层[③]。这样的国家如果要实行自我改良，很容易上动下不动；如果一定要动，发挥了自主性的国

① 费孝通．费孝通全集：第5卷（1947）．呼和浩特：内蒙古人民出版社，2009：34－52.

② 黄仁宇．万历十五年（增订本）．北京：中华书局，2007：243；黄仁宇．中国大历史．北京：生活·读书·新知三联书店，1997：273；黄仁宇．我相信中国的前途．北京：中华书局，2015：15，22，159－160.

③ 曼．社会权力的来源：第2卷·上．陈海宏，等译．上海：上海人民出版社，2007：67－71.

家高层就可能和自己的社会基础发生断裂，引发社会革命①。晚清中国的辛亥革命就可以做此理解。到了蒋介石那里，他在形式上统一了中国，也打造了一种有着大概规模的新的高层结构，包括统一的军令和征兵法、新的国民政府、法币与中央银行、新型教育制度等，但是，他没能改变社会基层结构②。结果，他也输掉了大陆政权。而中国共产党在接手政权之后，也接手了这样一个上下脱节的中国。毛泽东在1956年总结出了“十大关系”，其中的产业间的关系（农业、轻工业和重工业）、建设主体间的关系（国家、生产单位和生产者个人）、中央和地方的关系、党和非党的关系、革命和反革命的关系，这五大关系都可以说是上下之间关系的当时体现。最后的解决方法是发起一场彻底的社会革命，而不是不彻底的政治革命。社会革命的结果是将所有的国民都组织到各种单位里，通过行政命令推动运转。

可以认为，新中国成立之初的制度是一种用政治整合替代了社会整合的总体性安排③，它的优点是整合程度高，缺点是社会代价大，社会活力激发不出来，导致体制的僵化和单位的低效率。走向改革也是上下分头展开的，尤其是下层结构发挥出了活力，最后形成了上下共振，走出了计划经济体制以及这种体制规定的高度组织化的社会整合机制。上层结构与下层结

---

① 斯考切波．国家与社会革命：对法国、俄国和中国的比较分析．何俊志，王学东，译．上海：上海人民出版社，2007.

② 黄仁宇．大历史不会萎缩．桂林：广西师范大学出版社，2004：211.

③ 孙立平．从政治整合到社会重建．瞭望，2009（36）.

构之间的差异性也再次凸显出来，但是，这个时代的上下层关系和传统中国已经有很大的不同，传统中国尤其是明清时代的上下分层既是社会分层也是空间分异，上下与城乡、中心—边缘这样的空间结构有对应关系。上下之间可能是因为距离或皇权的无为而相安无事，中间靠高度认可官方的绅士做上下联结。改革开放以后的上下之间的关系在空间上是一体的，国家权力机构一竿子插到底，遍布全国各处，由干部直接治理基层。它呈现以下两个特点：

其一是上下之间的紧张。计划经济体制是一个国家依赖以乡村为主体的下层结构供养上层结构，继续推动工业化发展的模式，国家通过农民集体汲取乡村资源，农民缺少直接感受，且高强度的政治整合掩盖了其中的张力。市场化改革激活了农民的主体意识和利益观念，使得国家再次直接面对亿万小农，这种高强度的索取被所有农民直接感受到了，它的合理性也就受到了质疑。尤其是，在国家索取过程中的干部腐败问题也变得严重起来，使得城乡二元分割体制尤为不平等。徐勇用“非均衡的中国政治”来描述这种巨大的不平等①。实际上，不仅仅是城乡之间不平等，改革采取了体制内和体制外的双轨体制，也形成了巨大的寻租空间，迅速地激化了社会矛盾。其二是出现了新的下层结构。在微观的层次上，人的自主能动性得到了极大的发挥，30 年的计划经济体制使得体制内富集了巨

① 徐勇．非均衡的中国政治：城市与乡村比较．北京：中国广播电视出版社，1992.

量的资源和极大的权力，正好通过关系化公为私，搞关系成为一种相当普遍的生存策略。这种关系学的发达在计划经济时期就已经开始了[①]，在经济搞活的时代得到了充分的释放。台湾出生的美籍华裔人类学家杨美惠 1981 年来到北京留学，被这种不同于台湾社会的关系学形态震惊了，以一种紧张的心理展开了她的惊奇之旅，最后写出了一本《礼物、关系学与国家：中国人际关系与主体性建构》。她的结论是，尽管国家政权建设已经一竿子插到底了，但是人们的关系网又从横向上发展出一个“第二社会”，形成了两个社会之间的张力[②]。当时，在基层出现了同样腐败的版本，贺雪峰称之为“权力的利益网络”[③]。李友梅等人在总结改革开放 30 年经验时提出了一个“制度—生活”的分析框架，是对于这种新的上下之间关系的一个理论概括，其中的“生活”主要指的是人在体制环境中的能动性[④]。

此时，国家政权建设在形式上早已经完成了，然而，上层结构与下层结构之间的联结问题却没有解决，1990 年代被广

---

① WALDER A G. Communist neo-traditionalism：work and authority in Chinese industry. Berkeley：University of California Press，1986.

② 杨美惠．礼物、关系学与国家：中国人际关系与主体性建构．赵旭东，孙珉，译．南京：江苏人民出版社，2009.

③ 贺雪峰．关于村庄权力扩展性的讨论．云南社会科学，2000（6）；贺雪峰．论村级权力的利益网络．社会科学辑刊，2001（4）. 改革开放以后的“权力的利益网络”是相对于传统中国的“权力的文化网络”而言的，后者指国家权力要通过各种文化机制才能进入乡村。但这两种网络都意味着低度的社会整合和政治整合。

④ 李友梅，等．中国社会生活的变迁．北京：中国大百科全书出版社，2008.

泛讨论的国家政权建设问题，其实是在讨论联结问题。这个联结问题是中国的社会治理在进入新千年时面对的核心问题。在一竿子插到底的国家政权体系之外，存在的不只是基于关系学的“第二社会”，还有基于市场交换关系的市场社会，和宗教、宗族、传统娱乐等问题联系在一起的民间社会。而且，当时中国形成了一大批富有主体性的体制外的社会精英，这些高能量个体本身就是一种社会力量。当时中国正处在一个社会秩序比较混乱的状态中，1992 年全国公安系统受理的刑事犯罪案件为 158.3 万件，2010 年为 597 万件；1992 年受理的治安案件为 295 万件，2010 年增长到 1 275.8 万件①。那么，一种一元化的上层结构（体制内结构）如何联结日趋多元化的下层结构（体制外结构）？是重建总体性的权力，还是重建社会？是用一种更强有力的权力包打天下，还是形成一种多元的社会治理的模式？这是社会学家的提问方式。

在 21 世纪最初的几年中，社会建设作为一项重要的任务被提了出来，社会建设包含了社会联结的问题又超越了社会联结。它的首要任务是为了解决市场经济带来的社会分化问题，保护社会下层以减少市场经济的冲击，同时使得市场经济体制改革更加顺畅地推进。这是卡尔·波兰尼提出的“保护社会”的议题，或者是社会民主主义曾经面对的普遍问题。这项工作在 21 世纪得到了很大的推动，未来还要继续推动。另外一个很重要的问题是，除了要保护社会，还要如何看待其他的社会发育现象。保护社会和社会发育在 1990 年代是混合在一起提

---

① 陆学艺．社会建设论．北京：社会科学文献出版社，2012.

出来的，当时以为这两个问题内在高度相关，必须同时得到解决，因为我们不能完全依靠政府来保护社会。

陆学艺曾经总结了 21 世纪初的社会建设的四种立论：1）以保证和改善民生为重点的民生论，重点在于发展各项社会事业；2）加强和创新社会管理的管理论，放在今天叫作治理论，强调以影响社会和谐稳定的突出问题为突破口，提高社会管理科学水平，形成合理的社会管理格局，建立健全中国特色社会主义管理体系；3）社会结构论，社会建设的核心是要构建一种合理的社会结构，包括人口、阶层、城乡、区域，以及家庭和组织结构等；4）建立能够驾驭市场、制约权力、遏制社会失序的社会主体的主体论或者组织论，强调要有发育良好的、多种形式的健全的社会组织体系。

陆老的观点属于社会结构论。但是他不反对其他观点，他提出社会建设三阶段论，将各种观点都放了进来。第一阶段是以当时正在做的民生事业为主的；第二阶段是推进社会体制改革、创新社会政策和完善社会管理，核心在于形成合理开放的工业社会中期阶段的社会结构，推进新型城镇化，实现城乡一体化，培育和壮大中产阶层；第三阶段是到 21 世纪中叶，中国经济达到了中等发达国家的水平时，和谐社会基本建成。对于第三阶段的特征，陆老讲得面面俱到，其中提到了前面没有提到的“社会组织广为发展”①。站在 2020 年来回望这十几年的社会建设的发展，我们是走到了哪一个阶段呢？应该是处于

① 陆学艺．社会建设就是建设社会现代化//陆学艺．社会建设论．北京：社会科学文献出版社，2012：10.

从第二阶段向第三阶段发展的过程中。2008 年起实施《劳动合同法》，2009 年完善新型农村合作医疗制度，2010 年出台了要求为农民工缴纳社保金的《社会保险法》，一种低水平、广覆盖和城乡一体化的社会保障体制已经建立起来，关于城乡一体化和有利于人口流动的政策体系也已经建立起来，社会民生事业得到了很大的发展，贫困发生率大幅下降，全面小康社会基本建成。同时，中国已经形成一种新的社会结构形态，它和十几年前有很大的不同：人口老龄化率超过 12%，同时人口出生率降低到 10.48‰，未富先老的态势明显；快速的城市化将中国从乡土中国推入城乡中国时代[①]；收入差距依然较大，但有统计表明白领阶层从 2008 年占比 38.4%提升到 2019 年占比 55.7%，一种去工业化的就业结构正在形成[②]；中国的家庭结构快速变化，夫妻双方各自独立行动的个体家庭形态逐渐普遍化[③]；区域发展不平衡的格局看上去相当固化，中西部地区有几个大城市表现比较好，东北振兴始终难有起色。可以说，陆老当时关注的社会民生问题已经得到很大的缓解，社会结构问题的解决也有了大致的轮廓。

如果说我们正要进入社会建设的第三阶段，这个阶段的主要任务是什么呢？首要的任务当然是继续完善第一阶段和第二阶段的任务，使之更加合理，对于老龄化和家庭个体化这样不

---

① 周其仁．城乡中国（修订版）．北京：中信出版社，2017.

② 李培林，崔岩．我国 2008—2019 年间社会阶层结构的变化及其经济社会影响．江苏社会科学，2020（4）.

③ 沈奕斐．个体家庭 iFamily：中国城市现代化进程中的个体、家庭与国家．上海：上海三联书店，2013.

可逆转的趋势形成明确的应对策略。此外，我们的新任务是什么？这个时候，联结问题就凸显出来了。

对于这个问题，张静是这样来表述的："讨论社会建设，我们的关注焦点，就不应仅局限于建立何种管理组织，而是上述'平衡利益、维护公正'的组织机能如何再造的问题。辨别清楚'组织建立'和其'实际机能'的差别，就能明白，仅仅加强组织建设、但缺乏实际机能的治理效果为何事与愿违。"① 她这段话是针对那种试图激活传统和利用1950年代遗留的社会构造的社会治理思路，认为在一个大范围流动和社会关联异质化的"公共社会"时代，需要新的治理组织、观念与方法。她主张的实际机能是一种整合社会的效力，要能够在不同的阶层、身份和社会类别之间，促使广泛、互赖、互益的社会关联生成。今天的社会整合纽带的问题是并不能广泛地涵盖所有的群体，尤其是那些体制外的群体②。也就是说，在民生问题和结构问题解决到一定的程度后，联结问题或者张静提到的"社会整合纽带"的问题就凸显出来了，即使民生问题和结构问题也可以纳入这个问题意识中来理解。

2. "框架性国家"中的联结模式

问题是：要怎么来解决这个联结问题呢？是要发育社会组

① 张静．社会治理：组织、观念与方法．北京：商务印书馆，2019：7-8.

② 张静．社会治理：组织、观念与方法．北京：商务印书馆，2019：205-236.

织吗？要发育怎样的社会组织和如何发育社会组织呢？执政党从一开始提出的目标就是要建立健全党委领导、政府负责、社会协同、公众参与的社会管理格局，事实也确实如此，政府发挥出强大的主导作用，各种社会组织蓬勃地发展起来了，但大多数都是从属于政府部门而运行的。一些专业性的社会组织是作为政府部门和工作对象之外的承担政府项目的“第三方”发挥作用，类似西方社会中的“第三部门”意义上的社会组织非常稀少。这到底算不算是一种成功的联结模式呢？

项飙提出一个“框架性国家”的说法来理解当前中国的社会整合和社会联结的状态。在笔者看来，这个提法也很适合用于描述传统中国。项飙注意到，在普通百姓这里，国家观念显示出两重性：一方面，“国家”作为一个抽象的概念，被道德化、总体化、自然化，很少有人质疑其合法性和正义性；另一方面，大家对具体国家机构的行为则高度怀疑，老百姓和具体国家机构的互动利益化，甚至机会主义化。由此，他发展出一个“框架性国家”的概念来解释这种两重性。所谓“‘框架性国家’指的是，群众和政府都强调国家总体上的整合性的重要性，但是人们在具体问题上没有制度性的共识，国家内部的种种关系经常失衡。换句话说，国家是一个高度整合的框架，同时也是一个从外部整合社会生活的框架，但是在国家内部、在社会内部、在国家和社会之间都缺乏实质性内容上的整合”①。但是，值得注意的是，他同时相信这种形态的中国也会是很稳定的，未来中国将是整体稳定和具体失范相结合的状态。可

① 项飙. 普通人的“国家”理论. 开放时代，2010（10）.

是，这种“框架性国家”中的整体稳定是怎么做到的呢？对此，项飙的文章基本语焉不详。

我们能够理解，这种“框架性国家”一定有一些机制来联结上下，只不过我们还没有能够在学理上很清晰地辨析它。对于传统中国的联结机制已经有很多的讨论，大概有三种观点。

第一种观点突出传统中国的专制色彩，强调传统国家对于乡村拥有强大的直接控制能力。最著名的如毛泽东在《湖南农民运动考察报告》中提出的“四大绳索”（政权、族权、神权、夫权）说。或者是萧公权、秦晖和鲁西奇等人对传统乡村控制的研究，即认为传统国家的皇权是下县的①。鲁西奇说得很明确：汉唐时期的乡官是“官”，宋元明清时期的职役也是国家的“职”，都是国家权力体系的组成部分，是“下县的皇权”，是传统国家的“乡村基层政权”②。或者如黄仁宇提出的“潜水艇三明治”的比喻，即认为传统中国的专制并不需要官僚到场，刑罚、科举制度和儒家伦理就可以达到效果。刘泽华等人的著作则系统地总结了专制权力是如何控制整个社会的，包括人身、土地、再分配、工商业、城市和文化等③。

第二种观点突出传统社会的封建性，如费孝通基于皇权和

---

① 萧公权．中国乡村：19世纪的帝国控制．张皓，张升，译．北京：九州出版社，2018；秦晖．传统中华帝国的乡村基层控制：汉唐间的乡村组织//秦晖．传统十论：本土社会的制度、文化及其变革．上海：复旦大学出版社，2005：1-44；鲁西奇．中国古代乡里制度研究．北京：北京大学出版社，2021．其中，秦晖和鲁西奇都直接对“皇权不下县”的想象进行了批评。

② 鲁西奇．中国古代乡里制度研究．北京：北京大学出版社，2021：767-770.

③ 刘泽华，汪茂和，王兰仲．专制权力与中国社会．天津：天津古籍出版社，2005.

绅权并存提出的“双轨制”，傅衣凌从这种双重机制中进一步提出了中国封建社会的“弹性”特征。傅衣凌的学生陈支平这样概括：中国封建社会的统治形成了“公”和“私”两个体系。“公”的体系是指封建政权，从一国、一省、一县以至于一乡，和官僚制度结合在一起，表现得非常错综复杂。“私”的体系是指集中了族权、神权、夫权等诸种力量，并巧妙地利用原始公社制和奴隶制的残余来进行统治。这些特点造成中国的封建经济结构十分牢固，既有落后性，又有灵活性，使得中国封建社会的发展长期处于“早熟又不成熟”“死的拖住活的”的状态①。可以说，傅衣凌其实也是承认双轨制的，但相比而言，费孝通的双轨政治的说法比较温和。王亚南特别强调官僚阶层的作用，提出了一个“官僚政治”的概念，认为官僚政治在各国都有，在欧洲从封建社会向资本主义社会过渡的时期还比较明显。但是，那是一种技术性的官僚政治。在中国则是一种社会体制意义上的官僚政治。在这种政治下，政府权力全把握于官僚手中，官僚把政府措施看作为自己图谋利益的勾当，它就不可能仅仅从技术上根治，只能随着专制主义政治的没落而消失，作为社会体制意义上的官僚政治将在公有制和人民民主的社会中消失②。

第三种观点强调中国的特殊性，或者说特殊的现代性。这与迈克尔·曼对帝国的想象有关，这类国家的国家能力是专制

---

① 傅衣凌．明清农村社会经济 明清社会经济变迁论．北京：中华书局，2007：4.

② 王亚南．中国官僚政治研究．北京：中国社会科学出版社，1981.

能力强与基础能力弱相搭配的，但这里想象的是一种无力的国家，不符合传统国家王朝初期的形象，更不符合当代中国的形象。黄宗智和李怀印等人认为其中存在一个“第三领域”发挥承转作用，第三领域的出现并不必然意味着一种国家的无力，反而可能是一种实现实体主义治理的路径，是一种文明的重要组成部分①。

当代中国的联结机制是怎样的呢？对此的解释无疑要涉及对群众路线或民主集中制实践的学理化解释，要把这种最核心的中国治理经验转化成知识。目前，还不能说已经在这个方向上实现了真正的突破。但是，对于实践经验本身的概括已经非常丰富，而且把握了要害。治理问题与政治学或行政学中的政府过程研究有密切的关系，胡伟在《政府过程》② 一书中对于群众路线的重视程度超出一般，强调这是中国特色政府过程的核心内容，但也很难说他发掘出了群众路线作为一种知识的一般性。唐皇凤对于联结问题有比较明确的问题意识，他特别注意了权力的组织网络的作用，认为执政党依然是依靠强大的组织网络来完成社会联结和社会治理的，这个组织体系不断地再组织、再利用和再整合③。但是，他相对地忽视了正式组织体系之外的其他力量和机制。相比而言，吕德文的《找回群众：重塑基层治理》就更多地注意到了这种正式组织体系的实际运

① 李怀印．华北村治：晚清和民国时期的国家与乡村．岁有生，王士皓，译．北京：中华书局，2008：15；黄宗智．重新思考“第三领域”：中国古今国家与社会的二元合一．开放时代，2019 (3).

② 胡伟．政府过程．杭州：浙江人民出版社，1998.

③ 唐皇凤．社会转型与组织化调控：中国社会治安综合治理组织网络研究．武汉：武汉大学出版社，2008.

作过程，看到正式权力是如何通过层层叠叠的柔性机制去对接群众的[1]。不过，他更多的是在谈治理，而不是联结。搞群众路线的基本目的是国家直接面对有差异的个人，我们还是需要一种框架来将这个“一和多”的张力凸显出来。

吕德文延续了“华中乡土派”的一个观点：对于群众的工作要讲政治，不能停留在“策略主义”[2]。这里的“讲政治”说的是干部在工作中要讲政治、顾大局，这是中国式的实践。与此不同的是，还有另一种对于政治的理解，也是更加具有学理色彩的政治语用，它指的是如何让个别人的意见整合起来，通过代表机制向政治系统输入。这两种政治语用的根本不同在于：前者是要直面群众的具体性，公权力直接介入私人生活中的某些方面；后者是要通过一个机制将人的一般性表现出来，让人的具体性保留在私域中，将公私分离。前一种政治说的是群众利益无小事，所以群众利益就是政治；后一种政治说的是公共的才能是政治的，否则就不是政治的。而且，这两种政治语用是相当对立的——虽然不是彻底对立。如果干部直接面对群众的具体问题，那就不需要群众自己组织起来将问题政治化了，至少是不需要上街了。一种联结模式是自上而下的政治化，是将本来相对中立的官僚科层体系政治化；另一种联结模式是自下而上的政治化，是将本来埋头过日子的民众的生活政治化。这显然是两种完全不同的联结模式。

---

① 吕德文．找回群众：重塑基层治理．北京：生活·读书·新知三联书店，2015.

② 欧阳静．策略主义：桔镇运作的逻辑．北京：中国政法大学出版社，2011.

从经验出发，我们已经可以概括出当代中国联结机制的核心方面了。第一，依托于执政党领导的政府、国有企业等组织体系，以及借助中国共产党领导的多党合作和民族区域自治等基本制度，以群众路线的工作方式，联结各种具体的社会主体，直接处理其中的差异性。第二，通过促进经济发展和发展社会事业不断地改进民生，促进社会公平，改进社会治安，提高人民的获得感、安全感和满意度等。第三，发扬儒家传统的国家观念，将执政党的努力转化成某种文化合法性，塑造民族—国家认同。在这些要点中，“共建共治共享”的理念正在变得越来越清晰。

现在的问题是，如何评价这种不同于西方主流的联结模式。这种联结模式有一个明显的问题：群众缺少公民性。所谓公民意味着积极的政治参与，而群众缺少积极主动的政治行动，有心动却很少行动。群众的基本政治态度可以概括成这样一句话：“你把国家治理好，让我好好过日子。”这样的国家观念有两个问题：一个问题是，如果普通百姓可以这样想，那些从事经营发展的企业家或者所有想干出一番事业因此必须有更多公共参与的主体，也会满意这样的“框架性国家”吗？或者“框架性国家”能否尽可能有效地解决他们遇到的问题？另一个问题更为根本，即就普通百姓来说，他们这样的国家观念合适吗？这是一个很少有人去追问的问题，但是，它是关于中国文化和中国政治的一个基本问题。

我们普遍接受了一种来自西方政治学的观念，即群众应该政治化，成为积极主动行动的公民。所谓群众路线，在革命年代和新中国成立的前30年是和高效的政治动员联系在一起的，这时候，消极的群众是要被批判的。改革开放以来，如何让群众成为公民变成一个被普遍接受的命题。这个假设的流行与一个基本问题有关：怎样的人格才是完善的人格，以及如何拥有完善的人格？人格的完善在多大程度上和社会有关，这里且不讨论它。但是，本书的一个基本立论是：生活才是问题，政治是生活的一种可选的方案，我们不能把一种本质上是工具性的方案直接当作问题本身。赵汀阳这几句看似极端的话是值得思考的："事实上我们不可能放弃社会也不可能指望一个'完美的'社会。完美的社会根本就不是一个生活问题。我们只能指望一个好社会，即一个尽可能为生活着想而不是为社会着想的社会。""一个好社会必须从根本上为生活着想而不是为社会体制着想，如果一个社会不是有利于开展有意义的生活，它就是一个坏社会。"[①] 赵汀阳并不是在说社会不重要，他一直在研究社会，他是以一种非常简明但也容易被人认为是矫枉过正的方式来校正流行的偏见。

3. "群众利益无小事"

进一步地，本书的另一个基本立论是：将生活政治化的人类社会组织模式只是特定条件下的特殊模式，并不具有稳定性。这个大胆的论断可能会招来反对，但它是这里的一个重要假设。

---

① 赵汀阳．论可能生活．2版．北京：中国人民大学出版社，2010：132-133.

人类进入资本主义时代以后，先后发生过且正在发生两大系列的社会转型：一是市场化、工业化、城镇化和民主化，二是复杂社会、风险社会、流动社会、网络社会和个体化时代的形成。这构成了当前中国讨论治理体系尤其是联结问题的双重语境。在第一系列的转型中，政治参与普遍地发展起来，群众被政治化了。在第二系列的转型中，情况急转直下。霍布斯鲍姆这样写道："由于组织性群众政党的衰落——不论是阶级或意识形态取向——将平常百姓转为热情政治公民的动力也从此告终。"① 看上去，各种街头运动和舆论事件依然活跃，但它们的性质和效力都改变了，越来越成为一个政治冷漠的再生产过程。也许霍布斯鲍姆的左派立场让他夸大了资本主义世界的问题，但政治性公共生活的衰落似乎是一个共识。正如普特南的《独自打保龄球：美国下降的社会资本》、桑内特的《公共人的衰落》或者贝克等人的《个体化》等书所描述的，这是人们的生活态度而不仅仅是政党发生了巨大的改变。这种改变导致了两个直接后果：其一是，个体自由与直接组织个体的共同体之间的张力被放大了。个体化时代，人们貌似更加自由，更加不受集体压力，给个体直接制造集体压力的共同体也就必然地瓦解了，这就使得帕森斯、科尔曼等人为自由民主社会的社会整合机制所做的设想更加失效了。其二是，无论我们如何设想未来，都必须设想一个尊重个体自由的社会。这给学者带来了很大的挑战，因为建设一个整合良好的社会，是社会科学的

① 霍布斯鲍姆．极端的年代：1914～1991．郑明萱，译．北京：中信出版社，2014：712.

基本意义，否则没有理由动用财政资金来支持这些研究。结果，我们必须设想一个尊重个体自由却又整合良好的社会，也就是要设想某种有温度的系统。

通过代表机制将生活政治化的思路以人的易于组织为前提，否则也就难以代表。托克维尔在《论美国的民主》中描述的那个时代，美国人非常喜欢结社，“美国人不论年龄多大，不论处于什么地位，不论志趣是什么，无不时时在组织社团”①。可是，今天的美国人已经变得不那么爱结社。这种变化不仅仅发生在社区生活中。拉什和厄里所说的“组织化资本主义的终结”②，描述的是经济组织原则的变化。如果打开历史的视野，我们会发现，普特南所说的“社会资本”的下降，是人类社会中一个长时段的变化，而不是他所预期的暂时起伏。以上两大系列社会转型中间贯穿的同一线索是人的个体化。自晚清以来，我们逐渐形成了一个“中国人不团结”的说法，但是如果回溯中国历史，去理解汉代的豪强、南北朝的大族、风起云涌的农民起义、顽强的家庭内部团结和各种生死相托的友谊，我们就不能不想，这些团结是怎么发生的？实际上，中国人绝非从来就不团结，只不过当保持了团结习惯的西方人带着坚船利炮来到一度不团结的国人面前的时候，当时中国人的不团结就成了严重的问题。梅因基于欧洲

---

① 托克维尔．论美国的民主：下．董果良，译．北京：商务印书馆，2009：635.

② 拉什，厄里．组织化资本主义的终结．征庚圣，袁志田，等译．南京：江苏人民出版社，2001.

经验提出的从身份到契约和从群体到个人的社会转型公式[①]，应该被视为一个普遍的大趋势。个体化的个人也许是有道德的，也是善良的，但却是更不接受管束的。迄今为止的人类经验一再告诉我们，所谓有集体行动力的组织也就是对于人的控制性更强的组织。也许将来能出现既有集体行动力又有高度个人自由的组织，但这种前景在这里不能作为讨论问题的前提。

汪晖对于联结问题的思考是独到的[②]。他注意到当代各国政治实践中普遍存在的“代表性断裂”的问题，也就是如果将政党理解成社会结构中特定群体的利益代表，那么，我们会看到政党和它原来承诺代表的群体之间的脱节。汪晖的洞察力体现在，他注意到中国共产党的形成具有一种“超代表性”的品格，这种超代表性是由一个乡村出身为主的精英群体以一种特殊的形式来表达的：他们声称自己是人口中占比极小的工人阶级的先锋队，且这个占比极小的阶级是中国革命的领导阶级。这种看似代表性不足的超代表性的可能性，在于整个中华民族的核心任务是反帝反封建，这是全球资本主义体系的结构和中国的历史脉络所形成的问题。由于这个问题的宏观性超越了所有的个人利益的具体性，因此，超代表性才能超越了代表性。这还不够，超代表性需要在长期的人民战争中，通过群众路线的工作方式落实为人民的认同。那么，在今天，当解放政治的

---

① 梅因．古代法．沈景一，译．北京：商务印书馆，1959.

② 以下总结的是汪晖此文中的思考：汪晖．代表性断裂与“后政党政治”．开放时代，2014（2）。

重要性让位于生活政治之后[1]，在这个崇拜自我的“小时代”，超代表性何以可能呢？汪晖继续诉诸宏观结构的压力，他提到的方案是：“事实上，城乡矛盾及其转化、区域差别及其转化、阶级关系及其分化，以及当代生产和消费形态对于生态环境的破坏，集中体现了当代资本主义的矛盾。因此，乡村建设、生态保护、发展模式的转变、民族平等和文化多样性的保护，与工人阶级的社会地位的改变等，理应成为当代平等政治的驱动力。”

汪晖提到这些方面，应该是因为这些方面既勾连着宏观的结构性张力，也是群众比较关心的。但是，这些方面在中国政治的诸多议题中未必具有本质的意义，未必具有足够的意义激发出执政党的去官僚化的决心。更何况，超代表性如何应对社会不断异质化，尤其是超代表性如何应对新兴社会阶层的成长，还没有被汪晖提起。或许，经过这样长期的战争、革命、改革和社会变迁，借助于长期的革命教化和发达的信息传播渠道，中国的群众不再像传统百姓那么狭隘，他们对于政府确实有了更多的期待。但是，这不等于中国的群众会变得积极参与政治。无论如何，能够被政治化的生活议题总是少数。群众路线的意义不是在特定议题中获得的，“群众利益无小事”指明了个体化时代的超代表性建立的机制。不是特定的问题才是政治，而是不具体所指的问题都可能是政治——被治理者当作政治大事一样对待。这是一种很不同的代表性机制。它不是让具

---

① 吉登斯．现代性与自我认同：晚期现代中的自我与社会．夏璐，译．北京：中国人民大学出版社，2016.

体的利益组合成一般利益来集中表达，也不是在超越具体利益之上的抽象层面发现一种群众自己难以体认的真实的或者根本的利益，而是尽可能地直接面对几乎所有可及之处的具体利益。“群众利益无小事”以及类似的“无小事”的说法，实际上是在一定程度上取消了一般性和具体性的差异。

4. 系统走进生活的姿态

在几千年的历史中，人类社会中有一个奇妙图景越来越清晰。一方面，系统力量坚决地走进生活，否则就不成为系统，这就是哈贝马斯所概括的系统殖民生活世界的态势。这绝非资本主义时代才有的事情。另一方面，生活世界中的人际团结不断瓦解，或者在空间上逃散，或者化整为零，不断地个体化，失去了团结的习惯和能力。我们不知道前者在多大程度上是后者的原因。总的来说，系统整合越来越得不到社会整合的呼应。在这个历史态势中，如果总是想着如何重建这种呼应，这种想法的合理性与可行性是需要反思的。

这个图景中的一个要点是，系统的力量正在坚决和主动地走向日常生活和大众。要理解这个要点，需要一个比喻，将国家比作企业。韦伯特意地区分了国家的权力和企业的服务，认为后者中的控制关系是不确定的，不是典型的权力关系，所以不适合谈论合法性的问题①。韦伯理解的国家是一个实体

---

① 韦伯．经济与社会：第2卷：上册．阎克文，译．上海：上海人民出版社，2010：1079-1084.

(unity)，这种国家观具有那个时代的特点，也有德意志民族的特色。在中国的语境中，国家的实体性还是近代发展起来的；而在通常的王朝史观中，王朝和百姓的关系确实很像企业与客户的关系。许倬云基于这样的比喻，对中国的治理史做了十分精彩的讲述①。在当代的新政治经济学中，更是经常地将政府比作企业，这应该被看成民主化时代的通用比喻方式。

如果国家是一个电信公司，将手机用户和电信公司紧密联系在一起的动力，肯定是出自电信公司和手机用户双方，但是，其中更主动的一方是电信公司而不是手机用户。那种认为手机用户更加主动的理解，包含了有待反思的预设：好像如果手机用户不这么做，就不是一个“完善的”手机用户。既然是电信公司一方更加主动，那么，我们就应该把重点放在考虑如何改善电信公司联结客户的方式上。如果电信公司依然像在普及电话初期那样坐等客户上门，还索要安装费和上门费，肯定是不合适了。如果为了获得更好的服务，电话用户确实可以组织起来和电信公司谈判。但是，现在我们看到的，是电信公司自己在不断地改进服务，而不是电话用户在改进组织。这背后的动力是竞争。回到社会系统的场景中来看问题，这是由于国家间的竞争和地方间的竞争。确实，在这个全球社会中，无论多大规模的国家，也只是一个局部，我们不能局限在民族—国家的范围内来构建国家与社会的关系，而应该在全球社会中思考系统与生活的关系。

我们可以继续思考如何让人民积极参与政治，也可以尝试

---

① 许倬云．从历史看组织．上海：上海人民出版社，2000.

换一种方式展望未来。我们可以期待系统力量改变介入生活世界的方式，使得这种介入成为一种积极的建设，“变上访为下访”，变参与为联系，不是群众的政治化，而是系统的生活化。

在貌似强大的系统力量以任何方式曲折地对生活世界提出要求之后，系统确实有可能向生活俯就，除非它真的可以与生活世界脱钩，或者具体地说，最发达的国家可以与落后国家脱钩，社会中的精英群体可以与大众脱钩。在托克维尔看来，法国大革命发生的一个原因就是贵族不断地脱卸对于乡村社会的责任，却保留了索取的权力①。也就是说，他们将自己从一种传统的权威改造成了一个农民生活世界的殖民者。这种情况在晚清的中国也发生了，因此，传统的伦理关系才变成了阶级关系，出自欧洲的阶级斗争理论出人意料地成为中国革命的指导思想。今天，我们确实看到了一种全球社会中的精英和其索取对象之间的脱钩趋势，但在中国，执政党坚决地反对精英尤其是体制内精英的这个取向。我们应该理解，群众路线的实质，是让社会中的精英尤其是体制内精英一再地脱卸系统赐予的马甲，走进身边百姓的生活世界。如果仅仅是一部分体制内精英试图走进群众生活，那还只是代表性，而不是超代表性。超代表性的建立，是执政党整合各方面的系统力量去满足群众的生活需求，包括体制外精英，这就是所谓的共建共治。由此，我们也能理解执政党对社会主要矛盾的最新表述，即人民日益增长的美好生活需要同不平衡不充分的发展之间的矛盾，其中，矛盾的主要方面不是对于美好生活的期待，而是发展的不平衡

① 托克维尔．旧制度与大革命．冯棠，译．北京：商务印书馆，1997.

不充分，发展必须去满足生活，而不再是让生活迁就发展。

因此，真正重要的问题就在于：系统力量如何才能更好地联结生活世界？就本书来说，首要的任务是从理论上将这个问题提出来，然后从经验上概括当代中国的“联结”是什么。

二　如何想象中国社会

在本书中，最受关注的系统力量是国家，国家系统联结生活世界的方式是千变万化的，这在政治学中被当成政体类型的问题。但这是一种过于粗略的分类思路，过于关注制度层面，而我们说的联结必须通过一系列有效的机制才能完成。政治系统理论会将政治过程理解成一个系统的过程，认为其存在输入和输出①。任何一种政治系统都会有输入和输出的过程，问题是不同国家的输入和输出机制有差异。而且，我们说的联结问题不仅仅是一个政治整合的问题，也是更加广泛的社会整合议题。在社会理论里，在社会整合议题中讨论生活世界，在系统整合议题中讨论系统力量，至于这两种整合又如何整合，始终是一个有待说明的问题。这个问题曾经被看成一种社会系统的宏观层次与微观层次之间的关系，同时也是宏观分析与微观分析之间的关系。我们会发现，规范或者价值的问题始终位于西方理论家思考的中心位置，人们在形成社会共识的过程中建立对于社会和国家的联结，这不只是一部分共识主义者的看法，

① 伊斯顿．政治结构分析．王浦劬，等译．北京：北京大学出版社，2016.

实际上是西方理论家乃至西方社会中一种相当主流的社会想象。那么，中国的学者可以对中国社会建立怎样的想象呢？

1. 流行的社会想象

努力将宏观—微观之间的关系说清楚，意味着一种比较充分的整合的可能性是一个值得一说的真问题，否则不会有这么多的理论家去思考一个不可能达到的目标。塔尔科特·帕森斯将结构和功能做了严格的对应，以国家为界限的社会系统由适应、达鹄、整合和模式维持四个功能性子系统组成，每一个子系统又能分成四个功能性子系统，不停地分下去，直到单位行动，这就有了一个从微观到宏观的连续谱系。各个子系统之间是相互依赖的，其中存在普遍化的交换媒介：金钱、权力、影响和价值承诺。其中共同的价值承诺发挥了各类社会行动的共同框架的作用，因此特别重要①。在彼得·布劳的社会交换理论②中，从简单的人际交往入手，逐步地扩大到复杂的大型社会结构。小范围的社会交往通过整合机制形成群体和亚结构，亚结构形成宏观结构。在亚结构之间需要共同价值作为媒介，使得社会秩序合法化。共同价值好比市场交换中出现的公平交换价格，它要作为一个普遍化的媒介来连接不同的关系和开展互动。但是，亚结构内部的共同价值，对外就是特殊主义的价

---

① 亚历山大．社会学二十讲：二战以来的理论发展．贾春增，等译．北京：华夏出版社，2000.

② 布劳．社会生活中的交换与权力．李国武，译．北京：商务印书馆，2008.

值，也会造成冲突和分化。结果，社会秩序总是发生间歇性的重组。詹姆斯·S. 科尔曼以游戏过程作为比喻：一个游戏过程中总得有角色和规则，规则规定了游戏者的行为规范，并明确了胜负标准。先有一个从宏观的规则内化到微观层次的游戏参加者的过程，然后是参加者之间的游戏，最后是游戏产生了胜负，也就是从微观层次的互动中产生了宏观的结果。由于最微观的是个人，而宏观的却是连续谱系，科尔曼提出一套由法人行动者来分析较高的宏观层次的秩序。比如，一家大型企业既是一种相对于员工的宏观结构，也是一个法人行动者参与更宏观的市场秩序的形成的微观舞台。在这个分析框架中，行为规范的意义也被置于中心位置①。

在一定程度上，这种宏微观之间的整合问题是由理论家的方法论所造成的，吉登斯认为是学术分工和哲学里的主客二元论导致了这种认识角度的差异②。比如，以上的理论家都秉持了一种方法论上的个人主义。之所以一定要坚持这种个人主义的方法论，会有很多的理由。在科尔曼这里明确了这种方法与维护自由主义意识形态的关联，是为了强调一种“人道主义”。这种意识形态的自觉性在帕森斯那里表现得更不含糊，尤其是他还在美国和其他国家之间做出区分，坚信美国是自由社会的最佳典范③。但在另外一些理论家那里，当他们从宏观层次切

---

① 科尔曼．社会理论的基础：上．邓方，译．北京：社会科学文献出版社，2008.

② 吉登斯．社会的构成：结构化理论大纲．李康，李猛，译．北京：生活·读书·新知三联书店，1998：234.

③ PARSONS T. American society：a theory of the societal community. New York：Routledge，2015.

入分析时，这种宏微观的张力就小多了，并不是不存在了，而是不被当作大问题。比如在哈贝马斯这里，系统殖民生活世界是一个当代的现实，它经过了一个复杂的历史过程转变而来，但没有必要将这个过程还原到个体层次。如果系统已经和生活世界在事实上融为一体了，那么，在微观的互动中就一定有系统的影子，这就是吉登斯的结构化理论所强调的：微观互动总是能同时再生产出宏观的系统整合，否则系统整合在哪里发生呢？吉登斯强调了人的行动的自我指涉性，行动同时再生产出行动的条件。好像吉登斯是不太讨论规范或者价值问题的。但是，在更加强调行动或系统的自我指涉性的卢曼那里，却是非常强调沟通中的共享意义的。他强调，沟通中的双重偶然性、相遇时的期待和反应，以及周围环境的变化都是不可完全预测的，因此产生了降低这种偶然性和复杂性的要求，于是各种规范和制度就产生出来，并且不断地扩大范围①。不过，卢曼对于笼罩所有子系统的共同价值的信心确实不大，他批判帕森斯和涂尔干过于相信共同价值的先验性。与帕森斯同属主流思想家的哈贝马斯又转过来批判卢曼对于自我指涉性的过度强调，甚至可以说，他推出《合法化危机》一书的目的就是批判卢曼的一般系统论。他想说明的是，社会的危机并不仅仅是系统整合出了问题，一定是在社会整合岌岌可危的时候，即在规范结构的共识基础受到严重破坏，社会变得失范时，才会危及持续

---

① 高宣扬．当代社会理论：下．北京：中国人民大学出版社，2005.

生存[1]。

总的来说，当代西方社会理论中弥漫着一种规范决定论或者价值决定论，这在一定程度上是对经验的归纳和抽象，也可以说是出于对未来的想象。在一个高度异质性的社会中，如果没有共同的互动规范与基本价值，它的秩序确实是不好理解的。但是，我们并没有在西方的主要国家中看到良好的社会整合，反而看到不断扩大的裂隙。因此，对于规范的强调在很大程度上也是一种学者的企盼或者说想象。然而，想象是必要的，这不是因为理论家必须将现实理想化，而是因为想象恰是理论进入大众心理的方式，理论在人民头脑中的存在多少是有点形象化的。如果符合逻辑的社会理论不能转化成人们内心期盼的想象，这样的理论也就脱离了社会，或者说没有发挥实际作用。这个道理在查尔斯·泰勒那里得到了阐明。他从本尼迪克特·安德森的《想象的共同体》一书中得到启发，写出了《现代社会想象》。由于泰勒十分系统地说明了西方主流思想家内心深处的政治向往——至少是其中比较流行的一种，将我们要讨论的问题变得比较聚焦，所以不妨概述一下。

泰勒认为，理解西方的现代性离不开对社会的特定的想象方式，这种想象不是一种乌托邦，因为实际上社会正在朝着想象指引的方向发展。同理，这种想象也不是马克思所批判过的虚假的意识形态。它首先表现为思想家的理论，然后逐渐地被人接受，成为规范性的观念。但这不意味着一种观念改变社会

---

① 哈贝马斯．合法化危机．刘北成，曹卫东，译．上海：上海人民出版社，2000.

的唯心主义想象，恰恰相反，它是在一个客观的社会过程中逐渐形成的。但是，泰勒又很小心地说明这也不意味着他赞同马克思主义的唯物主义历史观。总之，他主张的社会想象是某种纯正历史观的自然产物。在这个意义上的“现代社会想象”有四个要素：个人之间的互利秩序；这种秩序落脚在有德性的谋生实践中；秩序为了自由或权利；这些权利、自由或互利要让参与者平等获得。这种社会和任何一种等级秩序都不同的是，它其实不依靠政体来组织社会，而是社会自己组织，主要体现在市场经济、哈贝马斯意义上的公共领域和个人主义的人民主权等方面。在他看来，人们所说的个体化并不是一个值得担忧的问题，恰恰是一种进步。结果是造成了一种“直接进入的社会”，这是一种独特的民众联结国家的方式。它与早期的等级社会趋于把权力和从属的关系个人化的做法十分不同，在这种现代的横向社会中“我们每个人与社会中心都是等距离的；我们与社会整体是无需中介的”。而等级制是与间接性联系在一起的，一个人是通过从属于社会的一部分来从属于社会的，然后他要以政府或者教会作为中介来联系社会其他部分。在现代社会中不需要这种集中性的中介，人们拥有直接进入的通道，比如可以公开讨论的公共空间、市场经济体系以及现代的其他领域。进入公共空间就等于直接参与到全国乃至国际范围的谈论，进入市场就等于要和所有人建立平等的合约关系。在这些领域，人们主要不是作为具体的人，而是作为一般的人进行互动，这也是他们能够直接进入的原因，因为人与人的差异性被淡化了。泰勒让我们感到，这样的社会好比是一片纯净的、均质的蓝色海洋，一旦纵身跃入，就不仅是跃入某片近海，也是进入整个大海中。

泰勒很想说明这种想象是合乎神性的，所以他一再地向基督教教义致敬。他写道："不过，上帝的旨意依然可以在事物的规划中、宇宙中、国家里以及个人生活中向我们清楚地显现。上帝似乎是我们不可避免的力量源泉，向我们个人的、社会的生活传递秩序。"① 显然，他是在欧洲的自由主义政治思想脉络下进行梳理，在积极自由与消极自由这两种传统之间摸索，他绍述的是以格劳秀斯和洛克为代表的消极自由的传统。他几次批评了卢梭、类似的社会契约论者和马克思，认为他们提供了一个不好的社会想象模式，将会导向等级秩序。尤其是，他认为，源于卢梭的社会想象中会建构出"被剥削的工人"这样的身份认同，这就撕裂了共同体。泰勒的这本书初版于全球金融危机、移动互联网普及和特朗普上台之前，我们难免会想到，泰勒将会如何看待"黑人的命也是命"这样的事件呢？对于一个上流的美国白人、一个蓝领的美国工人和一个普通地位的黑人，他们在多大程度上能够"直接进入"同一个美国社会？

无论如何，泰勒的态度是令人起敬的。他对自己所在的文明的活法如此有信心，毕其一生为其辩护，直到退休也不停止。笔者对自己所在的文明的活法也有类似的信心，却没能把这种美感表达出来。然而，泰勒没有这种各美其美的想法，他提出"多种现代性"，却小心地把一些现代社会形式排除在外。泰勒将这种想象中的秩序理解成一种现代的"道德秩序"，它

① 泰勒．现代社会想象．林曼红，译．南京：译林出版社，2014：165.

起源于另外两种前现代的道德秩序：有律法的印欧部落社会秩序和欧洲传统的等级互补秩序。这三种秩序对应的是欧洲的前封建时代的部落社会、封建时代和资本主义时代，它们都是“道德秩序”。在这一谱系里，泰勒明确地排斥了各种“现代专制社会”。至于其他非西方文明，他几乎没有提及。尽管如此，泰勒也认为他说的是一种“现代社会想象”而非“西方社会想象”。他相信欧洲是一个范式，然后这个范式会以多样化的形式扩展，美国肯定是一个很好的继承者，将来“这种秩序富有想象力地扩张，要把地球村的所有（守规矩的）成员包括在内”。但是，这种扩张并不是没有阻力的，因为总有一些政体在进行“一个漫长的无望取胜的斗争，最终把指挥棒交给了20世纪的独裁政体”①。他引用诗篇来感叹那些悲惨的、无谓的牺牲。他还很坦率地写道：“我们会害怕、也会（不总是公开地）瞧不起那些拒绝这一秩序的基本价值的人们，不管他们是基地组织的恐怖分子，或是在巴尔干或非洲的种族屠杀者。”② 他不考虑这些愤怒的人为什么愤怒，就好像他不肯全面地考虑优胜的欧美何以优胜。他太相信欧洲的文化，打心眼里瞧不起别的，所以他劝导其他的文化都应该按照这种想象前进。

2. 利维坦与巴别塔

查尔斯·泰勒已经帮助我们读懂了很多西方主流思想家内

① 泰勒．现代社会想象．林曼红，译．南京：译林出版社，2014：153.
② 同①155.

心深处的某些方面，并不是所有的人都能够像他这么率真。现在的问题是：我们该如何想象中国的社会呢？中国是一种巨大的怪兽——利维坦吗？可能有的中国学者会觉得把中国想象成利维坦是贬低了中国。然而，也可能会有一些西方思想家还不肯把这种《圣经》中的怪兽赠予中国作为图腾。霍布斯在想象这种巨兽型的等级秩序的时候，提出了13条自然律令作为前提，利维坦是执行这些自然律令的，这些自然律令的基本精神就是一种西方式的人人平等。霍布斯将政体区分成君主制、民主制和贵族制，如果说霍布斯的君主制是否适合中国还可以讨论，到了孟德斯鸠这里，他特意地将君主制和专制统治区分开，从此，也就把本来套在奥斯曼土耳其等帝国头上的"东方专制主义"称号送给了中国，后来转换成极权主义或者威权主义等"现代专制社会"的名称。

如果中国连利维坦都算不上，那我们可以把它想象成什么呢？

笔者想起了同样出自《圣经》的另一个想象——巴别塔。巴别塔是大洪水后幸存的人们试图建造的一座高塔。他们建塔的目的是："来吧，我们要建造一座城和一座塔，塔顶通天，为要传扬我们的名，免得我们分散在全地上。"上帝看到了人类的作为，于是说："看哪，他们成为一样的人民，都是一样的语言，如今既做起这事来，以后他们所要做的事，就没有不成就的了。我们下去，在那里变乱他们的口音，使他们的语言彼此不通。"也许是由于语言不通，建造高塔必需的大规模协调就进行不下去了，结果塔就建不起来。本来想要聚居在一起的人们只好流散各地。这座塔（城）名叫巴别，意思是从此大家的口音就“变乱”掉了。

在比喻的意义上，当代中国的国家或社会系统就“像是”一座巴别塔。它让十几亿人民保持同一种文字，人们使用自然语言进行直接的沟通，大家使用同样的度量衡，相信同样的人情伦理。书同文、车同轨，在几千年的历史中聚多离少，果然造就了诸多惊天动地的人间伟业。东亚的中国人不是被“变乱”之后重新组织起来的人群，一种有限范围内的大一统是这里的原生态。

需要说明的是，在传统中国的社会想象中，中国并不是一座塔。所谓“天下”，就是一种天地广大的意象，而不是高耸入云的感觉；所谓“人伦”，令人想起竹子，它建立了有限的高度，底下却是盘根错节的，竹根的连接非常广大。竹子的根系主要是横向地发展，深度不超过半米，但每公顷林地内的竹根长度可以达到 15 万米。德勒兹和加塔利的哲学意象值得借鉴。在《千高原》中，欧洲的意象是树或者有主根的根系，中国则是根茎植物或者簇根系。树的文化总是在追求超越性，因此是中心化的、等级化的。由于任意两个个体之间不能直接沟通，结果，他们的沟通必需中介——我们能够理解，泰勒所说的共识其实也是一个中介。根茎是去中心化的、非等级化的系统。根茎的一个特点就是可连接性，任何一个根茎的元素都具有与任何其他元素相连接的潜质。尤其是，它允许异质性，在异质性之间建立连接，并且不断地生长壮大。所以，德勒兹和加塔利的这些写于 1968 年语境的作品对于这种东方的意象多少是持有肯定态度的①。虽然把他们的意象用于理解当代中国会显得过于无政府化，但如果用于理解百姓的生活日常却依然很有效力；如果用于理解传统中国，也会比用于理解当代中国更加贴切一些。所以，在亚欧大陆的这一端，本来就没有一座可以被拆掉的巴别塔。在佛教传入之前，中国的建筑中没有塔只有楼，塔传进中国之后，和楼结合起来，形成了中国式的塔楼。今天也是一样，看上去我们是在造塔，但是，我们是在用根茎的精神搭成塔的形状。人们普遍没有通天的欲望，如果一定要保持人与人之间的联结，尤其是当政者对于人民的联结，这就直接地限定了这座塔的高度。事实上，历史上的中国皇帝也主动地将自己局限在一个有限的版图之内。通天的塔既然向上能够通天，横向也应该是能够统一"全地"的。

真正想要造出统一"全地"的通天塔的，还是西方人。西方文明在宗教革命之后，真的走上了一种造"塔"之路，一种书同文、车同轨的情况正在世界范围内建立起来。而今，一个全球资本主义体系巍然耸立。对于绝大多数人来说，这种同一是被动的，脱离了他们的自然语言和既有轨道。人与人之间的直接沟通能力也提升了，但拥有直接沟通能力的前提是人沦为抽象的工具或者"单向度的人"，作为资本的工具，需要被定义，却无须被理解。由此形成的是一个被资本巨头控制的全球资本主义体系，如同一头巨兽，从世界各地汲取人类的体力和

---

① 德勒兹，加塔利．资本主义与精神分裂（卷2）：千高原．姜宇辉，译．上海：上海书店出版社，2010；霍兰德．导读德勒兹与加塔利《千高原》．周兮吟，译．重庆：重庆大学出版社，2016.

精神，以最快的速度消耗资源和生态。这可能真的不是任何一位善良的神——如果有的话——愿意看到的。在巨塔或者巨兽面前，有志气的民族也只好造出另一座塔，以求凝神聚气，否则会被前者吸干榨尽。所以，无论是全球资本主义体系还是中国，都不是巴别塔，但都在某个方面像是巴别塔。全球资本主义体系的塔通天却不能通人，中国的塔通人却不能通天。中国有巴别塔的实质，却没有它的野心，说到底，它只是一幢巨大的居民楼。

3. 具象的社会

社会想象不能停留在意象或者象征的层次上，这个意象必须回到理论中去充实它的理论内涵。我们能够理解，在一个社会中，人们之间的理解依赖于即时互动的共识/规定、过去互动的共识/规定、基本价值观的共享以及直接的理解，四者缺一不可。但在不同的社会和不同的时代，四者之间的比例关系和形成机制是不同的。在传统欧洲，《圣经》是一种过去形成的规定或者约定，其中一部分转成了基本价值观，另一部分还是停留在一个有可能被挑战的规定层面。值得注意的是，这种规定是书面的，它是被人刻意地规定的——不管这样的人是什么来历。但在传统中国，基本的价值观较多地出自人与人之间的直接理解或者说先验的共识，在很大程度上它不是被谁规定出来的，而是看似理所当然的“天经地义”，或者金观涛和刘青峰所说的“常识理性”[①]。所谓仁义，不是不做就要受到惩戒的教条，而是如果符合就会感到愉悦的心理状态。

人与人之间能够直接理解，一定是因为在某些方面没有心理障碍。如果直接理解成为某种文化的突出特点，那么，这种文化一定有一种拆除内心障碍的基本设置。当一种文化朝向对于内心障碍的拆除，它就使得人“内在地”成为一个社会的人。而且，直接理解的方便也会转化成人与人之间的亲近的方便。直接理解和亲近两个过程看似很不同，亲近还要涉及身体关系，但实际上，它们遭遇的心理障碍是类似的。我们都会有这样的体验：当存在直接理解或亲近障碍时，有一些莫名的嗔心让我们不想接受对方的思想连同他的各种东西。如果要靠我们自己来理性地自觉这些情绪并且去除它们，就实在太难了。必须是一种文化的设定，从婴儿期开始就一点一滴地塑造了我们的心理图式，使得我们对于他人尤其是熟人的直接理解和亲近显得自然而然。这是正文第一部分要说明的道理：依靠拆除内心障碍以达成直接理解和亲近，而不是发展语言的沟通去建立共识，是中国或东方社会特有的社会整合原理。

在进入现代社会之后，这两种文化都变得更加依赖即时互动或过去互动的共识/规定。但是，在中国的社会整合过程中依然更多地依赖人们“懂得”或者“悟”的能力，而且，中国也依赖通过具体的人去联系民众。即使在过去的欧洲，系统与生活世界的联结也会更加地依赖人与人之间的连带或奴役，他

---

① 金观涛，刘青峰．中国现代思想的起源：超稳定结构与中国政治文化的演变：第1卷．北京：法律出版社，2011.

们在瓦解了这种人际连带或者奴役关系之后，保留了其中理性的或者契约的精神。在近现代中国，我们在瓦解了人际依附关系之后，保留了人际关系的感性层面或者人情色彩，人与人之间的直接沟通性依然强大。相比于泰勒的社会想象中对于人的一般性的强调，我们更强调人的具体性。一般化的角色之间必须建立明确的共识，而具体的活生生的人可以相互地“懂”。人的具体性的凸显，使得整个社会变得不那么抽象，而是呈现明显的具象性。

托克维尔曾经研究过人的一般性或具体性的问题。他当时研究的是“为什么美国人比起祖先英国人更倾向和更喜好一般观念”①，他的解释是：美国社会比英国社会更加平等，人与人之间的差异比较小，所以有一般观念。同时，他也认为，这是由于人类智力的有限性。一般观念的建立并不证明人的智力强大，反而证明其软弱无力，因为世界上没有两个绝对相同的东西。所以，上帝就不需要一般观念。上帝一瞥人类，就能分清人性中包括的一切东西，从每个人身上看到使人互相接近的相似点和使人互相疏远的差异处。进一步地，托克维尔又认为美国人不像法国人那样喜欢政治上的一般观念，因为美国的民主比较实际，不是空谈，在面对具体细节的时候就不能只讲绝对真理。那么，托克维尔这里其实也讲清楚了从一般到具体的转化路径，越是人与人之间有等级差异、越是在治理中注重践行，就越是强调具体性。那么，有没有这样一种可能：一个能

① 托克维尔．论美国的民主：下．董果良，译．北京：商务印书馆，2009：529－534．关于法国的论述见此书第535～536页。

够将人具体化对待的社会也能变得比较平等？我们应该理解，身居高位者不可能直接联结百姓，他必须通过下属以及下属的下属乃至更下属者才能建立和具体百姓的人格化的联系，这就形成一个命令链条。但是，存在一个命令链条是一回事，这个链条和它联系的人之间是不是构成一个社会等级体系是另外一回事。有权力不等于一定会以权压人。政府和官员必须有权力，但又必须防止这种权力层次外化成社会等级。我们会看到，近现代中国治理的演变的一个基本趋势，就是将官僚权力等级和社会等级之间努力地区分开来，同时也使得社会的不平等大大地减少了。

我们可以合理地想象，现代中国的道德意义就在于它能通人，它是具体的人之间的联结体系，它是促成人与人之间直接理解和亲近的具象的道德秩序。相比于每个人“内在地”是一个社会的人，所谓“直接进入”的社会反而显得间接和抽象，当然，那也是一个很不错的理想。

李猛曾经基于西方社会的经验提出一个“抽象社会”的理想类型的概念①，认为抽象社会有三个主要特征：程序性、反思性和非人格化。其中，李猛最为看重的是非人格化。他主要的用意在于说明这种抽象的社会是如何协调运转的。他强调，抽象社会的“抽象”既包括抽象化的程序技术也包括抽象化的价值观念，前者与系统整合更有关系，后者与狭义的社会整合更有关系。李猛认为，当代社会理论突出了程序技术之间的不兼容、系统整合与社会整合之间的冲突，以及工具理性与价值

① 李猛．论抽象社会．社会学研究，1999（1）.

理性之间的张力，这可能并非西方现代社会的现实，而是社会理论本身的贫乏。实际上，一个成熟的或者理想的现代抽象社会既是程序社会和纪律社会，也是礼貌社会和文明社会。李猛在这里展示了另外一种想象西方社会的方式，不过他很在意这种社会背后的构成原理，思考发展中国家如何也能成为如此抽象地运转的社会。然而，发展中国家的模仿式现代化进程中往往将社会理论所批判的西方现代社会的弊端体现得淋漓尽致，沦为一种缺少必要价值的空壳式的社会。

笔者在基本原理的层面同意李猛的一些看法，比如我们必须实现系统整合与社会整合的相互契合，寻求工具理性与价值理性之间的相融，而不是任其对立。但笔者在本书中想说的是，当代中国社会在实现这种契合与相融方面发展出了十分独特的实践，这种实践的结果和趋势不是任由这个社会继续抽象下去，而是将这种抽象性管控在一定的范围内，保持了社会的具象性。从理想类型的意义上来说，当代中国社会正在成为另外一种现代社会，也就是“具象的社会”。

4.“系统—生活”的视角

从中国的经验和人类未来演变的趋势来看，提出一个新的“系统—生活”视角是有必要的。“系统—生活”视角的基本问题意识是系统力量与生活世界之间的联结。系统力量的主要功能是系统整合，生活世界的主要内容是以维持和改善私人生活为直接目标的各种行动。系统力量是多元的，只有涉及治理的强制性力量与生活世界之间的联结机制才是治理体系。这种联结在人类社会正在成为越来越严重的问题，对于中国这个超大型社会来说，问题更加明显。这个问题是在从民族—国家的社会系统向全球社会系统的转换过程中发生的，它的问题性质和解决的希望都与全球化有关。从这个问题意识出发提出的“系统—生活”视角，与既有的“制度—生活”或更早的“国家—社会”视角就有很大的不同。

如果要对这个新的视角进行全面的论证，会耗费很大的篇幅，而对于读者不一定有用。简单地说，它是对于社会系统的一种“择要式理解”。在笔者看来，六合之外存而不论，这种中国式的明智不仅可以用于理解宇宙也可以用于理解社会。这并不是一种不可知论，说不可知也还是在下一个很整体的判断。但我们也无法知道“它”是否不可知，在知道的事情之外下判断涉及信念或信仰。的确，我们需要信念或信仰，但我们也应该分清楚哪些是我们知道的、哪些是我们相信的。因此，对于国家、人类社会或自然界的整体，客观的状态就是“不知”，仅仅是不知而已。知道就是知道，不知道就是不知道。在这种“不知”论的指导下，我们要去把那些有必要说清楚的说清楚，没有必要说清楚的暂时搁置。此时，并不排斥整盘性的理解，它们是关于大背景的假说。本书想要把治理体系大致地说清楚，为了研究这个治理体系，需要发展出一个具有普遍性的但也是目标有限的框架，突出所需要的关键因素，来理解系统与生活之间的联结。至于究竟哪些因素是关键的，高度依赖于对经验的概括，是基于国家直接面对有差异的个人的条件的判断，但也必须借鉴既有的社会理论家的整盘性的思考。

“系统—生活”视角的系统结构如图 0-1 所示，展示了一些主要的因素，尤其是国家直接面对有差异的个人时所需要的基本条件。在这种目标有限的系统结构中，最重要的两个部分是系统行动者和生活行动者。系统行动者包括国家、企业、基础设施的建管用组织等，生活行动者则是具体的人、家庭或微观的组织等。显然，一个人在进入政府上班之后，他或她就属于系统行动者的一部分。而且，他或她在上班过程中依然可以完成生活行动。同样，一个企业在和资本体系进行周旋的时候，它是生活行动者，但它本身也是这个资本体系的一部分。因此，系统行动者和生活行动者的区分既是经验性的，也是分析性的。系统行动者和生活行动者之间的互动和联结过程需要涉及的因素主要有四种：资源、机制、结构和文化。其中，系统行动者控制了社会中主要的权威性和配置性资源，进行开发和再分配；生活行动者最可以依靠的是它的能动性，这种能动性在重复性的运作过程中形成了机制。仍然有很多未参与机制形成的生活行动，没有被纳入“系统—生活”视角的关注对象。结构和文化是两种虚拟的要素，无论是结构还是文化，都是不可见的。结构是主体之间关系的不断重复的模式，而文化是人们头脑中关于社会的稳定的可共享的认知。这个系统的主要功能是整合与发展。所谓整合包括了哈贝马斯所说的系统整合与社会整合，发展则是朝向整个系统的可持续和提升竞争力的功能。

这个视角具有一定的灵活性，允许在不同的应用场景中做出调整，这是因为资源、机制、结构和文化的运行需要有一个着落处，它们不是在空中飞行的。本书讨论的系统与生活之间的一般关系，没有特指的对象。如果存在明确的研究对象，比

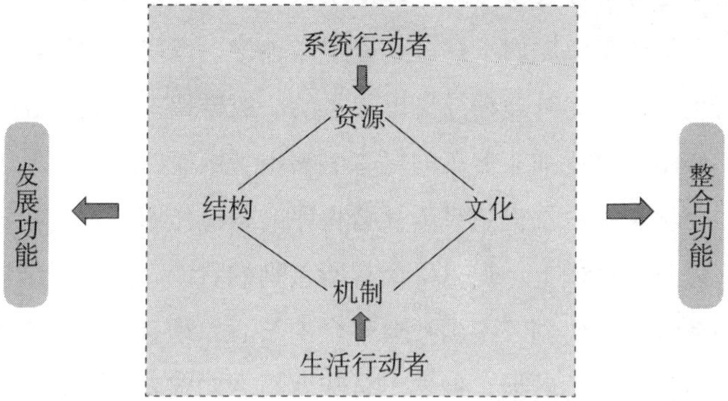

图 0-1 “系统—生活”视角的系统结构

如以社区为对象，就可以转变成“系统—社区—生活”视角[①]；如果是一个单位或者组织，就可以转变成“系统—单位（组织）—生活”视角。

在以下的章节中，笔者会分别展开对于中国治理体系的结构、机制、资源和文化方面的讨论，其中，对于结构的着力最多，第三、四章都是在讨论体系化结构，第五章讨论人格化联系对于联结的意义，第六章讨论资源对于联结的意义，第七章讨论文化。结构是本书的核心问题，讨论机制、资源和文化的目的都是为了说明特殊的结构：治理体系。

本书把社会系统的结构作为研究的着力点，也就是说，为了揭示中国社会的整合模式，笔者并没有直接地就整合谈整合，而是先提出一种结构，再研究结构的整合功能，其中包含了对于中国社会秩序原理的一种理解。在传统中国，我们非常

① 笔者曾经在一篇文章中解释和应用过“系统—社区—生活”视角。熊万胜．聚落的三重性：解释乡村聚落形态的一个分析框架．社会学研究，2021（6）．

看重文化对于社会秩序的建构作用，这被认为是中国封建社会长期稳定的重要原因。在马克思主义理论引入中国之后，对资源的重视大大提升，在马克思主义的一般框架中突出了经济基础的作用，在亚细亚形态的概念下突出了国家的反作用。中国的社会学者很看重机制对于社会秩序的构造作用。笔者在肯定这些理解的基础上，提出一个有所差别的看法，强调了结构在社会整合中的作用。中国社会整合的核心原理有一个从文化整合向结构整合的转换，但这不意味着后者对前者的彻底替代。

对于从文化整合向结构整合的转换是怎么发生的，需要另外一本书来阐明，这里只是点到为止，它至少有两个基本条件。第一，系统整合对于社会整合的替代。系统整合相比于社会整合具有更多的结构性特征和较少的文化性色彩，这是人类社会中普遍发生的过程。系统整合本身基于人们对于工具理性的考量得以实现，它并非不依赖于文化以及文化的特殊性，但在初期的借重之后，就把这些地方性色彩清除掉或者边缘化，所谓现代化是一个工具理性不断地消耗传统因素为自己开道的过程。第二，文化对于现代结构的适应。也许西方传统文化本身就更加具有现代性的基因，但在其他文化中，这意味着传统文化的艰难调整，尤其是内在的分裂。当一个人必须同时适应系统整合与社会整合的时候，他得准备至少两套行为逻辑。在中国，这意味着人们观念中的“公”与“私”之间的对立统一关系，而且，在“公”与“私”的内部还有进一步的分裂。我们用“公”的一套来适应和运转社会整合，用“私”的一套处理私人交往。由于这两套是由同一个人施展出来的，这就带来了一种特殊的可能性，用人的内在心理整合的能力弥补了社会整体整合的不足，也就是一种以个体弥补整体或者人心弥补社会的整合机制。如此的结构就必定是充满人格化色彩的。

5. 章节安排

在导论中，笔者提出了一个被人们所普遍感知到的问题，也就是上下联结的困难，并提出要研究中国的联结模式。概述了对于这个问题的相关研究之后，笔者认为系统力量主动地介入生活世界，直面有差异的个人，会形成后文将要提到的体系化的联结模式，由此结成了治理体系。

在第一章，笔者要为全书的展开做好一些准备。这个准备工作主要是搭建出一种分析框架。由于这一框架所要完成的任务的艰巨性，笔者首先要打下若干桩基，穿透历史和人心的沉积物，直达深处的岩石。笔者尝试说明中国的文化是如何拆除了人心的障碍，使得人可以内在地成为一个社会的人。与这种内在的社会化相伴生的，是强大的生活与弱小的社会。因此，核心的问题是理解系统与生活世界之间的联结机制。

在第二章，笔者试图探索这种人格化的社会整合机制的一般性。这种人格化的社会整合机制必须以体系的结构展开。实现人类社会整合的体系是有谱系的，包括信仰体系、资本体系和治理体系。治理体系是本书主要的研究对象。

在第三章，笔者研究传统中国治理体系的历史演进，发掘其中有意义的经验和教训。这是一种治理史的研究，不同于制度史的研究，其中的要点是观察传统的国家如何处理国泰与民安之间的冲突。在三千年的长时段中，笔者试图把握最重要的转折点，分别是秦—汉转型、唐—宋之变和明—清跃迁。

在第四章，笔者将治理史的研究推进到现代，研究现代中国是如何回应清代社会治理的动员困境的，也研究现代中国是如何在新的时代兼顾国家发展和人民生活的。

在第五章，笔者研究治理体系中的人格化联系的诸多机制。在一般化、类型化和个人化三种联结方式中，中国社会中的类型化和个人化的联结方式更为发达。

在第六章，笔者研究治理体系中的共享式联结。通过人来联系人，不能总是空着手去联系，其中必须有资源的流动。社会的具象性是在具体资源和具体个人的联结中呈现的。

在第七章，笔者试图讨论治理体系的文化基础。治理体系还很不完善，需要从很多方面去改进，才能在这个人心渐远的时代保持“通人”的可能性，保持具象社会的温度。

在结语中，笔者概述了本书的基本脉络和主要认识。

第一章　系统与生活的关系

这种能使我们洞悉物象内在生命的安详恬静、如沐天恩的心境（the serene and blessed mood），便是富于想象力的理性，便是中国人的精神。

——辜鸿铭《中国人的精神》

治理体系可以简称“治体”，以与政治体制的简称“政体”相对而言。因此，我们不是在研究一个具体的，如同文化体制或者外交体制一样的问题，而是在选择一个角度对中国的社会形态进行概念化。治理在中国既是一些具体的场景，也是国家的基本职能，它深入千家万户的生活中，所谓治理体系也就构成了中国社会系统的基本结构。我们在说明治理体系或者说治体的时候，不能仅仅停留在经验概括的层次上，必须在普遍性和特殊性的统一关系中把握它。要说明中国治理体系的普遍性，当然是不容易的。这是一个被各种理论视为另类的研究对象。从时间的维度来看，这种普遍性不可能在自文艺复兴以来形成的世界中得到说明，它必须穿过黑暗的欧洲中世纪，回到文明之间更早的分歧处。最好我们能够从未来的理想状态出发回溯我们的时代，毕竟，中国文明和其他文明应该会在将来实现更深入的融合，由此形成形态上的谱系。但这种现代性的做法已经难以服人。从分析的层次来看，我们不能停留在当前最为显眼的社会事实或者文化差异上，如果这样做也可以的话，中国社会形态应该早就被纳入某个重要的理论体系中了。如果这没有发生，或者发生得不能令人满意，我们就要深入很少有人到达的领域，在那里建立思考的起点。

一 从常人出发

1. 常人或凡夫

社会理论是对社会现实的一整套简化表述，其中，不得不对人的心理特点做出简化表述。这个工作在社会理论的发端期最为普遍，每一种理论都要根据自己的理论需要对于人性做出一套设定。笔者之所以要选择从这个看似过时的角度切入全书的思考，是因为前人很早以前做出的设定在当代依然有重大的影响，尤其是这些设定对于理解中国社会并不是很服帖。有鉴于此，虽然做出人性设定这件事情已经不太流行，但我们能从如何做出更好的设定开始讨论。

这些设定出现在各个领域和各个层次，有的属于整个学科的基本立足点，比如经济学家就创造出了理性经济人这样的理想人格作为经济系统的行动者。理性经济人的设定的特点在于它属于一种超越经验的理想类型，也就是说这是一个“理想性”的设定。社会学家认为理性经济人过于简化和过于计较，距离实际太远，就以复杂的方式附加上其他特性，这被统称为社会人。社会人不是一个仅仅强调工具理性的人，更不一定是一个工具理性很高超的人，他会遵从自己的情感和价值立场开展行动，为了降低行动的风险，会按照习俗和规范生活。社会人不是那么理想化，更加具有经验性，但也是有所设定的，否则就不成其为概念。一旦做出某种设定，就要面对与经验的距离。很少有人会严格地遵从习俗或者表里如一地坚持某种情感或者一以贯之地坚持某种价值立场。对于这样的不一致，理论家或者强调人的目标的复杂性，认为不同目标之间可能会有冲突；或者从功能主义的角度创造出失范理论来解释，乃至提出这些看似有问题的行为其实对于系统的整体运行也是很有必要的，属于必要的偏离。研究宏观系统的理论家干脆就放弃对于人性的假定，在更宏观的层次上研究超越个体选择的结果，但这样的理论也得以其他领域的假定为前提，要付出其他的认知代价。

概念与经验之间有差距是正常的，问题在于这个差距出现在什么地方，这个特定的差距会带来什么结果。我们可以注意到，既有的关于人性的设定中，有一个基本特点或者说也是一个基本的缺陷，即这些理论家似乎都倾向于默认人的心理是健康的。

心理健康是指心理的各个方面及活动过程处于一种良好或正常的状态。第三届国际心理卫生大会（1946）认为："所谓心理健康，是指在身体、智能及情感上与他人的心理健康不相矛盾的范围内，将个人心境发展成最佳状态。"《简明不列颠百科全书》认为，心理健康是指个体在本身及环境许可的范围内所达到的最佳功能状态，但不是指十全十美的绝对状态①。这些标准还不够具体。台湾地区在1980年代做过一项专门研究，发现："我国古代所谓君子、仁人的行为模式，和现代精神医学专家及大学生对心理健康者的看法，有很多相同的地方；也和近代西方学者在这方面的观点相当接近。"这些心理健康者

① 李寿欣，张秀敏．中西方关于心理健康标准问题的探讨及对我们的启示．心理学探新，2001（3）．

的特征包括：常善与人相处；守法守礼和品德崇高；善于控制情绪；对于环境和自己有良好适应的基础；工作和生活态度积极且事业有成就；才能优越；自强不息；等等[①]。刘华山对于这种看法也相当接受，他概括出心理健康的六条标准：1）对现实的正确认识；2）自知、自尊与自我接纳；3）自我调控能力；4）与人建立亲密关系的能力；5）人格结构的稳定与协调；6）生活热情与工作效率[②]。有趣的是，心理学家倾向于认为心理健康的标准并无明显的文化差别，但是很多心理学家同意，一个心理健康的人不是普通人，他们的分布不是人数中的众数。实际上，马斯洛就强调制定心理健康的标准应该遵循“精英原则”，他提出了自我实现者的 15 种品质，充分具备这些品质的自我实现者在人口中是极少数[③]。胡江霞甚至认为，所有的标准可以用一句话来概括：“从心所欲不逾矩。”[④] 以孔子在 70 岁时达到的境界为心理健康的标准，可见心理健康何其难也。从中国知网上看，这篇发表于普通杂志的文章也得到 100 多次的引用，虽然引用不等于赞同，但可以说明这个观点的感染力。

理性经济人应该是采取对自己有利的行动，好处越大，投入越多。所谓的社会人的目标虽多，但在具体的理论分析过程

---

① 黄坚厚．中国人对于心理卫生观念的初探//杨国枢．中国人的心理．北京：中国人民大学出版社，2012：366－385.

② 刘华山．心理健康概念与标准的再认识．心理科学，2001（4）.

③ 李寿欣，张秀敏．中西方关于心理健康标准问题的探讨及对我们的启示．心理学探新，2001（3）.

④ 胡江霞．“从心所欲不逾矩”：心理健康的定义及标准分析．教育研究与实验，1997（2）.

中，他或她也被默认为是一个前后一贯的人。其中有一个理论简化难以免除的偏差：如果我们可以理解这个行动者的内心动机，也需要假定这个人的行动是服从于心理需求的，这也是在假定行动者的心理世界的稳定性和清晰性。如果对人性做出一个判断，那么，至少在这个理论推演的全过程中，这个判断都应该有效，这就假定了行动者的行动逻辑是一贯的。然而，现实生活中的人如果能够如理论家所期待的那样前后一贯，他或她就必须得是一个心理健康程度比较高的人，他或她有自知之明，善于学习，行为符合目标的设定，在遇到困难的时候能够迅速地按照正确的方式做出改变，不会由于固执原有的思路而遭到损失，能够和哪怕自己不喜欢的人进行良好的沟通与合作。一个如此优秀的人如果智力水平足够的话，很可能成为一个如同约翰·洛克、伊曼纽尔·康德、马克斯·韦伯、诸葛孔明甚至孔子一样的非凡精英。

社会理论应该用符合大多数人行为的标准来理解大多数人，用非凡的人来解释普通的人就会失去简明和准确。如果在集体行动中看到有人不肯参与明显对大家和自己有好处的行动，既有理论一般将之理解成一种搭便车的行为，认为这是一种理性而自利的表现，此人希望通过最小化自己的投入来最大化自己的收益。但实际上，我们总是能看到一些损人不利己的行为，其行为人出于妒忌和敌意而破坏集体行动，不仅让自己的利益受损，还要为这种破坏支付成本。我们一般说这是冲动，是情感对于理性的暂时压服；或者说是因为愚蠢，没有认识到自己的真实利益。但是，更常见的情况是这样的：一个病人不肯严格遵照医生的嘱咐吃药，以至于家里的柜子堆满了没有被吃完的药，任由它们过期；或者一个过于肥胖的人不肯控制饮食，一个虚弱的人不肯适当地锻炼身体。这样的情况在我们身边实在是很普遍。实际上，我们自己也许就是这样的人，我们普遍和经常地自己给自己设置障碍。心理不健康的行为也是可以被解释或理解的，但用某种理性或者有限理性来解释它就要慎重，它完全可以被解释成理性的，因为，当某人选择不吃药的时候，也是在不同行为之间做了选择，他是“选择”了不吃药，而不是忘记了吃药，或者不知道吃药的好处与不吃药的坏处。这种选择可以是十分清醒的或者反复地发生的。实际上，他还可能会觉察到自己这样做不妥，然后再专门给自己找一个不吃药的理由来安慰自己，以确认这个选择是可以的。

反复给自己设置障碍的人是常人或者凡夫，应该说绝大多数的人都是这样的常人或凡夫，所以常人或凡夫是普遍的。常人或凡夫作为概念是经验性的而非理想化的。常人或凡夫相对于圣贤而言，指的是人有各种各样的心理缺点，尤其是不能做到良好的自我觉察和自我控制。常人或凡夫远远不能做到从心所欲不逾矩，犯下种种错误却又不能尽力改正，无论是接纳自己还是不接纳自己也只能做到半心半意。海德格尔也有一个“常人”的说法，即常人是一种此在的非本真状态，他沉沦、操劳、操心，与他人一起如此，不能自拔，难以超越，即使达到本真状态，也还是要和他人一样地生活①。海德格尔说得隐晦，如果把人的非本真状态和本真状态理解成凡夫和圣贤状

① 海德格尔．存在与时间．陈嘉映，王庆书，译．北京：生活·读书·新知三联书店，1999.

态，应该是可以的，也好懂得多。

把常人状态作为社会理论的逻辑原点是有挑战的，尤其不容易被西方社会理论家所接受。在汉语世界中，常人（凡夫）与圣贤相对而言；在欧美社会中，人与神相对。汉语世界中的圣贤与西方的神当然不同，其地位取决于各自的解读。那么，从西方文化观念来看，既然绝大多数人都是常人，说人是常人好像是什么都没有说，如果要有所说，就要像海德格尔那样很隐晦地说。但在汉语世界中，说常人显然不是在说一个没有任何特别规定性的词。其中的差别在于，我们假定人是可以成为圣贤的，而且应该成为圣贤，但西方文化中人不可能也不应该追求成为神。在犹太教、基督教和伊斯兰教中，普通人可以得救，将精神提升到某个境界，但他们没有被允许达到与造物主同等的境界。在中国文化和印度文化中，由凡入圣是一个有次第的过程，上升的通道对每一个人打开，只要愿意努力，每一次的上升都意味着对于自身缺点的克服上了一个台阶，最终止于至善。因为强调人与人之间存在禀赋、智慧或人生境界上的差别，相信人的自我完善的可能，所以，在中国文化圈或印度文化圈中，“常人”就不是一个空洞的说法，它既是人的常态也是人的起点。

从心理不健康的状态角度看问题，为我们理解文化差异提供了一个很不一样的视角。一直以来，我们倾向于接受一种各美其美的态度，希望从经验上概括不同文化的差异。但是，如果不能各丑其丑，各美其美也就不够全面。或者是中性地采取一种功能主义的观点来说明不同文明的样式的差异，这个做法的代价是浮于表面现象，不够深入。或者是用一个统一的社会进化谱系来描述社会系统的差异，又会过于重视发展程度的纵向差异而忽视横向差异，而且这个社会进化谱系本身也难以服众。说常人的心理不够健康和说常人的头脑不够理性是不同的，理性是一个被自我觉察到的心理层面，而心理世界至少可以简化成显意识和不可觉察的潜意识层面，吉登斯区分成话语意识、实践意识和无意识[①]。不健康的心理是贯穿这些层面的，被我们觉察到的部分好比是冰山一角。社会理论家将自己研究的领域局限于潜意识之外，有助于自己的研究保持实证主义的色彩，结果使得社会理论和心理学的发展脱节了。

如果从人性的不完美尤其是心理不健康的状态角度理解人类社会，一个首要的问题是：这些明显有缺陷的人如何能够在一起相互协作，顺畅地过日子呢？一般而言，即使我们承认个人的心理世界不够健康，也很难说大众的日子普遍过得不正常，毕竟生活在继续和重复。那么，我们不妨认为一个完整的社会系统中，人们的日子总体上过得是正常的，所以要问：心理不健康的人怎么能够过正常的日子呢？通常的理解是，人的不健康程度并不严重，人会理性地做出基本的取舍；至于那些令人难受和费解的行为，则需要有人能够用美德和智慧来对待。社会学家则相信，人类发展出了一些习俗或者制度来规范这些不健康状态，包括道德和法律，以及各种行为或关系的制度化状态。我们在接受这些解释的基础上，也可以提出一种新的认识：每一个社会系统都会发展出特定的方式，将人的某些

---

① 吉登斯．社会的构成：结构化理论大纲．李康，李猛，译．北京：生活·读书·新知三联书店，1998.

不健康状态创造性地转化成对于日常生活或者社会系统整体来说有积极价值的因素。相比于认为心理中健康的方面就是对生活与系统有积极意义的或者不健康的方面就只能发挥消极的作用，这种认为不健康的心理也可以转化出积极的方面的看法是一个辩证的视角。从这个辩证的视角来观察文化的差异会别开生面。

弗洛伊德等人的心理学研究给西方社会理论的发展带来了很大的挑战，如果每个人都带着不可消除的心理缺陷，这样的人如何才能组成一个自由民主的社会？一个自由民主的社会怎么可能是一种值得追求的稳定状态？但由于这些揭露人性根本缺陷的学问在心理治疗实践中确实有用，社会理论家才不能无视它们，社会理论家在运用它们时必须费神对它们进行改造，就如同对马克思主义的社会理论进行改造一样。今天，所有的社会理论都不可能无视心理学的发展，而是越来越重视它。梁漱溟在晚年专注于理论建设的时候，也郑重地给自己立下了任务：要建立伦理学的心理学基础，写出《人心与人生》，认为这是一本不写完则不能瞑目的书。他很想说明健康的心理是怎样的，还倾向于把中国文化中的理想人格说成心理健康的。潘光旦也对理想人格做了一些分析，他分析出来的理想人格实际上也是中国文化所推崇的理想人格。这样的各美其美对于持不同文化立场的人来说不容易产生足够的说服力。

从人的内心缺陷的创造性转化的角度来理解社会秩序背后有一种更为一般性的观点：社会秩序的存在不仅仅因为美德，也因为人性中一些公认的不良的因素。比如，乔恩·埃尔斯特归纳出：“利他主义、妒忌、社会规范和自利，以及复杂互动的形式，成为稳定和合作的因素。”① 一个很明显的情况是，美德和恶可以是伴生的。仇恨和妒忌他人而强化了自己人之间的团结，甚至引发了自我牺牲的行动，就是比较典型的例子。常人的基本特征就是他或她的行为动机的混沌性，不仅是多重的，而且是善恶混杂的。他或她自己还很难透彻地自觉这种混沌性，总是能在需要的时候给自己提出一套看似自洽的解释。在谈到善与恶之间的辩证关系时，可以谈出非常复杂的组合与转换，这不是本书准备应对的挑战。这里只是拎出其中一类特别的组合：非善的心理成为善的行为的基础。之所以要选择这一类特殊的辩证关系，是为了找到一种角度来尽可能简化，同时也是深入地把握人类文化中的差异。

为了避免误解，这里需要强调：从人的内心缺陷的创造性转化角度来理解文化的差异，并不是在提出一种文化与社会的心理决定论，而是从这个角度来理解文化与社会的差异。显然，产生文化与社会的差异有很多的原因，心理差异只是其中之一。即使就心理差异而言，也是一个无法透视的深渊。笔者希望这里能够把握住其中比较关键的一类因素。

2. 第一种常人

弗洛伊德对于性意识的认识并不能充分地建立在实证的基础上，但是它的基本要点被人们广泛地接受了，因为人们都能理解它，进而接受它。关于恋父或者恋母情结，我们无法证实

---

① 埃尔斯特．社会黏合剂：社会秩序的研究．高鹏程，等译．北京：中国人民大学出版社，2009：300.

它，因为无法知道这种心理的起源，只能知其然不知其所以然。弗洛伊德给出的解释实际上也只是一种猜测。经验告诉我们，虽然恋父或者恋母情结的产生过程没有得到确证，但这种情结在生活中确实是有迹可循的。佛教理论对此有详细的说明：人的神识在投胎的过程中会妄想父母的交合，此时它会对其中一方产生好感，并将自己代入进去。如果喜欢母亲一方，将自己代入为父亲一方，则会投胎成为男性，那么就产生了恋母情结，反之则产生了恋父情结。对于这种恋父或者恋母情结，在不同的文化里有不同的处理。欧洲的文化视之为罪恶。但中国文化、印度文化和伊斯兰文化则高度肯定了子女对于父母的依恋心理，并且通过对于孝道的弘扬使之合理化了，使之转化成一种良性行为的动力机制。孝道是一个非常重要的原理，因为它拔除了我们与自己最亲近的人之间的心理障碍，从而为我们直通社会中的他人打开了通道。这就好比每个人都是自带插孔的插头，人与人之间的可联结性在硬件的层面被建立起来。所以说，这样的人格的社会性是内在的①。

古人说的“天地君亲师”可以看成一个理想化的心理图式，在这一图式中，“亲”是一个基本的起点。亲首先是父母。父母是最愿意帮助自己的人。当自己还幼小的时候，父母往往也是最有能力帮助自己的人。孝敬父母是在恭敬最愿意和最有能力帮助自己的人，这是最基本的报恩心理。孝敬是一种比较

---

① 吴飞在《人伦的“解体”：形质论传统中的家国焦虑》一书中有着和这里相似的提问角度，我们都在问人伦的起源以及中国和西方的处理有何不同、有何影响，而且，笔者认为人生问题在一定程度上是社会的问题，但他可能走得更远。吴飞．人伦的“解体”：形质论传统中的家国焦虑．北京：生活·读书·新知三联书店，2017.

彻底的恭敬，它体现在言语、身体动作、实际行为和物质支持等方面。对于最能帮助自己的人报以比较彻底的恭敬，才可能对于其他帮助自己的人也报以相应的恭敬。否则，如果对于最能帮助自己的人不能报以相应的恭敬，那么对于稍能帮助自己的人也不大可能会报以相应的恭敬。从孝敬父母扩展到孝敬父母的父母，进而扩展到尊敬父母所尊敬的人，包括其他亲属。至于对兄弟姐妹的亲厚，是与特定的家庭制度有关的；如果不是诸子均分制，兄弟姐妹之间也不能亲如一家人。这样来讲，我们就能理解《论语》所说的孝弟为仁（人）之本，而不是程朱理学所宣称的仁为孝弟之本。“孝弟”可以出自人的自然情感，而被提炼出来的“仁”却可以是社会强加的道德律令。对于非亲属的老师的恭敬是一件不同寻常的事情。父母是最愿意和最有能力帮助自己的人，老师则是最愿意和能够教自己的人。教是一种特殊的帮助，它是技艺、知识和智慧的传授。对老师的恭敬与科举制度大有关系，同时也可以通过一种拟亲属的机制建立起来，所谓“一日为师，终身为父”。师父门下的其他弟子也拟化成师兄弟①。

① 我们可以考察这样一种现象：人们面对一个并非亲属的人时如何称呼他或她。有两种比较传统的拟化方式，一是拟亲，二是拟师，或者说存在亲文化与师文化。1990 年代以前，在沿海的城市中，当街上遇到的人求助时，是以拟亲称呼为主的，称为“大伯”“大叔”“大妈”“大婶”“大哥”“大姐”之类，后来逐渐地变成了对男性称为“师傅”，对女性称为“阿姨”“大妈”之类，其中师傅就是一个拟师称呼。在乡村地区，现在还是以拟亲称呼为主。但在城市的单位中，尤其是在机关事业单位中，年轻人将年长者称为“老师”的情况很普遍。甚至在上海的居民区中，居委会干部会将业委会成员称为“老师”。这里的“老师”是一种含糊的敬称，表示给面子。在中国社会，超越了血缘关系之后的拟称，代表了一种从我出发构建关系网的路径选择，其中有一个从亲文化向师文化的转变，但并没有脱离对于关系的依赖。进一步的发展是将中年以下的女性称为“美女”、男性称为“帅哥”，这就不是从心理出发建构关系，而是从身体意识出发建构关系。

无论是对于父母的态度还是对于老师的态度都不纯粹是一个自然而然的过程。不同文化对于父母和老师的态度有很大的不同，也就说明这种心理的产生未必是纯粹的自然。这种心理的产生和特定的生产方式大有关系，其后又得到政权执掌者有意识的弘扬和维护，还得到了宗教信仰的助力。

其中有两点是值得展开的。

第一点，正常的对父母报恩的心理虽然可以“油然而生”，却不能自动稳固。虽然我们都有恋父或者恋母情结，但它未必就足以产生够量的报恩心理。尤其是，如果这个够量与否以中国传统的家庭模式的能否再生产为标准，还能衍生出对于亲属、老师的爱敬，甚至还能移孝作忠。我们应该理解，孝道是一种借助特定心理发展出来的社会制度。为什么人都有恋父或者恋母情结，却不能产生同样的以孝来报恩的心理呢？在最明显的方面，因为人还有其他的心理来阻碍报恩心理的出现，比如嗔心。一个人在受他人控制的时候就会自动地产生嗔心，即使控制自己的人是父母和老师。然而，帮助一个人或者教育一个人几乎必定就要产生对于对象的控制。有这样一句经验之谈：没有无教育的管理，没有无管理的教育。汉语中的“管”就是一个包含了这两种意思的字。对于幼儿来说，父母不管自己了，是一件可怕的事情，通常要哭泣以求饶；对于青年人来说，父母不管自己了，可以是一件可喜的事情，因为获得了自由。尤其是这种控制不可能被契约化，不可能在每一件事情上进行一次理性的对谈，不可能明确双方的权利和义务边界，所以这种控制关系必定是人格化的，不断地再生产出双方的人格不对等。所以，如果嗔心太强，孝道就无从建立。控制这种嗔心需要几个基本机制。其一，与生产方式有关。生产力的发展使得家庭成为有效的生产组织，在农耕时代的家庭经营中，父母尤其是父亲成为一个管理者和教育者，受到必要的尊重。如果可以不恭敬父母就能生存，人很容易会不恭敬父母。其二，与影响心理的身体基础有关。心理在一定程度上是生理的反映，嗔心与特定的内分泌物质的含量有关，这在不同人种中是有差别的。我们也可以用药物控制这些含量。其三，与外在的社会文化制度有关。国家对孝道的强调对于巩固父母的权威、压制子女的不孝有重大的作用。科举制度对于维持人们对老师的恭敬也起到了不可或缺的作用。宗教信仰的意义也不可忽视。因此，孝道的产生并不是一件容易的事情。

第二点，如果一个人能够在报答父母恩情方面做到合格，在智力正常的条件下，就有可能从父母出发，衍生出一层又一层的恩报关系网络。他会成为一个别人愿意帮助的人，成为一个别人愿意教的人。同时，从一种心理习惯或者理性出发，他也会愿意帮助别人和愿意教别人，因为如果对方是一个和他有类似心理图式的人，他能够从中得到正向的反馈。这就构成了一种特殊的社会形态，在这种社会形态中，正式的、稳定的组织往往不是生活的必需，人人都有可能依靠自己的关系自立于世。

然而，这种超越亲情的恩报关系网络仅仅凭借互惠关系中的激励和惩罚措施不能自动地维持下去。报恩时的回馈是要支付成本的，如付出时间和物资、身体不舒服、动员相关人、承受心理压力等，所有的“舍得”都不简单。作为常人，人们普遍地有一种未必健康的心理习性：记仇比记恩容易和牢固得多。而且，即使能够记住恩情，回报是否符合施恩者的期待也是无法确定的，因此，恩报关系网络天然具有不稳定性。亲子之间可以不太计较这些，父母对子女的恩德连绵不断，到最后老了，不能自动地得到子女的同等回报，往往只好忍气吞声，家丑不外扬。这是国家法律制度和意识形态重点防护的领域，如果国家坚决打击不孝忤逆，孝道就有可能维持。在超越亲子关系范围之外的关系网络中，对于施受之间的平衡关系的计较心理是很普遍的，不平则鸣，引发种种矛盾。恰恰在这个脆弱的领域，国家只有精神提倡，没有法律支撑。这个时候，我们能看到宗教信仰的补位。宗教信仰提供了行为规范，也改变了人们衡量得失的筹码。比如，对于义的精神的弘扬是和关公信仰等各种信仰联系在一起的；同时，佛教等对嗔心的反对和对布施的提倡，对于安抚自认为吃亏的一方也起到了作用。除了宗教信仰，国家的意识形态教化也会提倡人们要放大自己的心量。比如在中国，孔子提倡的“毋意、毋必、毋固、毋我”，与佛教提倡的“无我”或者道家提倡的“无为”就大有相通之处。

在提倡“大我”乃至“无我”的文化中，理想的人格的核心特征首先是“完整”的，而非“独立”的。每个人以自己为中心发展出恩报关系网络，一个成熟的人需要建立与协调方方面面的关系，这样的人生才算完整。这种恩报关系网络中有各种各样的资源，人们依靠这样的网络自立于世。无数这样的人和他们编织的网络构成了社会，如果强调人格的独立，就不能有效地编织出这种类型的社会形态。

3. 第二种常人

如果不能将恋父或者恋母情结进行创造性转化，那又得将哪些心理进行创造性转化呢？笔者也不准备费力去列举各种可能的心理问题。前面提到了阻碍恋父或者恋母情结向孝道转化的一种重要心理是嗔心。恋父或者恋母情结是一种和性有关的贪心，与生俱来，实际上是十分强烈的，在具体的情境中，能最有效地抵消它的可以是另外一种强烈的贪心，但能够超越任何情境都发生作用的是嗔心。嗔心出自自我防备的本能，它在我的意愿受到违背的时候会被激发出来，体现为心理和意识上的愤恨、言语表达上的防范或攻击乃至行动上的防范或攻击。这种心理十分强大，在条件具备的时候，往往能越过我们的自我监控直接地发作。这种条件可能是正在发生的外部刺激，也可能仅仅凭借回忆就自己激怒了自己。

这种心理在不同的人乃至不同的族群中有不同的处理方式。之所以会出现族群的差异，既是文化设定的产物，也可能和人种的生物差别有关。需要事先说明的是，我们能够发现某种激素的血液浓度在不同人种之间是有差别的，这是一个生物学的现象。而嗔心是一个心理现象，心理现象有生物基础，但它还要受到社会文化因素的筛选。这里不需要假定某个族群的嗔心比另一个族群更强，做这样的假定一定是毫无益处的。这里讨论的是，在诸多的病态心理动机中，不同的文化会选择不同的动机并将之合理化，顺应和转化嗔心也是一种选择。

我们可以从嗔心的创造性转化的角度来理解欧洲的文化。人的嗔心是如此的强盛以至于难以消除。既然难以消除，将之合理化就是一个有助于种群生存发展的可选方案。笔者的看法是，对于嗔心的合理化构成了西方文化的隐秘内核。嗔心导致排他性“我”感，对于这种以排他性为核心的“我”感的善加引导会导向人格的独立。犹太教和基督教的上帝信仰为这种排他的“我”指明了精神的出路。对于常人的心理来说，所谓的造物主的首要意义并不是造“物”，而是造“我”。这个“我”还是灵魂不灭的，如果努力，将来可以上天堂，否则下地狱。这样的承诺一是给了“我”极大的肯定，因为“我”甚至可以是永恒的；二是给了“我”极大的希望，因为“我”可以在死后到达更好的地方；三是给了“我”有力的约束，因为这个希望是有条件的，必须遵守戒律，戒律的一个重要内容是要求人们克制自己的嗔心。西方宗教的核心教义中都包含了这样的肯定、希望和约束。这种社会对宗教的需求会比较大，宗教的作用是普遍而强大的，这样的信仰体系可以称为拯救性信仰体系；在另一种社会中，信仰体系的意义是补救性的，是对生活体系不足部分的补充，但对于一些将生活经营得特别好的人来说，这个补救的意义就会大大降低①。

如此，我们看到两种“我”。显然两种文化安排中的人都是自我中心的，或者说是“我执”的。在汤因比看来：“自我中心成了生命的必要条件，但是这种必要条件也是一桩罪恶。自我中心是一种理智的错误，因为没有一种生物真正是宇宙的

---

① 补救性信仰体系和拯救性信仰体系的说法是从一个国家信仰体系的整体功能角度来说的，和杨庆堃的弥漫性宗教与制度性宗教的说法有相关性，但也不同。杨是对具体的宗教按照制度化和独立运行的程度进行分类，这里是对信仰体系的功能特征进行分类。但是，在补救性信仰体系中，弥漫性宗教更容易成为主导的宗教类型。杨庆堃．中国社会中的宗教（修订版）．范丽珠，译．成都：四川人民出版社，2016．一种发挥了拯救性作用的宗教也可能在另外一个国家或时代变成补救性的，比如佛教在东南亚国家，如泰国就更像是拯救性的，而在中国和越南却是补救性体系的一部分。按照这种信仰体系的分类，我们可以说随着生活的世俗化，世界宗教的总体趋势是从拯救性向补救性转化。在卢曼的表述中，现代社会中的宗教成为人们意义世界中的一个参照点，而不能提供全部意义。按照这个说法，中国的宗教与社会的关系很早就具有了明显的现代性。卢曼．宗教教义与社会演化．刘锋，李秋零，译．北京：中国人民大学出版社，2003.

中心；自我中心又是一种道德的错误，因为没有一种生物有权利以宇宙的中心自居。它没有权利把它的同胞、宇宙、上帝和实在视为仅仅是为了满足一种自我中心的生物需求才存在。”① 自我中心是如此的错误，却是人的条件。所以，我们完全有必要把人类如何处理自我中心当作研究社会生活的一个逻辑起点。在以上两种不同文化类型中，人的自我中心有两种不同的状态：一种是关系性的，一种是排他性的②。在中国文化中的自我中心是关系性的，它的“我”建立在以“我”为中心的关系网络中，以人情作为人与人之间的沟通媒介；欧洲文化中的自我中心是排他性的，它垂直地和更高的实在相连接，同时也和他人都保持距离，并通过理性的规范和他人建立联结。当然，“排他”在一定程度上也是一个语词的问题，因为找不到

---

① 汤因比．一个历史学家的宗教观．晏可佳，张龙华，译．上海：上海人民出版社，2016：4.

② 帕森斯在研究社会体系的基本分析单位的时候，说：“就是说，不仅单位行动，而且社会关系、个人和群体都能作为社会体系的单位。”（帕森斯．社会行动的结构．张明德，夏遇南，彭刚，译．南京：译林出版社，2008：746.）他自己主张的是单位行动的分析图式，并且认为其他的分析图式只能作为次要的补充。他也说道，如果不是以行动而是以某种行动者为单位，那么就出现了个人或者人格的概念，人格应该被看成某行动者的所有单位行动的总和（同上 745.）。笔者在这里区分关系性的“我”与排他性的“我”，是对人格进行分类，尤其是使用“我”这个字，意在从心理学的角度来理解社会系统中的人。那么，是否应该有一种“群体性的我”呢？这里的“我”是在说自我中心的状态。如果说“群体性的我”意味着这样的“我”并不是“我执”的，那么，说“群体性的我”是一个自相矛盾的提法。在两种“我”之间，究竟哪一种人格更容易结成群体呢？很多人会觉得欧洲的排他性的“我”更容易结成一个理性的群体，中国的关系性的“我”更容易结成一个生死与共的集体。群体作为一种状态、人格和“我”是三个问题。群体作为一种状态总是不稳定的，“群体性的我”并不存在，那么是否有群体性的人格呢？如果这是指有的人特别适应组织化的行动，特别遵从组织纪律，应该是存在的。

更合适的词来表达。在社会中生活的人不可能彻底排他，这里说的排他只是相对于关系性的“我”来说，这种排他性的“我”要求与他人划定清晰的权利和义务边界，并且不肯附从他人，除非这符合社会身份的要求，比如作为奴隶。许烺光的说法是中国人的生活以情境为中心，美国人的生活以个人为中心①。这个说法与这里所说的内涵很相近，但他的说法给人一种误导，好像中国人不是以自我为中心的，这会产生很多的误解。这种不足的根源也在于许烺光将这种差异仅仅追溯到家庭生活，称这是一种“广义的弗洛伊德学说”②，这样就导致了用文化解释文化的循环。虽然这是用文化的一部分解释文化的另外一部分，但将哪一部分选为自变量却是难免主观的。

帕森斯引述了韦伯的看法，即这样排他性的人格可能走向职业的专业化，“实行这种专业化的结果，当然就不可能再有什么完备的人格”。相比而言，“儒家的君子却不是任何意义上的工具，他本身就是目的”。面对这种专业化与人文主义理想之间的矛盾，清教伦理给出了一个解决方案：“人就是上帝意志的工具；人的最高程度的自我完成就在于在一种职业中发挥他的作用，即使是高度专业化的作用。”③ 人通过参与社会的运行实现自我的价值，用不完整的自己搭配出完整的社会，这也是一种自我实现的心理方案。其实，不仅仅是参与到社会系统中，实现自己的行动的社会化，同时还有将社会规范内化为

① 许烺光．美国人与中国人．沈彩艺，译．杭州：浙江人民出版社，2017.

② 同①58.

③ 帕森斯．社会行动的结构．张明德，夏遇南，彭刚，译．南京：译林出版社，2008：543.

自己的观念，实现自己的精神的社会化。透过整体的社会来实现自我人格的完成，这是西方社会理论包括马克思主义的基本预设，也是基本追求。这种观念在传统中国几乎是空白。直到当代中国，把职业当作事业之类的观念才通过新的教化和市场经济的熏陶逐渐地被一小部分人心领神会。这个预设在后文还要展开讨论。

在造物主面前，所有的“我”都是平等的，没有人应该对另外一个人进行人格上的服从，哪怕是以报恩的名义。这种处理的一个后果和代价是，这样的“我”不能通过恩报系统来建立属于自己的人情关系网，所有的交换和互惠都应该符合明确的契约。既然个人是如此的独立，“社会何以可能”就成了一个真问题。生活的持续变成了一个超越个人能力和家庭之上的社会问题，生产的组织也不是单靠家庭就可以完成的。这确实也是传统欧洲在游牧生活或者早期的定居生活中的状态，较低的生产力水平需要更高的组织化水平。在欧洲的传统农耕生活中，超越家庭经营的封建庄园制度长期处于统治地位。教会帮助解决超越庄园之上的秩序问题，包括对于种种失范行为的规制。在封建主和教会的权威瓦解之后，需要有新的社会来替代旧的以教会为核心的社会。这是霍布斯等人所面对的经典问题，这些思想家将自己的理论建立在人性恶的基础上，这一继承也替代了宗教教义对信徒的鞭策，所展示的人性也是充满嗔心的。麦克弗森研究了从霍布斯到洛克的西方经典理论家的理论，从中发现他们的共同预设：占有性个人主义[①]。这个词可

① 麦克弗森．占有性个人主义的政治理论：从霍布斯到洛克．张传玺，译．杭州：浙江大学出版社，2018.

以看成排他性“我”感的学术表达。所有这些经典作家都将人想象成排他的个人。继而，麦克弗森十分严谨地推论出，这样的个人也就必需一种相应的政治化的社会。虽然麦克弗森最大限度地运用了理想化方法，以至于他的分析有些夸张，但他的分析还是具有很强的说服力，哈贝马斯就认为这种占有性个人主义是资本主义社会人格动机的核心之一①。总之，在这样的文化中，把人生的幸福理解成社会问题，把人的内心的发展寄托于社会的发展。然而，如果没有完美的社会，是否就不能有圆满的人生呢？不同文化对于这个问题的回答必定是不同的。

4. 两种理性观

西方文化中最有魅力的方面是它有一种特殊的理性精神，它是非常有魅力的。这种理性主义可以按照韦伯的分类来界定：“我们有必要事先声明，‘理性主义’（Rationalismus）一词意涵殊多。若就体系思想家之于世界图像的理性观点而言，理性主义是指：以越来越精确的抽象概念为手段，越来越能理论化地支配现实。换一个观点思考，理性主义又可以是：以越来越精确地计算合适的手段为基础，有条理地达成一个特定既有的现实目的。这两种理性主义可以说是相当泾渭分明的类型，虽然究极而言它们事实上是一体相连的。”② 西方人最特

---

① 哈贝马斯．合法化危机．刘北成，曹卫东，译．上海：上海人民出版社，2000：101.

② 韦伯．宗教社会学；宗教与世界．康乐，简惠美，译．桂林：广西师范大学出版社，2011：436.

殊的理性主要体现在第一个方面，它和理论思维的能力与习惯有关。

从逻辑学的角度看，这种与理论思维相联系的理性需要两个基本条件：一是，把一个具体事物看成某一类事物；二是，既看到事物在概念上的区别又看到联系。

把“一个”看成“一类”与古希腊的理性传统是有关系的。把特殊的事物类型化，同时给它起个名字，很容易地并不必定地成为一个将现实理想化的过程。我们可以说大多数的分类法中都包含理想类型的意蕴。这就意味着我们对于现实的理解是从不现实的状态开始的。理想类型是一种仅仅在逻辑上存在而在现实中不存在且在价值上无所谓好坏的状态，把这样一种不存在的东西很认真地对待的做法，确实在中国的文化中不容易找到根据。这种做法在毕达哥拉斯的数学中就有体现，在柏拉图的理念论中得到了最好的总结，继而，在基督教的天国思想中被普及化了，确实不能认为基督教的统治对于后来科学的发展只有负面的影响。

仅仅看到事物之间的差别还不是类型化的充分条件。没有人会忽视事物之间的差别，从差别到类型的跃迁不能仅仅被看成古希腊理性传统的结果，这样会把理性传统神秘化。类型化在现实事物的差异性和统一性的辩证统一中才能被把握。必定有一些强大的理由强制思维走出具体进入抽象。这就不仅仅因为相互差异的事物共存在一起，还因为共存中充满张力，处理这些张力成为实践的必需，在张力中必须分清你我，必须既团结又分化，概念和理论是对这类现实的折射。我们会感到，地中海社会和欧洲社会的长期分裂为这种既团结又分化提供了现实社会基础。进而，教会在欧洲的统治也提供了理论创造的必要性，就如同罗马帝国为罗马法体系提供了必要性。教会可能会对外发动“圣战”，对内依靠信仰，同时依靠语言的说服。在所有那些不能依靠暴力来维系团结的组织中，都会自动地产生系统化的说辞。仅仅依靠《圣经》并不能团结基督教世界。必须依靠对《圣经》的解释，以及对解释权的控制，这是圣徒们的功绩。韦伯这样说：“总之，西方文化特有的根基，必须到官职超凡魅力和隐修主义之间以及封建国家的契约性质和自主性官僚制僧侣政治之间的张力和独特平衡中去寻找。”① 理论是一种专门处理人际冲突的思想工具，所以理论的照搬就不管用，必须因地制宜地创造。仅仅依靠马克思、恩格斯、列宁、斯大林的经典著作不能团结在战争中分散各地的中国共产党，必须发展出本土化的毛泽东思想。同样，仅仅依靠西方的自由民主思想也不能团结中国国民党，必须发展出三民主义。孙中山总结俄国共产党的优势，特别看重其中的两点：强大的组织和强大的理论。实际上，理论与富有内在张力的组织是相互促进的，没有组织也就没有言说的对象，没有张力也就没有言说的动力。中国的大一统造就了一种不由分说的统一性，以及对于统一性的不由分说。社会事物的差别固然存在，但为这些差别起名字却往往失去了意义。

缺少理论思维相关的理性，与缺少科学和民主是联系在一起的，成为中国曾经落后挨打的某些原因。所以，我们很难批

---

① 韦伯．经济与社会：第 2 卷：下册．阎克文，译．上海：上海人民出版社，2010：1353.

判这种让人不得不心服口服的理性。如果说这种理性的弊端仅在于当它被施展过度的时候才存在，那么，作为相对落后的民族，参与先发国家的自我批评就应该慎之又慎。从这里采取的心理学的思路来看问题，这种西方特有的理性也和心理缺陷的创造性转化有关。这种特殊理性的核心是一种很强的“分别心”。分别心是人的心理中注意我与别人的界限以及事物之间的差别的倾向。很难说它是善还是恶。这种倾向对于人的生活是必要的，但同时也是各种人际矛盾的心理根源。从潜意识里的分别心出发到在显意识里为事物起名字，这是一个跃迁。通过以上历史过程，欧洲文化肯定了这个跃迁，从而将一种心理倾向转化成了将生活和世界条理化的心理动力，既放大了这种心理的优点，也放大了它的缺点。

有没有给事物起名字，是分别心的两个阶段。没有名字的分别心是初级的，它引发了矛盾却又说不清楚，但也使得矛盾不至于继续发展，容易被化解。有名字的分别心，将差异和分歧在内心固定下来，会导致矛盾的再生产，却有可能在理性的沟通中建立相互的尊重和理解。善于起名字的分别心导向分析思维，不起名字的分别心导向综合思维；善于起名字的分别心导向行动主体的独立自主，不起名字的分别心导向行动主体的和谐统一。在中国，和谐不仅仅是爱好大一统的统治者从稳定出发的强调，也是爱好大团圆的普通百姓从生活实践出发的智慧。从中国文化的角度来看，将一个看成一类，并为之起名，也就将这一类事物的排列组合看得太实在了、太当真了。想想汉族的语言吧，它创造文学美感的能力远胜表达逻辑思辨。而且，所有的执着，核心都是对“我”的执着，都指向了对于

“我执”的层层保护。一个人如果不是在工作场所的专家，作为一个生活中的人，是相当无趣的。如果不能得到别人的敬服，他就只好接受别人的嘲笑，因为这样的人很难做到世事洞明、人情练达，人们会用“偏执”“太理想化”“思想不成熟”“不灵活”等词语去描述他。如果对方还是有一点成就的人，人们会用一个高级一点的词即不够“通透”去批评他。因此，从中国人的智慧传统出发，西方的这种与理论相联系的理性其实不够理性。

在梁漱溟那里，所谓的理性还不只是一种世事洞明、人情练达的状态，它和“极高明而道中庸”的中庸状态是一致的。他说：“总起来两种不同的理，分别出自两种不同的认识：必须摒除感情而后其认识乃锐入者，是之谓理智；其不欺好恶而判别自然明切者，是之谓理性。”① 他举例说，考试答错了题是知识上的错误，觉察到这种错误是理智；考试作弊是行为上的错误，觉察到这种错误是理性。如果要追求这种不欺好恶的中庸状态，就不能鼓励分别心，因为在看待社会事务时，分别的过程中很难不掺杂自己的好恶，和这种好恶感做斗争是治学者的终身功课。所以，梁漱溟会这样说：“我们说别的生活不合理，那么，合理的生活有没有其积极的主张呢？有的。方才说，没有一物可以看得上，这就是没有安排计较，这就是合理的人生生活。……如果看得上一种东西而安排计较着去走，就会渐渐违离了我们原来生活的路子。说浅显一点，就是，粗莽

① 梁漱溟．中国文化的命运．北京：中信出版社，2010：52.

而任天真的人，生活比较是合理的。”① 今天读到这样的文字很难会无动于衷，哪怕这种感动的效果是一片茫然。

那种和理论联系在一起的理性是自然科学技术研究必需的，而自然科学技术的研究在今天的意义无须多说，所以，我们必须尊之为赛先生。但它与我们的生活和政治的关系却不好处理。在这一方面，西方理性主义的自我发展为我们提供了方便，这主要是指辩证法的发展。在继承了黑格尔的辩证法思想的马克思那里，传统哲学中的孤立、片面和静止地看问题的态度遭到了否定，被统称为形而上学。实际上，形而上学并非西方哲学中的某一个流派，它直接继承了古希腊的理性传统的核心。所谓孤立、片面和静止地看问题就是基于强烈分别心的思维模式，在黑格尔或马克思这里，形而上学只是被扬弃，而不是被彻底否定。辩证法引入中国，帮助中国人整理自己的思维传统，从中发现了相应的辩证思维。但是，毛泽东的《实践论》对思维的辩证运动做了本土化的取舍，“感性具体—知性抽象—理性具体”的公式被淡化了，“实践—认识—实践”的公式得到了凸显。其中一个主要的差别在于淡化了知性抽象环节，而这个知性抽象环节恰恰是西方的辩证法在扬弃形而上学思维中被保留下来的东西，它具有形而上学负面特征的环节。结果，我们看到，在西方哲学家那里对形而上学的扬弃，在我们这里表现为更加彻底的拒绝。

中国人所摒弃的形而上学中恰恰蕴含了西方理性主义最具特色的方面。对事物在思维中抱持孤立、片面和静止的态度，

---

① 梁漱溟．人生的艺术．西安：陕西师范大学出版社，2010：14.

这是中国人最不能理解的，也恰是西方人最擅长的。发达的分别心和“我执”，与欧洲人对于所处环境的强烈警觉、自觉和反思意识是相匹配的，这促成了欧洲社会的不断分化和难以统一。所以，梁漱溟合理也自豪地说，中国很大，是有容乃大。但这种分别心和“我执”也促进了欧洲文明的不断革新，这种不断革新也是今日中国所必需的。与这种分别心和“我执”联系在一起的理论思维还造就了强大的西方社会理论，其中的真理或事实与价值或情感的界限实在令人迷惑。具体到中国自身，我们怎么用好这种理性又尽可能避免它的弊端呢？这已经不是原则化的“中体西用”或者“西体中用”所能概括了。事实上，我们正在发展出一种体系化的方式规避原则问题，社会生活中的各种体系是规避原则问题的基本方式或者说是协调诸多原则之间关系的基本方式。

概括地说，无论以哪种方式将人性的弊端合理化，都是一种冒险，因为任何一种合理化的方案都不能永存，一旦遭遇社会转型，这些方案的弊端就暴露无遗。对于孝道的推崇确实和中国社会的僵化有关，伦理的教条化就走向了遏制人性，还促成了中国的落后挨打，对于人性的解放又导致了伦理的崩坏。将人类的嗔心合理化的方案带来的是另外的风险。当罗马教皇的控制力下降之后，曾经被压制的人性之恶开始泛滥，而且是以真理的名义。同样信奉上帝的人们展开了人类历史上最血腥的邻里、同乡和教友之间的杀戮，继而转化成了国家之间的战争、阶级之间的斗争和碎片化的街头抗争。这些争斗中的温和部分被称为现代社会中应该设立的某种“社会减压阀”。但是，如果这种心理压力一定要以民族之间的征服来释放的话，处于弱势的民族就遭殃了。强大的民族既有强大的武器，也有强大的批判的武器；弱小的民族既缺少足够的武器，也不善于驾驭批判的武器。

二 常人的生活、社会与系统

人的内心是内在的自然，它就如同外在自然一样构成了对我们的活法的基本约束。不同文明中，人的心理结构不同，活法也就不同。这种不同不仅存在于个人行为模式和家庭关系中，也会延伸出去、进入社会领域，使得社会的组织原则产生很大的不同。首先，笔者要说明，在私人生活之外的系统是不可或缺的。其次，笔者重点来讨论这个系统之下的社会与生活是什么关系。西方理论家说的系统之下的社会和我们说的生活在很大程度上是相互重叠的领域。有点像长袍和连衣裤，看上去很不同，穿法也不同，但覆盖的范围大体是重叠的。不过，我们的生活的私人性比较强，公共性比较弱，从生活的角度谈社会比较合适；西方人的生活的公共性比较强，私人性相对弱得多，从社会的角度谈生活更合适。最后，由此产生了不同的系统—生活世界的联结方式。西方的政治化的社会本就是联结国家与生活的制度和机制；中国则不同，面对缺乏公共性的私人生活，系统要联结它，就必须深入私人生活，包括用人联系人，由此发展出了我们要讨论的治理体系。

1. 系统的强制性

这里把系统理解成整体社会系统中可以对所有人实施强制的一部分结构，它主张的规范可能被人们在心理上内化，但这种内化不是必需的。人与人之间也可以有私人的惩罚①，但这不是我们说的系统。我们说系统可以实施强制，绝不等于说系统只会实施强制。洛克伍德在区分系统整合与社会整合的时候，所说的系统整合指的是帕森斯 AGIL 模型的适应和达鹄功能部分，比如政治系统和经济系统；社会整合指的是整合和模式维持功能，比如文化系统和社会交往系统。其中的界限不可能清晰，我们这里强调的是系统的强制性，它不必然依赖于心理的内化。所以，即使是宗教也不一定就只是文化的；如果它能够强制人们接受教义和教规，也属于系统，最典型的形式是政教合一的政权。

生活要能继续，就不能缺少强制性的力量，自愿的互动不能形成长期稳定的秩序。这不是在否认长期合作或者稳定的社会规范的可能性，而是在说，在一个常人的世界中，所有的长期稳定的秩序都离不开有效的惩罚。认识到这一点很重要。在奥尔森的集体行动的逻辑中，集体行动在两种情况下确定会发生：一种是有人愿意支付所有的合作成本；另一种是可以对违规者或反对者采取强制或者利诱的手段，使其配合。这是一种

① 桑本谦．私人之间的监控与惩罚：一个经济学的进路．济南：山东人民出版社，2005.

看似悲观的看法，它是基于理性经济人（或者理性人）假设而得出的，由此引发了很多的研究去强调人的社会性。社会学家提出的社会人假设，其核心要点就是强调社会规范对人的约束，自然就有一个社会规范如何起作用的问题。社会规范就意味着被大多数人所接受，也是对失范行为进行纠正的依据，在面对失范行为的时候不可避免地要采取强制行动。鲍尔斯和金迪斯等人相信，仅仅依靠基于遗传相关性（亲缘利他主义）或者重复互动（互惠利他主义）不足以解释人类的合作。他们通过计算机仿真研究了古人类的合作行为，认为在远古时代的集体生存实践中，必须能产生一种强互惠行为才能使得这样的集体生存下来。这种强互惠行为的主要表现就是有人站出来为了公义惩罚违规者或者“搭便车”的人，这被称为“利他惩罚”①。中国古代国家起源说中有“圣人出焉”之说，“圣人”不仅是智者也必须是强者，不仅仅是解决了生产生活中的一些技术问题，也肯定是做了那些一般人不能或不愿做的得罪人的事情。

人类走出部落社会应该是战争和征服的结果，这是赤裸裸的强制行动，强制者通过强制获益，由此产生了我们今天称为国家的组织。主要是基于欧洲的经验，梯利有一个毫不留情的说法：“如果说黑社会代表了公认的有组织犯罪，那么发动战争和缔造国家就算得上是有组织的犯罪之典范，是具备合法性优势的黑社会。”② 他以此否定社会契约论等国家形成观。主

---

① 金迪斯，等．人类的趋社会性及其研究：一个超越经济学的经济分析．浙江大学跨学科社会科学研究中心，译．上海：上海人民出版社，2005：52.

② 梯利．发动战争与缔造国家类似于有组织的犯罪//埃文斯，鲁施迈耶，斯考克波．找回国家．方力维，等译．北京：生活·读书·新知三联书店，2009：228－261.

要是基于春秋战国时期的经验，庄子提出了一个说法“大盗窃国”。无论如何，国家的起源确实是暴力的结果，它自动地为社群提供了必需的惩罚。这种做法混合着统治与服务，当国家从维持稳定的角度对扰乱国家秩序的人进行惩罚的时候，如果恰好这样的人也扰乱了社区的秩序，那么，可以认为国家也是为社区提供了服务。历史经验是，所有大范围的超越熟人社群的长期合作都是国家的产物，执行和垄断这种强制是国家的基本特性。这个时候，国家就是作为整体社会中的系统力量出现的。

我们不能混淆古代国家和今天的国家。古代国家可以是系统的全部，今天的国家只是系统的一部分。强制不仅仅是暴力的强制，还意味着人们不得不遵从的规范以及可以实施惩罚。宗教组织和经济组织先后分化出来，它们也能实施强制。宗教组织在国家范围内甚至在超国家范围内都是普遍的，它可以对所有人实施强制。经济组织可以通过物质或精神的激励乃至解雇等手段对员工实施强制，组织内的强制是非普遍的。在发达资本社会中，资本家集团有能力对整个社会乃至世界建立事实上的统治关系。这种统治关系可以隐蔽在交换关系背后，通过交换关系的普遍性获得强制力的普遍性；也可以隐蔽在国家机器的背后，通过影响政策制定确保资本主义经济秩序。

2. 系统与生活世界的两种联结模式

国家是部落、族群或者阶级之间的强制力量，它脱离了地方性日常生活的场域。人们的日常生活首先是地方性的，广泛的流动是很晚近的事情，而且迄今也不是所有人的主要生活方式。国家与地方性日常生活的区分指向了系统与生活世界之间的区分，因此，系统与生活世界就是两个不同的分析对象。这个区分出自哈贝马斯，他认为如何把它们联系起来是一个重要的问题①。

哈贝马斯将系统整合—社会整合的功能领域与系统—生活世界的结构领域对应起来。他采取帕森斯的 AGIL 模型来理解系统整合与社会整合，但也做了自己的解释。他说："我们所谓的社会整合，涉及的是具有言语和行为能力的主体社会化过程中所处的制度系统；社会系统在这里表现为一个具有符号结构的生活世界。我们所说的系统整合，涉及的是一个自我调节的系统所具有的特殊的控制能力。这里的社会系统表现为它们克服复杂的周围环境而维持住其界限和实存的能力。"② 哈贝马斯没有很清楚地说明他到底主要是从结构上还是从功能上来理解社会整合的，但是，他在讲社会系统的时候，首先认为它是一种不同于狭义的系统的结构形态。这也是笔者理解社会系统的方式，把它看成一种相对于系统力量的结构形态。在这里，笔者所理解的系统与生活世界在结构上可以对应哈贝马斯所理解的结构领域，但是在功能或者具体内容上有很大的不同。哈贝马斯所理解的生活世界也就是系统之下的社会，他相信这里的主要内容是用于沟通的符号以及沟通之后形成的制

---

① 哈贝马斯．合法化危机．刘北成，曹卫东，译．上海：上海人民出版社，2000：7．

② 同①6．

度。笔者所说的生活世界充满的是人际关系，制度规范不占核心位置——虽然并非没有规范。更重要的是，哈贝马斯将系统与生活世界联系起来的方式在中国的语境中缺少足够的解释力。他一方面借助马克思的社会形态概念在逻辑上提出了一个基本组织原则的概念，认为西方社会的每一个阶段都有一个主导型的社会组织原则，比如自由资本主义社会形态中的主要组织原则是通过民法体系确立的劳资关系；另一方面延续了帕森斯对文化规范的高度重视，强调社会整合对认同的依赖。这种思路不太符合中国从古至今的实际。这就启发我们，将系统与生活世界联系起来的方式应该不止一种。除了类似人民公社制度那样的组织化模式，它还可以分为公共化的联结模式与体系化的联结模式。

系统与生活世界之间的联结一定是通过非常复杂的机制来实现的，既有可以直接观察到的行动机制，又有可以阅读到的文本性制度，也有不可阅读却能理解的心理领域，还有吉登斯所说的那种将行动实践、社会或系统结构同时再生产出来的结构化的机制，等等。也许每一个国家内部的系统—生活世界之间的联结方式都这么丰富，但还是有所差别，主要原因是基于心理结构的生活模式的差异。总的来说，欧美社会的生活具有更强的公共性；而在中国这样的国家中，生活世界中的公共性不够强。但是，这种公共性不够强的社会也不等于就是一盘散沙。翟学伟的这个判断是恰当的：“中国社会既不借助于社会角色及其规范而联结成一个具有公共性的社会，也不像一盘散沙那样无法联结成一个大型社会，而是通过个人地位的获得来联结成一个网状社会。”[①] 在这里，他强调了“联结”而非“团结”对于中国社会构成的意义，这是很有意义的一个提示。

公共化的生活世界与系统之间通过政治化的“社会”来联结，国家并不能直接联系个人。这种政治化的“社会”既是一种人际关系模式，也是一种社会规范模式，它连通了国家机器与百姓生活。这种社会如何运行和如何维持是西方社会理论的核心问题。西方主流的理论家特别强调文化规范的作用，这在多大程度上是一个现实、在多大程度上是泰勒所说的社会想象，是值得讨论的。但在传统中国，以家庭为单位的生活世界与系统之间缺少足够丰富的自发社会机制，这倒是得到公认的。在唐代以前，国家与乡村社会中间还有一些科层化的国家机器。经过“唐—宋之变”，国家行政系统也在一定程度上撤出了基层。明清时代的基层治理被称为“集权的简约治理”[②]。但是，由于缺乏足够的中间机制，国家治理的有效性不可能令人满意。这样的国家治理被说成专制性权力强大而基础性权力薄弱[③]，正如韦伯所说：“由于帝国的巨大扩展以及相对于人口规模来说官员的数量较少，中国的行政在一般统治者的治下既不精细也不集权。”[④] 这里想要强调的是这种国家治理的另一种特征：正如马克思所特别注意到的，亚细亚生产方式的国

---

① 翟学伟．人情、面子与权力的再生产．北京：北京大学出版社，2005：218.

② 黄宗智．集权的简约治理：中国以准官员和纠纷解决为主的半正式基层行政．开放时代，2008（2）.

③ 曼．社会权力的来源：第2卷·上．陈海宏，等译．上海：上海人民出版社，2007：69.

④ 韦伯．经济与社会：第2卷：上册．阎克文，译．上海：上海人民出版社，2010：1192.

家中，国家与农民之间存在直接的联系机制。所谓直接，最典型的情况是通过人联系人，通过属于系统力量的具体成员直接地联系到生活世界中的具体的人。正如黄仁宇所言："中国是世界上唯一从公元前迄 20 世纪始终直接向各个农户抽税的国家。"①

在传统中国，这种直接联系的机制还不够丰富，主要是户籍、赋役和教化。户籍制度贯穿小农经济时代，将每家每户的人口等情况详细登记；赋役制度是直达每个家庭和每个人的，尤其是其中的徭役和人头税对于人身控制作用最为明显；国家教化的某些部分通过科举制度也做到了深入人心，科举制度下的读书人其实都是登记在册的。国家与人民之间存在直接的联系，这种联系直达每个家庭和每个人，这个特征几千年来没有根本改变。可以说，在中国的社会中，系统与生活世界的联系是直接的，我们不能以为真的存在过所谓的"皇权不下县"。只不过传统中国的联系是低密度和低制度化的，这种低密度和低制度化不符合全球竞争环境中的现代社会的要求，所谓"一盘散沙"就是对这个局面的批判。经过百年来的国家政权建设，这种局面被彻底改观。国家通过复杂多样的机制将系统与生活世界紧密地联系起来了。甚至可以说，在比较发达的地区，国家政权建设可能已经走通了最后一公里。国家和系统力量发展出了复杂的人格化和利益机制来完成这个艰难的跨越，这些人格化和利益机制也就是我们要讨论的"治理体系"。

这里使用的"体系"一词，和政治学中将 system 译成的

---

① 黄仁宇．中国大历史．北京：生活·读书·新知三联书店，1997：47.

“体系”有所不同，比如将阿尔蒙德和鲍威尔的 *Comparative Politics*：*System*，*Process*，*and Policy* 翻译成《比较政治学：体系、过程和政策》①，这里的体系指的是政治体系。将 political system 翻译成“政治系统”也是很常见的，政治体系或者政治系统理论是在和国家理论的对话中形成的，也就是说从实证主义的角度来研究国家，将国家理解成一个政治系统，淡化国家的形而上学色彩。政治系统是一个包括环境、输入、转换、输出和反馈等部分的系统，具体地说是：利益表达—利益综合—决策—执行。治理体系也可以说是一个政治系统，但它非常关注的不是国家的运行，而是国家与大众的关系，或者更一般地说是系统与生活世界的关系。这是一个政治社会学而非政治学的命题。治理体系的“体系”是一种有“体”有“系”的社会系统。就其也是一种中心—边缘结构和多时态共存关系来说，它与伊曼纽尔·沃勒斯坦的“世界体系”（world-system）理论对“体系”的理解有相似之处，但我们这里强调的是中心与边缘之间的联系而不是对立。治理体系关注的是，一个社会系统中存在主导性的力量结构，也就是“体”，它要通过一些特定的机制去联结大众，这种联系机制构成了“系”。因此，治理体系的“体系”是两个独立的字即“体”和“系”合并而成的，它可以被翻译成“system”或“systems”，也可以翻译成“TIXI”以示区别。

我们可以说欧美发展了一种“政治社会”，它通过公共化

① 阿尔蒙德，鲍威尔．比较政治学：体系、过程和政策．曹沛霖，郑世平，公婷，等译．上海：上海译文出版社，1987.

的方式联结系统与生活；中国发展了一种“生活社会”，它通过体系化的方式联结系统与生活。这无疑是一种对于社会和历史的理想化看法。这不是说欧美社会一直都是政治社会，而中国社会一直都是生活社会。实际上，典型的政治社会主要存在于古希腊的城邦时代，这个时候存在一种政治共同体。在罗马帝国时期，公共性的交往也不能架构帝国政治；在封建时期，宗教规范的力量是很强大，但是人缺少自由，而且国家弱小，不能说存在实现了政治一体化的政治共同体；资产阶级革命承诺建立一个民有、民治、民享的政治共同体，但是，在欧洲我们看到的是广泛的意识形态冲突，在美国我们看到的是不断激化的种族和阶级的冲突。尽管如此，在欧洲的封建社会中，也依然存在着远比东方国家更加分权的政治架构，某种贵族共和制和法治国家的影子还是很显明的。所以，弗朗西斯·福山认为，在英国的封建社会中存在一种政治性的团结，而中国存在的是更加具有社会性的团结①。中国的生活社会在小农经济时代才是更加典型的，因为此时的经济基础是普遍的家庭经营。中国进入工业化时代以后，这种生活社会的色彩其实有所淡化，政治社会的色彩有所发展，但基本的底色还在。另外，在同一个社会中，政治参与的程度也是不同的。城市社会更加政治化；而乡村社会显得“天高皇帝远”，传统习俗替代了政治来安排生活的方方面面。只要是小农经济的社区，其中的社会形态就很有相似性。这是罗伯特·芮德菲尔德在《农民社会与

---

① 福山．政治秩序的起源：从前人类时代到法国大革命．毛俊杰，译．桂林：广西师范大学出版社，2014：365.

文化：人类学对文明的一种诠释》一书中表达的观点[1]。中国之所以具有更强的生活社会的传统，也和这里由小农家庭组成的乡村社会更加发达有关。

在这两种社会领域，系统通达生活的方式是不同的。在政治社会中，系统通过政治性的交往和规范联系生活，形成政治体制或者“政体”。在生活社会中，系统与生活之间缺少足够丰富的公共交往，存在一种脱节。为了改变这种脱节，系统通过纵横交错的治理方式联系生活，形成治理体系或者“治体”。我们不能认为只要是君主制的或者中央集权的国家就是生活社会。生活社会确实具有很强的东方色彩，因为，即使是君主制，也存在各种形式。中国的君主制和欧洲的君主制是不同的。欧洲的君主制建立在封建制的基础上，君主的行为较多地受到法制约束，因此，它也还是一个政治社会。

3. 强大的生活与弱小的社会

在当代中国，连通系统与生活世界的为什么是治理性的体系而不是公共化的社会？中国的这类社会为什么一贯软弱？通常的理解是，由于国家专制，所以社会软弱[2]。孟德斯鸠注意到，大国就容易专制。这很好理解，大国是通过摧毁小的政治体系而形成的，也就是摧毁了地方性的社会整合能力。如果又

---

① 芮德菲尔德．农民社会与文化：人类学对文明的一种诠释．王莹，译．北京：中国社会科学出版社，2013.

② MIGDAL J S. Strong societies and weak states. Princeton：Princeton University Press，1988.

没有新的社会整合能力发育起来，在国家与百姓之间就会出现一个社会性的空缺。笔者倾向于淡化这种简单的整体论，着重从人的生活世界中寻找这种局面的根源。我们不仅要看到社会的弱小，也要看到生活的强大。我们用“国家”这个词来代表我们生在其中的政治实体。至于国与家之间的社会弱小，这个弱小既有国的因素，也有家的因素。

生活可以看成社会的意义所在。亚里士多德将城邦的意义定义为全邦人民追求幸福的生活，这个理想经由罗马帝国和基督教统治的两千年之后，在欧洲和美国实际上被程度不等地放弃了。与此同时，中国的发展走入了另外一个方向，从美好生活的角度来定义的社会理想变得越来越有力量。王雅林提出，在走出“生产型社会”之后，中国不应该走入西方那样的“消费型社会”，而是要走入更加以人为本的“生活型社会”①。这个提法很敏锐地把握住了中国人对于社会的期待，并把它放进一个社会进化论的谱系中。当然，我们也可以对这种社会形态做一种比较静态的分析。赵汀阳如是说：“我们只能指望一个好社会，即一个尽可能为生活着想而不是为社会着想的社会。所以，在伦理学中我们只能采取生活的观点而放弃社会的观点，把一切价值问题最后落实在生活层次上，把社会看成是一个生活问题而不是把生活看成一个社会问题。”② 回归对于个人的生活而非社会系统整体的关注，可以认为是费孝通晚年反

① 王雅林．回家的路：重回生活的社会．北京：社会科学文献出版社，2017.

② 赵汀阳．论可能生活．2版．北京：中国人民大学出版社，2010：133.

思的核心。在这些共同感受的背后，有着深层次的心理基础。

就如同一个物品的生产可以是自给自足的，也可以是通过社会分工专业化提供的。人的生活中的很多安排——也许是大多数的安排——都可以在更加私人化的方式与更加公共化的方式之间进行选择。如果私人性安排的比重大，公共性也是社会性安排的比重就比较小。中国人的“我”是关系性的，在“我”的关系中存在各种私人资源。这样的“我”比较大，社会就比较小，生活的强大与社会的弱小之间具有一体两面的关系。这样的关系性的“我”普遍地有一个家作为第一层外壳。中国人的家庭是一个最微小的生产单位、交往单位、权力组织和宗教组织。之所以在一个家庭中能够浓缩如此多的人生所需，和中国人推崇的孝道大有关系。孝道要求人们去恭敬家庭经营活动的组织者，并从这种恭敬中获得意义。传统的家长集经济、政治和教化权威于一身，相互加强。只要国家提倡孝道，打击不孝，中国人家庭关系的合法性就能不断地实现再生产。相比之下，在封建庄园中，农奴不能从对封建主的恭敬中获得意义，他们的意义需要从另外的渠道获得。封建主的子女也不能从对封建家长的恭敬中获得意义。在这样的社会细胞中，家庭组织、生产组织和宗教组织是分离的，从一开始就呈现为一个朝向社会分工和分化的社会胚胎。如果说传统的中国家庭是社会系统的一个细胞，它可以复制，却不能分化；欧洲的封建庄园就是社会系统的一个胚胎，它可以不断分化，成长为一个社会。

我们也可以从集体行动的逻辑中理解生活社会的逻辑。这是一种十分发人深省的提问方式，非常多的人在这个问题上思考中国人的合作能力，总的倾向于认为中国人“善分不善合”①。研究集体行动的逻辑是经济学尤其是博弈论的长项，这种研究的主流方法是方法论上的个人主义。这其实无可厚非，它至少并不比方法论上的整体主义更加不靠谱。问题是：这里的个人是怎样的个人？或者用这里的语言来说，这是关系性的“我”，还是排他性的“我”？方法论上的个人主义所对应的个人就是博弈对手所面对的这个人，当这个人进入博弈关系时，他就带上了所有他能带来的资源、放下了所有他不能带来的东西。这是一种方法上的必需，博弈关系必须保持一定的封闭性和完整性，否则博弈分析就难以进行。这种方法上的简化在研究过程中对一般西方人造成的损失要大于对一般中国人造成的损失，因为这种模型中的个人更加符合占有性个人主义的行为模式。我们不能因此认为占有性个人主义所对应的个人就是更有道理的，只能说明特定的社会需要特定的研究方法。问题是：在研究中国人的行为时，这种方法论的个人主义如何造成了研究中的失真？

埃莉诺·奥斯特罗姆相信在成功的集体行动中有一组核心的关系：互惠、信任和信誉。如果最初的合作水平比较高，那么，个体可能会学着信任他人，并且会有更多的个体采取互惠策略。当更多的个体采取互惠策略时，值得信任的信誉就成为一种更好的投资。因此，互惠、信任和信誉三者之间是一种正

---

① 曹锦清．黄河边的中国：全2册．上海：上海文艺出版社，2013.

加强①。这看起来很适合分析中国的问题，因为中国人是长于互惠的，也是在乎面子的。乔恩·埃尔斯特对集体行动的逻辑做出了非常精彩和明晰的分析。他区分了三种要素：信念、社会规范和合作。他着重分析了社会规范和合作。在他看来，社会规范解决的是行为的稳定性、规则性和可预测性问题，而合作解决的是新的合作行动的形成问题。或者通俗地说，社会规范解决的是维持现状问题，而合作解决的是从这种稳定状态中跃迁出新的行动的问题。埃尔斯特强调，规范对于合作行动的影响是不确定的。他认为人类社会中普遍存在互惠的规范，其中，中国人的关系是某种工具性的友谊，一方的目的是在不确定的时刻得到某种不确定的报答。这种关系的一端是相互帮助的感情基础，一端是纯粹的贿赂。他也辩证地认为，腐败有时候会促进集体行动。最后，他的结论是：成功的集体行动是非常复杂的因素的多重组合，社会规范的作用是否积极不能简单判断。

如果要将这些一般分析用于分析中国人的合作问题，就要将占有性个人主义的“我”转化成一个关系性的“我”。此时，这个进入博弈关系的“我”依然是一个个体，但是他不是孤立的，他是一个关系网的中心，或者说是自己的关系网的经营者或者老板。这种关系网老板的感觉潜移默化地存在于他的头脑中，成为他计算各种利害得失的基本依据。如果这个关系性的“我”与一个排他性的“我”进行博弈，对于排他性的“我”

① 奥斯特罗姆．集体行动如何可能？．石美静，熊万胜，译．华东理工大学学报（社会科学版），2010（2）．

来说，这是一场博弈；但对于这个关系性的“我”来说，这至少是两场博弈。他不仅要在眼前的博弈中获益，还不能在自己的关系网构建的过程中受到损失，或者说不能失去面子，最好能增加面子。让自己变得越来越有面子是关系网老板的终生任务。面子的构建是存在竞争的，也是一种终生博弈。这就形成了博弈的嵌套结构，博弈关系大大复杂了，博弈结果的确定性就降低了。

这里需要对“面子”多说几句。“面子”对于理解中国人行为逻辑的重要性得到普遍的承认，在传教士亚瑟·史密斯（也译为明恩溥）那里，它是中国人的第一特性①。翟学伟也认为，从逻辑上可以认为人情和关系是从面子派生出来的概念②。金耀基、黄光国和胡先缙、何友晖和翟学伟③等人做过十分深入的研究。问题是：中国人的“面子”和戈夫曼将生活互动理解为剧场时提出的脸面（face）有何不同？黄光国倾向于认为面子具有道德内涵④。这里的看法是，所有人都会利用脸面来表演，所有人都在乎自己的尊严，但面子是关系性的“我”所特有的脸面。这种特有性出自两方面：一方面是，关系性的

---

① 史密斯．中国人德行．张梦阳，王丽娟，译．北京：新世界出版社，2005.

② 翟学伟．个人地位：一个概念及其分析框架：中国日常社会的真实建构．中国社会科学，1999（4）.

③ 金耀基．从传统到现代．北京：法律出版社，2010；黄光国，等．人情与面子：中国人的权力游戏．北京：中国人民大学出版社，2010；HO D Y. On the concept of face. American journal of sociology，1976，81（4）：867－884；翟学伟．人情、面子与权力的再生产．北京：北京大学出版社，2005.

④ 黄光国．儒家社会中的道德与面子//黄光国，等．人情与面子：中国人的权力游戏．北京：中国人民大学出版社，2010：71－126.

"我"所处的社会不是一个一神宗教发达的社会，存在一种规范多元化的文化环境，结果，情境适当相比于普遍的规范或者原则获得了更大的权重。而且，这种多元规范的文化也赋予了情面相应的道德意蕴，如同其他文化赋予不讲情面相应的道德意蕴一样。另一方面是，行动者是一个关系性的"我"，他不只是在考虑自己在互动情境中的脸面，还要考虑这场互动对自己的关系网的运作的影响。换句话说，当一个孤立的陌生人偶然路过性地参与到一个互动情境中时，他不仅会有互动情境中的脸面问题，也有在整合自己内心世界时的尊严问题，但在场的当地人另外还有面子问题，因为这些当地人会将这场互动的绩效与自己在关系网中的地位构建联系起来。这涉及翟学伟所说的日常权威①或者个人地位的问题。如果这个关系网老板的关系网是富有伦理色彩的，那么，面子和道德就有更深的关联，所以传统社会中的面子确实具有更多的道德色彩。

在中国的典型的关系实践中，要让别人配合，不仅要满足别人的基本利益需要，最好还要让别人感到有面子。翟学伟认为，中国人同时有两套地位体系：社会地位和个人地位。社会地位可以用权力和财富划分，个人地位用面子和人情来区别②。面子大，人际关系广，个人地位就高。个人地位是实名制的，它不是按照角色进行匿名分配的。这种关系实践对集体行动的影响至少是两方面的：一方面，如果集体行动发生在某

---

① 翟学伟．中国社会中的日常权威：关系与权力的历史社会学研究．北京：社会科学文献出版社，2004.

② 翟学伟．个人地位：一个概念及其分析框架：中国日常社会的真实建构．中国社会科学，1999（4）.

人的个人地位能够罩得住的范围，那么，大家给他面子，事情就很容易办成，甚至违规的、极其困难的事情也能办成。另一方面，如果事情的范围所涉及的人超越了这个发起人或者发起人团队的个人地位所能罩得住的范围，照顾到所有人的面子遇到了困难，集体行动的发生就变得困难，即使这个事情本来对所有人都有好处，即使所有人的收益都大于各自的成本。甚至即使发起人愿意独自承担所有的成本，只需要相关人不阻拦就可以，但如果面子不够的话，也未必能行。所以，集体行动的逻辑在中国文化中就有一个人情、事理和具体办法之间的匹配问题。这样的人群之间本来就有丰富的互惠关系，集体行动不是将人群从一种分散状态变成关联状态，而是从一种消极无事的关联状态跃升为另外一种更加积极有为的关联状态①。

在中国人的关系实践中，行动者可能不是一个人，而是一个家庭。家庭行动者和个人行动者相比而言，会在前述的复杂性中再增加一层，因为家庭决策有一个统一思想的问题。在当前的中国，家庭的民主化对集体行动的影响是很明显的。比如，城市小区里的维修往往需要动用维修基金，在征询环节需要每户有一个家庭成员签字。如果有一个能说话算数的家长，家长可以代表家庭签字。但如果家长说了不算，还要和自己的另外一半，甚至还要和每一个家庭成员包括刚成年的子女也达成一致意见，那么这样的集体行动很容易成为漫长的“群众工作”。尤其是民主化的家庭行动者在承担责任时要比争取好处时更加难以达成一致意见。如果把城市社区集体行动中的家庭

---

① 熊万胜．农民合作的新前景．北京：中国政法大学出版社，2013.

行动者看作一个人，他就是一个极其缺乏公民精神的人。这就意味着，这个关系性的“我”可以从两方面增加行为选择的不确定性：一方面是将自己经营关系网的考量带进来；另一方面是“我”正在失去主见和责任感。

在这样的理解中，生活的强大一方面通过发达的私人生活降低了公共化生活的必要性，另一方面也使得跨域人际网络的公共化生活难以发生。在中国人的私人生活领域，近期有两种变化值得注意。借助于移动互联网设备，人们之间的横向联系大大地拓展了，对外的联络几乎挤占了所有使用手机上网用户的空闲时间，我们所到之处看到的多数是低头拨弄手机的人，已经很少能看到沉静地读书或者默默发呆的中国人了。人际关系的强度变低了，但是广度极大地提升了，直接逼近了很多人的注意力极限。同时，各种亲友微信群、各种兴趣组织、各种产品共享组合，或者线下的广场舞队等文体组织，得到了蓬勃的发展。这些组织形成了中国式的公共生活吗？笔者倾向于认为它们依然属于私人生活的范畴，但属于“私人生活的公共化”。

热气腾腾的私人生活不仅改变了集体行动的逻辑，还通过一种形而下的方式直接瓦解了公共生活的形而上意义。西方社会理论以一种后现代的思维模式提出了这个问题，尤其是消费社会理论和个体化理论。这样的理论发现传统的公共化的政治社会正在被瓦解，人民耽迷在感官世界中不能自拔，所谓的公民伦理也就暗淡无光了。即使还有各种抗议，这些抗议也不能改变决策，只能改变抗议者自己的预期。在研究个体化的贝克和贝克-格恩斯海姆那里，甚至不得不认为街头少年的嬉闹组合也算是新型的民主形式①。是否存在一种政治社会向生活社会的普遍转型呢？目前还不能这么判断。转型需要系统层面做出革命性的调整，这在西方是很不容易的。一方面是生活世界向下走，可能会部分地拉低政治社会的生活基础，在中国表现为执政党努力下沉，要联系那些幸福感不断下降的群众。另一方面是系统的不断复杂化，降低了公共议题的可讨论性。新的系统不仅包括国家行政机构和资本体系，还包括复杂的基础设施问题、新的公共技术问题和全球问题。很多问题超出了普通民众可以理解的范围，超出的幅度越来越大。即使是全国人大代表，要想提出一个能够让“有关部门”认为很有水平的议案，也很不容易。

软弱的社会不仅是中国社会一贯的特征，实际上也成为人类社会的普遍趋势，当然，我们没有理由认为这是一种好事。哈贝马斯从这种趋势中发现了蕴含的合法化危机，这其实也是所有现代化国家共同面临的困境。作为一个附带的后果，长期以来占据主导地位的国家—社会分析框架也变得无力了。比如，公共性的社会在弱化，国家或政府在系统中的地位相对下降，经济、军事、基础设施和技术系统的意义不断上升。这不是说国家不重要了，实际上国家越来越重要，但这种重要性不是因为它作为政治共同体的代表变得重要，而是因为它作为系统力量的组织者变得重要。在这个趋势下，生活世界的地位是无可撼动的，甚至是在加强，或者因为它的沉陷让人感到需要

① 贝克，贝克-格恩斯海姆．个体化．李荣山，范譞，张惠强，译．北京：北京大学出版社，2011.

拯救，或者因为民主化的发展让人们体认到社会的本来目的就是人的生活，而不是社会自身。系统与生活世界的关系作为当代社会的分析框架越来越具有现实意义。当这种分析框架的使命已经到来时，关于它的理论内涵的探讨还远没有完成。

第二章　联结系统与生活的体系

国家在造就了适合于人们共同生活的惟一环境的同时，人们却不可避免地要“脱离”这个环境，甚至人们之间也会相互脱离，社会也相应地解体了。如果在政府与个人之间没有一系列次级群体的存在，那么国家也就不可能存在下去。如果这些次级群体与个人的联系非常紧密，那么它们就会强劲地把个人吸收进群体活动里，并以此把个人纳入到社会生活的主流之中。

——涂尔干《社会分工论》

以上的分析说明了存在两种系统—生活联结模式，其中一种是体系化的联结，现在需要对这种体系化的联结模式进行进一步的描述。当我们说社会的体系化时，所说的社会指的是社会整体，所说的体系是将系统行动者与生活行动者联结起来的一整套结构。体系能够对生活行动者应用实名制，当然也是差别化对待的体现，因此是层层叠叠和主次分明的。其中的联结形式既有科层、契约，也有后面要谈到的榫卯，还有其他难以辨识的形式。治理体系是社会诸多体系之一，只有涉及国家与生活行动者的联结机制才是治理体系。治理体系并非人类社会中曾经出现过的唯一的体系，它代表的仅仅是国家试图触及百姓的方式，但能够触及所有社会成员的强制性力量不只是国家，至少还有宗教和资本，继而国家触及百姓的过程中形成的体系也有一个发展的过程。

一　人类社会中的几种体系

如果直面差异性的社会联结如此重要，它会是孤立的和突然出现的吗？既然系统力量有多种类型，既然个体的需求有多种，当系统行动者与生活行动者建立联结时，就有一个联结方式的选择问题。如果不能采取军事化的强制控制，且又必须尊重个体的差异性，就可能形成我们这里说的体系。这种对于个体差异性的考虑不仅仅发生在国家—民众的关系中，在宗教生活中也尤其明显：每个信徒的情况不同，他们的罪业也不同，心灵的抚慰和调教是最为个性化的活动，如果不是依靠人去面对人，就根本干不好。同样，在市场的供需关系中，消费者的差异性也是不可忽视的，成功的销售必定是尽可能考虑消费者的个人偏好。

1. 体系的谱系

一种掌权者直接联系有差异的个体的结构，如果能够长期存在，能够经得起被联系的个体反复运用控制的辩证法甚至暴力反叛而不至于土崩瓦解，一定是因为这种直接联系契合了个体的自身需求。这个条件为我们寻找历史上的体系提供了线索，我们可以用人的需求而非系统力量的分类来确定体系的分类。人的需求可以粗略地分成精神需求、物质需求以及公共性事务的需求，相应地也就有三种体系：宗教的或信仰体系，市场的或资本体系，治理的或治理体系。

今天的社会理论很少会坚持某种单线索的历史观，尤其是单线索的进化史观，因为那样的历史观为了逻辑清晰在细节的完整性上付出了太多的代价。但理论分析又必须追求某种简明性，于是就流行了多线索的历史叙述方式。比如，吉登斯在《民族-国家与暴力》一书中分离出了四种制度丛结：工业主义、资本主义、政治整合与军事统治[①]。迈克尔·曼在《社会权力的来源》中提出一种多线条的国家成形理论，即国家形态是在四种来源的社会权力的交织中成形的：经济、意识形态、军事和政治[②]。王国斌在比较中欧的国家形成史时，特别突出了政治、经济和意识形态的因素[③]。黄仁宇有一种方向比较单一的进化史观，这不值得肯定，不过，他有一段话说得比较客观，其实质内容有可取之处。他说，“管制”人类只有三种方式：“第一种是用思想方面，用宗教的力量，用道德的观念。希望应该做好事情，这样就要集权，使人民都照着这方面做。第二种是用武力强迫你做，你不做这个事情就不行，因为警察可以强迫你做。可以说，中国的儒家和法家是用第一种、第二种方式管制。第三种方式是资本主义的方法，就是让个人用本身具有的开明的私利观来推动，做这个事情可以对你有好处，所以你做。”[④]

笔者从信仰、资本和治理三个方面来探讨人类社会体系的形成，和以上的讨论很有相通之处，说明对于这类问题大家存在基本的共识。这种共识不必出于理论，而是来自经验。由于我们只是在研究社会系统中的社会整合部分，且是社会整合中人联系人的方式，所以这也不是对社会演变的完整分析。但在

---

① 吉登斯．民族-国家与暴力．胡宗泽，等译．北京：生活·读书·新知三联书店，1998.

② 曼．社会权力的来源：第2卷·上．陈海宏，等译．上海：上海人民出版社，2007.

③ 王国斌．转变的中国：历史变迁与欧洲经验的局限．李伯重，连玲玲，译．南京：江苏人民出版社，1998.

④ 黄仁宇．我相信中国的前途．北京：中华书局，2015：179.

不同社会系统中，体系的地位是不一样的。在有的国家，体系可以占据社会整合机制的核心地位。

在原始的共同体中，这三种体系是糅合在一起的，没有分化。以欧洲的社会发展历程为蓝本，哈贝马斯这样描述“原始社会形态”的组织原则：其制度核心是亲缘系统。在这个发展阶段上，亲缘系统表现为一种总体性制度。家庭结构决定了整个社会的交往；家庭结构同时也保障了社会整合和系统整合。世界观和规范几乎还没有分化开来。它们都是围绕着礼仪和禁忌而建立起来的，不需要单独加以认可[①]。此时当然还没有发达的市场或者资本，因为人们没有动力去获取超出生活必需的物品。

早期的国家中，阶级统治是严格的，普遍存在奴隶制度，在印度体现为一直延续至今的种姓等级制度。作为系统分化的结果，出现了专职的政府。但是，国王对于贵族或者其他中介势力尚不能建立绝对的优势，往往存在某种贵族共和政治的色彩，无论是在小的城邦还是在大的帝国都是如此。上层的相对平等和极不平等的奴隶制度并存，行政体系没有得到充分的发展。这个阶段有据可查的历史，在欧洲的典型是希腊罗马时代，在中国则是商代和西周时期。如果按照斯塔夫里阿诺斯的《全球通史：从史前史到 21 世纪》的框架，这是古典文明时期，然后在约公元 500 年之后进入中世纪文明时期[②]。但在中

① 哈贝马斯．合法化危机．刘北成，曹卫东，译．上海：上海人民出版社，2000：25.

② 斯塔夫里阿诺斯．全球通史：从史前史到 21 世纪：第 7 版．董书慧，等译．北京：北京大学出版社，2005.

国，从思想文化的角度看，东周也是古典时期，正式的国家建构伴随着诸侯国之间的相互征伐逐渐升级，在公元前5世纪以前就已经开始了。

走出早期国家之后，中国与欧洲社会发展出现了很大的不同。中国从战国时期就开始了中央集权的官僚制国家建构，尤其是直接向农民家庭征税的历史也开始了。鲁国的初税亩，也就是直接在私田上收税，而不是从井田制的公田上获得国家收入，从公元前594年就开始了。这是统治者通过官僚制直接联系底层人民的一种制度，也是中国治理体系的开端，此时，它还具有很强的强制性色彩。但在欧亚大陆的另一端，公元395年罗马帝国一分为二，西罗马帝国在公元476年被日耳曼人和匈奴人所灭。这是欧洲中世纪文明的开始。古典文明给中世纪留下的是一个极度分裂的版图和相对统一的基督教世界。在公元900年的时候，欧洲版图上出现了几千个类似国家的政治实体。这些政治实体是封建制的。蛮族夺取了西罗马帝国的权力，但缺乏官僚机构、法院和军队所需的资金，只能采取封建制。封建制的核心是拥有地产的人也拥有政权，封建领主和封臣之间的契约替代了国家权力。封臣们的地产即采邑逐渐成为封臣实际上的私有财产，采邑是依靠农奴经营的相当自给自足的农庄，农奴被控制在农庄上不可随意离开。采邑的人数不等，少的20人，多则数百人。由于它们是如此的自给自足，所以也不需要一个世俗的统一政府。当时，西方新的多元化社会的组成部分有以下这些："一个不受皇帝支配的独立的教会；代替皇权的封建君主和封建领主；代替罗马时期奴隶种植园、分别开垦荒地的自治的采邑；以城市为根据地，在反对贵族、高级教士、最终是君主的过程中有效地行事的新兴的商人阶层。”① 从教会建立的信仰体系开始，欧洲社会走出了一种不同于中国的体系化进程。

2. 信仰体系

在韦伯看来，一个典型的教会具有四个特征：职业祭司群体；有权普遍支配所有信徒；教理和仪规是理性化的；组织的强制性。他认为，除了基督宗教，教会仅仅出现在伊斯兰教和藏地的佛教体系中，其他还有一些小规模的局部的教会②。将教会视为一种社会体系的观点不是孤立的。在写出三卷本的《统治史》的塞缪尔·E. 芬纳那里，教会政体是四种基本政体之一，和宫廷式政体、贵族式政体以及广场式政体相提并论，而且它可以和另外三种政体原型搭配成新的混合政体③。他提到完全由教会统治的政体除了罗马教会，还有就是出现在清代和民国时期的西藏地区。

在中世纪欧洲社会掌握实际权力的几类组织中，罗马教会的权力是最为引人注目的。罗马教会构成了中世纪欧洲社会中唯一的“体系”，只有它能够自上而下地用人联系人的方式联系到每一个信徒。要完整地描述教会的体系需要说到很多方

---

① 斯塔夫里阿诺斯．全球通史：从史前史到21世纪：第7版．董书慧，等译．北京：北京大学出版社，2005：277.

② 韦伯．经济与社会：第2卷：下册．阎克文，译．上海：上海人民出版社，2010：1321.

③ 芬纳．统治史（卷一）：古代的王权和帝国：从苏美尔到罗马（修订版）．王震，马百亮，译．2版．上海：华东师范大学出版社，2014.

面，比如罗马天主教会的组织架构、教区的划分和教堂的分布规则、教会法体系、教会与政权组织的关系、教会的经济来源、教会内的教派差别、联系教众的教会和修道院的关系等。这不是本书所能详述的，这里主要讨论教会如何联系最基层的信徒。

"教会"一词最早出现在《新约》中，指称基督教徒的地方社团。在罗马帝国分裂之前，罗马皇帝终于发现了教会的存在对于统治一个超大帝国的好处，一个超大帝国需要统一的意识形态，以至于皇帝比教皇更加积极地打击异教，迅速地促成了教会机构和神职人员的制度化。在早期教会中存在多个地位相当的大主教，由于世俗的皇帝在罗马，也由于圣徒彼得和保罗在这里安息，以及罗马教会卓越的工作能力，促成了罗马教皇（"教皇"的意思是父亲）在公元5世纪成为最重要的大主教，然后逐渐地成为基督教世界的权力中心①。这样的教会就脱离了《新约》中的原始教会形态，成为一个巨大的教会科层体系，从罗马延伸到欧洲乃至世界各地。

教会的科层性直观地体现在教区的区划体系上。教区的划分后来成为罗马教会的教会法所规定的内容。在罗马统治时期，基督教社群已经遍布高卢和不列颠，然后逐渐地通过传教活动遍布欧洲。在这个过程中，不列颠地区的基层组织中，修道院发挥了更重要的作用。而在欧洲大陆上，教区是最基层的组织。在基层以上，教会利用了罗马帝国的行政体系，对应地

---

① 巴克勒，希尔，麦凯．西方社会史：第1卷．霍文利，等译．桂林：广西师范大学出版社，2005：294－296.

建立更高层次的教区。

在乡村地区，最基层的教堂建立在较大的村庄里，成为周围庄园的活动中心，它也是社会、政治、经济和宗教中心。一个人生命中的很多事情都要在教堂里进行：除了每周的礼拜活动，孩子出生后就要来这里接受洗礼；每个人来这里忏悔罪恶；来这里参加圣诞节活动并得到圣餐；在这里演出和观看戏剧；在这里举行婚礼；人们还希望去世后埋葬在教堂的墓地里；牧师要为村民宣读法令和新闻；巡回法庭在这里开庭；附近形成了集市；等等。

3. 资本体系

按照布罗代尔的看法，资本体系并不是在封建庄园制度结束之后才出现的近代现象，实际上，资本体系和市场体系长期并存，资本体系很早就出现在市场体系的基础之上，逐步地从市场体系中分离出来，并且控制了整个市场体系①。市场体系指的是人与人之间的物质交换关系，交换过程可以是自由的，交换主体之间可以是平等的，它是人通过物联系人的制度组合；而资本体系不然，它追求经济垄断和相应的社会控制，我们可以说它是一种人通过钱控制人的制度组合。市场体系十分古老，在世界各地的大多数地区都已经有几千年的历史，市场体系逐步成熟，在一定阶段上出现了具有垄断性质的资本体

① 布罗代尔．15 至 18 世纪的物质文明、经济和资本主义：第 1 卷．顾良，施康强，译．北京：生活·读书·新知三联书店，1992.

系，继而这种垄断体系又逐步地取得了对整个市场体系的支配地位，把人与人之间的交换关系和控制关系融为一体，改变了整个社会的性质，形成了资本主义社会。这个进程的速度在各个地区是有差异的。

我们从布罗代尔在《法兰西的特性：人与物（下）》中读到了作者从乡村的农业生产开始讲述的经济故事，在乡村农业的基础上产生了经济的上层建筑，这一般是在城市里发展出来的，其中的资本主义成分逐渐增加。城市是一个网络，它负责流通。流通按照距离可分为大流通与小流通，大流通如静脉和动脉的循环，小流通如毛细血管的循环。城市中还有工业，乡村也有工业，大企业通过委托加工等方式将乡村作坊联结起来，乡村工业弥补了农业的不足，帮助农民维持生活，因此布罗代尔盛赞，“乡村工业是第二个上帝”①。商业交换将这些聚落和企业连为一体，在批发行业、金融和远程贸易中，布罗代尔发现了资本主义的早期形态。商业至少有两种，一种是为买而卖，一种是为卖而买，在后一种情况下钱能生钱，也就是出现了资本。但是要当这个被买卖的是金钱本身的时候，而且这个买卖是公开合法的时候，资本主义社会才现出端倪。在布罗代尔看来，法国的资本主义出现得比较晚，要到18世纪末期才开始出现，初期主要体现在海外贸易和征服中，对国内的渗透要在19世纪下半叶才算是完成。但在意大利和英国，商业资本主义早就出现了。总之，欧洲的资本主义出现在1400—1800年。

---

① 布罗代尔．法兰西的特性：人与物（下）．顾良，张泽乾，译．北京：商务印书馆，1997：275.

这是注重细节的年鉴学派历史学家的描述。换成数学思维发达的德国地理学家沃尔特·克里斯塔勒来描述同样的事情，风格就完全不同了。他看到了市场体系的形式结构，它们是由无数的六边形组成的“中心地”的等级体系。他注意到，城镇的大小和分布与村庄聚落有十分不同的规律，村庄的分布取决于农业资源的数量，而城镇无论大小都要充当周围农村的中心和地方与外部世界之间的交通中介者。他把必须在这样的中心地点生产的商品和服务称为中心商品和中心服务，自然地，还有可以分散生产的分散商品和分散服务，然后有不一定集中生产或分散生产的一般商品和一般服务。其中，中心商品和中心服务是决定性的，它们集中生产却必须分散消费，生产规模和消费者的空间分布就有一个对应的关系，由此形成了不同等级的中心地点。这种中心地点的设置不仅仅受到市场原则的影响，还受到交通和行政管辖合理性的影响，由此形成了多样城镇聚落体系。总的来说，这是一个大城镇控制了小城镇、小城镇又控制了乡村的体系①。

在马克思这里，透过商品和市场体系看到的人与人的关系，不是大城镇对小城镇的控制，实际上是一些人对另一些人的控制。我们这里将市场或者资本看成一个人直接控制人或者联系人的体系，也就是在人与人的关系中看问题。这种体系在涂尔干那里被看成一种替代机械团结的社会有机团结机制。但我们要揭示其中的权力控制关系，尤其是这种控制或联系必须

① 克里斯塔勒．德国南部中心地原理．常正文，王兴中，等译．北京：商务印书馆，2010.

是自觉的，而不是自发的。也就是说，控制者必须是自觉地进行这种控制，千方百计地完善和强化这种控制，否则就没有我们说的体系的“体”。至于“系”，我们可以相信不存在真正意义上的针对大范围人类社会的整齐划一的组织，组织必定是多元的、有主次的。从“体”的角度来看，首先必须形成一个资产阶级，但这还不够，这样的资产阶级还要内部组织起来，能够联合起来比较默契地发起集体行动，也就是说要具有清醒和发达的资产阶级意识。

阶级意识是阶级斗争的产物。我们能看到三个层次的资产阶级意识。第一个层次的资产阶级意识是在和封建贵族的冲突中形成的。这一层次的资产阶级甚至可以和工人联合起来。第二个层次的资产阶级意识是在工人阶级的斗争中形成的。这一层次的资产阶级成为工人的对立面，同时也成为依靠诚实经营的企业主的对立面，和国家机器紧密地结合起来，通过不正当的竞争获得垄断利润。作为工人阶级对立面的资产阶级得到了马克思和恩格斯的重点分析，作为垄断资本家的资产阶级是列宁研究的主要对象。垄断资本家的市场权力也是制度经济学家的研究对象。第三个层次的资产阶级意识是一种完成状态的寡头利益集团意识。它是指，在全球竞争的过程中，超额利润的获取取决于政府的全力配合，企业竞争和国家间竞争紧密地糅合起来，阶级斗争让位于国家竞争，国家竞争成为整个资本主义世界的主要矛盾形式。这是列宁的帝国主义理论①、布罗代

① 列宁．帝国主义是资本主义的最高阶段//列宁．列宁全集：第 27 卷．2 版．北京：人民出版社，1990.

尔的历史学①、弗兰克的依附理论②或者沃勒斯坦的世界体系理论所试图说明的要点③。正如列宁所说："资本主义已成为极少数'先进'国对世界上绝大多数居民实行殖民压迫和金融扼杀的世界体系。"④ 但是，笔者不知道他们所描述的情况和最新的发展之间的距离有多大。利用新科技革命应该成为产业、金融垄断和国家霸权之外的新手段。一般性地讲，最发达国家的跨国资本家围绕着对本国政权的控制和对他国政治经济体系的操纵，形成了更加紧密的利益集团，它的紧密程度与最发达国家之间抱团的程度是相关的，否则这些政府首脑也团结不起来。按照何新的看法，这样的特殊利益集团在顶端只有一个⑤。但是，这些最强大的牟利者是否有必要团结得如此紧密，也是笔者所不能理解的。

这种体系的特点是，它不是科层制的，缺少一种从上到下贯通的权力链条，所以它看上去不是很典型。但韦伯认为，凭借利益格局（特别是凭借垄断地位）进行的支配是最基本的支配类型之一，它是和凭借权威——命令权和服从的义务——进行的支配相提并论的。韦伯指出，这种权力也可能发展成类似于上级对下级那样的控制关系，就好像我们在某些产业链上看

---

① 布罗代尔．15至18世纪的物质文明、经济和资本主义：第1卷．顾良，施康强，译．北京：生活·读书·新知三联书店，1992.

② 弗兰克．依附性积累与不发达．高铦，高戈，译．南京：译林出版社，1999.

③ 沃勒斯坦．现代世界体系（四卷本）．郭方，刘新成，张文刚，等译．北京：社会科学文献出版社，2013.

④ 列宁．帝国主义是资本主义的最高阶段//列宁．列宁全集：第27卷．2版．北京：人民出版社，1990：327.

⑤ 何新．统治世界：神秘共济会揭秘．北京：中国书籍出版社，2011.

到一些获得了垄断性定价权的公司所施展的那样。制度经济学家提出了这样一种观点：作为一个权力体系的经济，破除那种将市场理解成一个自由竞争的价格体系的传统看法。其中，制度经济学家提到了“寡头合作”的广泛存在，甚至认为：“总之，在20世纪末的美国，可以清楚地看到一种制度霸权的结构。除了少数例外，非经济组织要么不起作用（宗教），要么履行着与公司这一占支配地位的经济制度相联系的功能。大多数制度对于公司的目的来说都是手段。”① 这些隐晦的说法如果进一步发展，将指向马克思主义的阶级统治理论。阶级统治理论假定资产阶级内部会达成一种阶级默契，产生阶级性的集体行动。所谓默契不等于团结，因为这种阶级内部必定有竞争，但可能会一致对外。这种集体行动如果发生在国内，会通过议会政治得到直观的体现。但国际市场的控制会通过更加隐秘的主权操纵来实现，在这个层面又存在怎样的寡头合作或者默契，是常人难以想象的。我们暂且不能知道这种默契的结构，但我们可从美国和日本的意识形态的相对单一性来发现端倪。这种意识形态的相对单一性是不同寻常的，尤其是美国看似高度竞争的两党的意识形态如此趋同，这看上去很符合处于金字塔顶尖位置的人应有的表现。随着苏联的解体，这个利益集团对于世界政治经济体系的控制能力也大大增强了。

这样的寡头利益集团可以说是这个世界最高层次的一类统治者，他们不同程度地影响或者说操控了几乎每个人的生活，

---

① 图尔，塞缪尔斯．作为一个权力体系的经济．张荐华，邓铭，译．2版．北京：商务印书馆，2012：162.

形成了一个普遍性的权力体系，或者说一座资本家控制的巴别塔。但最高权力者绝不直接接触大众，他们通过产业链去对接下游企业和企业员工，通过市场去对接消费者，通过自己的政治代理人去应对大众，通过媒体来影响人们的想法①。一个总的趋势是：控制者越来越匿名化，而被控制者越来越实名化，正在出现一个更加有利于控制者的"透明社会"②。在信息化时代，实名制的不对等正在成为不对等的重要形式。在所有的体系中，人际联系的方式既有直接的也有间接的，即使在信仰体系中也会有匿名的联系。通过产业链去对接下游企业和企业员工的方式是实名制的也是直接的，这是资本体系中最主要的结构。另外，在消费过程中也能发生直接的联系。比如，从网店购买化妆品是匿名的，但从熟人的朋友圈中购买了朋友微店的化妆品则是实名的，因此也发生了直接的联系。这是资本体系的一个新发展。公共舆论本来都是匿名的，最近的发展也改变了公共舆论过程的匿名性质，每个人都可以通过自媒体实名发布信息，同时系统平台也会对每个人根据算法量身定制推送的信息。福柯所提到的"圆形监狱"正在从一个比喻成为越来越明显的现实。在自由资本主义时代，资本体系还不能普遍触及所有人，而且控制链条比较短，当时的工人阶级对于这种体系化的控制有着清晰的自觉和自觉的抵抗。在互联网时代则不同，资本的控制体系遍及所有人，控制链条长而隐蔽，被控制者无从反抗。不过，我们不必设想一个人类的铁笼，以为资本

---

① 葛兰西．葛兰西文选．北京：人民出版社，2008：140.

② 韩炳哲．透明社会．吴琼，译．北京：中信出版社，2019.

能够掌控人类历史进程。经验表明，在各种权力支配中，被支配者总是有机会创造自主性的空间。

4. 治理体系

治理体系指的是依靠官僚体系直接与普遍地联系和控制人民的机制，它要比前两种体系严密一些。在治理体系中，政府担任了世俗生活的重要组织者的角色，它不只是公共的政府，也是一个大家长。这里使用“治理”一词，采取的是它在汉语中的本义，也就是广义的治国理政的意思。今天的舆论已经习惯于将“治理”与“善治”联系起来，这是一个狭义的“治理”概念。使用狭义的“治理”一词也有意义，它帮助我们理解到，作为治国理政的体系的功能和运行模式会发生一个从统治到治理的转型，或者说会发生一个从统治的体系到狭义治理的体系的转型。

几乎所有的国家都会建立某种官僚体制，但不是所有的官僚体制都会将自己的权力基层设置到百姓的家门口，同时也不是所有的政府都很关注百姓民生问题，因此，在治理体系中也有一个谱系。在韦伯那里提到过“家长制”，这相对于家产制和官僚制，但他所指的是类似于一个大家族的管理模式，重心在于分析人们如何服从这个家长，他没有关心这个家长如何对成员负责。但是，本书思考的是政府为什么要采取人联系人的方式对民众负责任，这是韦伯未曾关注过的。

二　治理体系的一般特征

1. 治理体系的国家制度特点

在西方的主流社会政治理论中，传统中国自孟德斯鸠以来被视为“东方专制主义”，这是一个从奥斯曼土耳其或者拜占庭帝国移用过来的词；改革开放以前的中国被视为“极权主义”，这是从纳粹国家、苏联和计划经济时期的中国移用过来的词；在改革开放以来换成“威权主义”的说法，这倒是意图解释当代中国政治实践的词，其实也是“极权主义”的变体，尤其是它强调了国家相对于人民的权威，却根本不谈上下之间的联结。而中国自己的提法是中国特色社会主义国家。我们需要有一种国家理论能够把握住体系的核心特征。体系中有着热气腾腾的生活，有着发达的人际网络，而且，没有强求一致的思想控制。最典型的体系高度依赖于人联系人的社会整合模式。

之所以一定要高度依赖于人联系人的社会整合模式，一定是由于掌权的一方有意识地采取了这个做法。掌权者一定是希望直面有差异的个人或家庭，避免被中间层阻隔。比如在征收赋税的问题上，可以通过一个中间的包税商来完成，也可以通过官吏或者职役直接地完成，到底采取哪一种模式好，需要经过反复试验之后才知道；或者根本就没有固定模式，一直在变化。但我们在传统中国看到的是，国家一直是直接动用官吏或者半官方的职役去收税。国家做此选择有它的道理，否则中间层会形成地方封建势力，对国家权力构成挑战。从这个例子我们看出，为什么有一些控制必须是直接的。

（1）关注差异性。

这种直接控制一定是和对象的差异性联系在一起的，或者说一定是因为要考虑到对象的个体差异性。从如何面对差异性的角度来理解政治不是笔者的独创，萨克森豪斯就写过《惧怕差异：古希腊思想中政治科学的诞生》来理解古希腊思想中政治科学的诞生①。差异的对立面是统一或者同一，从人到制度到观念，等等。萨克森豪斯认为，是亚里士多德要求在差异性的基础上来建立城邦制度，由此引出了政治学，政治学就要处理这些差异性。对于人来说，这种差异性和平等性（人格的或权利的）之间存在一种两难关系，如果强调人的平等性，那么，就会要求忽略人的差异性，比如一人一票制度就要忽略人的参政能力的差异性。这种强调人的平等性的制度并不能抹灭人的差异性，此时，人的差异性会寻找其他的途径得到展示，它会在市场上或者在社会自发的组合中得到展示。如果一种政治体系是强调差异性的，比如政府要直面贫富差异，对贫穷对象进行特别救助，就会失去对人的一体对待。如果要直面人或者工作对象的差异性，就必须发展出一套应对差异性的体制，还要忍受在照顾这种差异性时难免把体制自身弄得失去了整齐划一的效果，这种应对过程很容易失去统一的规范。中国的治

① 萨克森豪斯．惧怕差异：古希腊思想中政治科学的诞生．曹聪，译．北京：华夏出版社，2010.

体包含了这样一种直面差异性的治理思维。

差异是自然的，平等是人为设想的。然而，人们却希望反自然地去追求平等，这是为何呢？这反映的是一种以平等实现公正的路径。差异性和平等性都可以达到公正，但是所达到的公正的意蕴是不同的。就好像一个家庭中的分配，给弱者更多是一种公正，给每个人一样也是一种公正。这里可能就涉及一个价值选择的问题。一个国家的意识形态主张的公正主要是哪一种？是否承认有一种价值上的最终真理可以作为如此选择的判据，是一个更为基本的问题。笔者倾向于认为，在考虑这两种公正的选择时，能否达成共识而不是分清对错才是更有意义的问题。然而，共识是很难达成的。很可能的情况是，家长照顾弱者的公正越来越不流行，要求忽视差异性、一体对待的公正观越来越盛行。这个时候，国家要拿出在其他领域的合法性来弥补这个领域的合法性的损失，否则就成了强制。

之所以要直面对象的差异性，可能是掌权者单方面的谋求，因为他不希望中间层分享了权势；也可能是对象自身希望掌权者考虑自己的差异化需求。后面一种情况往往被研究者忽视了。

在前一种情况下，国家在收税的时候必须考虑税负的平衡。这在传统中国的统计能力和信息化水平下显然是极为不易的。巨大的交易成本要怎么才能得到减少，使得这种对于小农家庭的赋役系统得到运转呢？一种做法是采取封建制度，国家对封建主收取贡赋或者税收等，这样的结果会导致中间势力的坐大，压缩国家的税源。农业家庭经营制度的出现不是国家的一厢情愿，其实是符合生产力发展要求的，人类的农业史一再地证明了农业家庭经营制度的合理性。中国大部分地区位于北纬 40 度以下，相对于欧洲，总体上是一个南方国家，它适合小农家庭经营。在适合小农家庭经营的地方采取封建庄园经营方式，肯定也会产生各种负面的效果。另一种做法就是通过官吏和职役去征收赋役，为此建立标准化的户籍制度以及最基层的乡里制度，实行编户齐民，以减少交易成本。最糟糕的情况是这两种制度的并存，小农会逃入事实上的封建主或者豪强之家，以逃避政府的赋役尤其是征发徭役这样的人身控制，以及逃避不合理、不平等的赋役，结果导致政府体系的崩溃，但豪强之家也不可能维持一个社会的秩序。

在后一种情况下，小农家庭对于国家是有诉求的，希望国家提供切合实际情况的管理和服务，帮助他们把日子过下去。这些诉求不仅包括公正合理的赋役分担，还包括维持治安、建设维护基础设施、调解矛盾、组织重大仪式以及其他公共服务等。但是，为什么不让民众自治，以自给自足地生产这些公共物品呢？其中就有一个集体行动的困境问题。在前述的对于关系性的“我”的分析中，需要整合不同的“我”的圈子发动集体行动时遇到的困难会尤其大；当要整合的“我”的圈子特别多的时候，困难的数量也特别多。小农经济传统在单位面积上造就了比封建庄园经济密度大得多的行动者，需要发起的集体行动在量上就大得多。在中国，量的因素可能比质的因素更加重要，或者说量的因素与质的因素是高度混合的。例如，我们不仅要考虑到所需要维护的水利系统或者桥梁等的数量，也要考虑到如果不是政府出面，而是由千家万户来发动跨区域同时也是跨越诸多圈子的集体行动的极度困难。这一点和“水利社会论”[1] 或者韦伯的看法有所不同。“水利社会论”强调了单一因素。韦伯认为，行政任务的强度和质的发展更有力地推动了官僚化的发展[2]。他似乎没有把官僚组织所解决的问题理解成一种集体行动，尤其没有注意到家庭行动者的特殊性。

能够直面差异性的国家应该是有很强的国家自主性的，否则，它无法应付治理对象对于平等的诉求，也无力调配各种资源去针对对象的差异性进行处理。在最强大的国家自主性状态下，政权领导层有能力更换自己的统治基础，以此来对社会利益结构做出根本性的调整。在具体的治理过程中，这个高度自主的国家会发展出主次分明的组织结构去对接不同重要性和特征的对象，也就形成了有体有系的体系。这种体系化的制度的核心或者“体”通常是一种官僚体制，这种制度在中国十分稳定，即使是外族入主也只好沿用这种制度。这也反映了这种制度安排与中国的社会经济文化环境的契合性，不能简单地将其理解成皇帝的专制偏好。

总之，如果一个系统是值得维持下去的，掌权者又倾向于直接面对对象的个体差异性，就会产生这种依靠人联系人的社会整合模式。这种看问题的角度和通常的看法有所不同。一般认为，人联系人就是直接控制，直接控制的背后就是权力的恶。我们这里不否认专制的因素，但也强调要看到事情的另外一面：这种民众和政府官吏面对面的制度可能也是符合民众的

---

① 魏特夫．东方专制主义：对于极权力量的比较研究．徐式谷，等译．北京：中国社会科学出版社，1989.

② 韦伯．经济与社会：第 2 卷：上册．阎克文，译．上海：上海人民出版社，2010：1111.

需要的。如果政府不出面组织民众，不管事，不抑制兼并，反而可能是不负责任的表现。我们可以从东汉时期或者拜占庭帝国的广泛兼并角度来理解这个判断。如果不强调政府确实承担了社会责任，就不能理解传统中国与拜占庭帝国或奥斯曼土耳其帝国的某些差异，也不能理解传统中国政治体系的演变。传统中国国家与民众的关系的一条主线是小农的人身自由度的增加，这可以理解成政府的统治越来越尊重农民生产生活的实际，中国政府逐渐地和曲折地成为一个十分独特的民生政府。

（2）责任伦理。

如果回到思想史中，我们可以来构建一个和韦伯的对话。韦伯为什么会忽略政府对于百姓承担的民生责任呢？这个看问题的角度是在哪里分开的呢？是睿智的韦伯忽视了这个明显的问题吗？之所以要到韦伯那里寻求答案，是因为他框定了现代社会科学的很多问题的边界，如果我们不到韦伯那里去重新勘查这些边界，就会困在其中找不到出路。

韦伯在讨论“支配与正当性”的主题时，广泛列举了很多类型的支配，包括在性爱关系和慈善关系中的，此时他漏掉了精神支配，但在随后有专门的章节讨论了政治支配与僧侣支配。他讲道：“我们惟需记住的是，除了大量其他可能的类型之外，有两种直接对立的支配类型：凭借利益格局（特别是凭借垄断地位）进行的支配，和凭借权威——命令权和服从的义务——进行的支配。”前者最纯粹的形式就是市场上的垄断支配，后者最纯粹的类型则是家长、执政官或者君主的权力。他强调前一种支配关系中的被支配者至少在形式上是自由的，一方为另一方提供服务，在服务关系中的支配关系具有不确定性，甚至存在倒转的可能，因此缺乏规则。讨论至此，韦伯明确限定："在以下的讨论中，我们将使用完全是狭义上的支配概念，其中完全不涉及各利害关系当事人之间形式上自由互动而产生的、特别是在市场上出现的那种权力状况，换句话说，在我们的术语中，支配就是威权主义的命令权。"① 接下来，韦伯讨论的是命令与服从的关系。也就是说，韦伯考虑的是服从，而不是服务。但他也没有否认存在服务关系的支配关系。在这里，韦伯在一种理想化的状态下将以上两种支配关系对立起来了。实际上，所有的控制关系都充满了辩证色彩，这也是吉登斯所说的"控制的辩证法"所说明的内容②。不仅仅是在对象有自由的时候存在辩证性，即使是在对象没有自由的时候也存在辩证性。有一句谚语是：如果一个奴隶有两个主人，奴隶就成了主人。在吉登斯看来，对于被控制的主体而言，控制关系中的规则与资源是同时存在的。韦伯放弃了服务关系，转向看似纯粹的威权主义关系，依然不能逃避这种辩证性。在中国，这种控制的辩证法也有中国特色，它表现为"管的辩证法"，"管"既是权力也是责任。在中国的统治关系中，这种责任色彩是很浓厚的，而且得到了正统的儒家意识形态的维护。

需要一个好皇帝，这不是中国农民特有的政治诉求，大概只要是小农经济中的农民（peasant）而非农场主（farmer）都会产生这样的诉求。所以，马克思在分析法国大革命的历史时

---

① 韦伯．经济与社会：第 2 卷：上册．阎克文，译．上海：上海人民出版社，2010：1084.

② 吉登斯．社会的构成：结构化理论大纲．李康，李猛，译．北京：生活·读书·新知三联书店，1998.

做出了极为著名的评述。小农人数众多，但生活条件相同，彼此之间没有发生多种多样的关系，互相隔离，获得生活资料多半靠与自然交往而不是靠与社会交往。“这样，法国国民的广大群众，便是由一些同名数简单相加而形成的，就像一袋马铃薯是由袋中的一个个马铃薯汇集而成的那样……他们不能代表自己，一定要别人来代表他们。他们的代表一定要同时是他们的主宰，是高高站在他们上面的权威，是不受限制的政府权力，这种权力保护他们不受其他阶级侵犯，并从上面赐给他们雨水和阳光。所以，归根到底，小农的政治影响表现为行政权支配社会。”① 马克思这里强调了农民缺乏集体行动能力，所以需要一个高高在上的统治者。笔者在前面还特别强调了集体行动所要解决的事务数量巨大，中国农民不仅需要一个皇帝，还特别希望有一个能干勤政的好皇帝。这里说的“皇帝”其实是政府的代称。在早期的朝代，皇帝会把事务委托给大臣。随着皇帝的专制化，皇帝本人也不得不直接处理更多的行政事务。清代中国的皇帝和大臣每天凌晨起床准备早朝，讨论各地不断报送的奏折，绝对是日理万机的状态，一种无限责任政府的模式早早就成了常态。中国政府的积极有为是需要解释的。一个政府的开支总是在增加，如果不能对外掠夺，就要依靠内部供应来解决这个财政问题，这是中国政府积极有为的一个基本动力，这个动力和欧洲国家的动力有很大的不同。另外，人口压力对中国社会发展产生了很大的影响，这也是迫使政府积

① 马克思，恩格斯．马克思恩格斯选集：第1卷．3版．北京：人民出版社，2012：762-763.

极有为的一个动力，这种人口压力在欧洲要小得多。这些发展动力再通过官僚体制的考核机制传递给地方政府，使地方政府主官不敢懈怠。相比而言，在传统的欧洲，一般只能看到积极有为的城市政府，不会看到积极有为的中央政府①。

在这个理解的基础上，我们也能够理解绩效合法性对于中国政府的意义。绩效合法性讲的是政府为民做主的能力与效果。赵鼎新等人对于绩效合法性或者政绩合法性进行了较多的探讨②。赵鼎新使用“法治选举、意识形态和政绩”的概念替代了韦伯的“传统、克里斯玛和法理”，用于解释中国的合法性问题。在他看来，政绩合法性是从“天命观”中产生的，也就是说中国人一直以来都很看重政绩合法性。尤其是改革开放以来，政绩合法性变得特别重要。他认为，这种政绩合法性的问题在于不稳定性，因为要满足太多的人的具体要求。随着经历过苦日子的人的过世，新的人民如果视政绩为当然，就会导致政绩合法性的困境。但是，究竟为什么在中国会如此重视政绩合法性，或者为什么政绩合法性会如此有效果，这是一个非常值得讨论的问题，笔者在后文会展开。

我们说韦伯忽视了服务，只考虑了服从，由此忽略了掌权者的责任伦理，这个分歧的背后和韦伯对理性化的关注有关。理性化的确是延续至今的人类社会演变的重大趋势。但这毕竟只是一种社会的形式，而非内容。至于我们说的服务，或者普

---

① 芬纳．统治史（卷一）：古代的王权和帝国：从苏美尔到罗马（修订版）．王震，马百亮，译．2版．上海：华东师范大学出版社，2014：87-88.

② 赵鼎新，龚瑞雪，胡婉．“天命观”及政绩合法性在古代和当代中国的体现．经济社会体制比较，2012（1）.

通老百姓对政府的期待，讨论的是政府实际上做了什么事情，而不是政府怎么做事情。对于中国老百姓来说，乃至对于所有处于物质匮乏状态的人们来说，政府能做什么都是更具实质性的问题。因此，当韦伯抱着探测人类未来的目的来研究理性化的古代前身时，其实他不会去考虑当时人民的感受，或者他对当时人民的假设也是现代的占有性个人主义的人，这样的人在心理上不肯接受以被控制为代价被人服务。这可能也是他对于统治正当性没有考虑到绩效问题的原因，把“管”的两方面对立起来基于一种特殊的心理模式，能将它们统一起来必定是基于另外一种特殊的心理模式。如果考虑到绩效问题，再来看古罗马帝国的最终失败，我们应该中肯地说，古罗马帝国的统治者们没有准备好成立一个帮助百姓过日子的政府。从此，欧洲就再也没有统一起来过，从儒家伦理来看，这是“马上治天下”的失败，这种失败的影响一直延续至今。

（3）人格化联系。

探讨体系的国家制度基础时，必须谈到中国的地方政府和官僚。一方面是中国地方政府的积极有为。在官僚队伍中确实存在一种当官要为民做主的儒家传统的精英主义价值观，这种传统直到今天还能被感知到。另一方面是地方官僚行为方式的人格化。

中国的老百姓把很多好官升格成了地方的保护神，这种感恩戴德一定是有依据的。从最基层的州县政府，我们能看到传统中国政府的无限责任模式。《统治史》的作者芬纳对于这种责任似乎是比较陌生的，他这样评价唐代的地方政府官员：“作为家长式的统治者，这些官员非常乐于干涉经济事务；作为儒学信徒，他们又偏好农民，不赞同商业和手工业。”然后，他分别列举了官员“对农业和农民的干涉”以及“对商业和城镇的干涉”。在讨论对农业和农民的干涉时，他列举了工部中水务司的职能：津渡、漕运、桥梁、堤防、沟渠、灌溉、运河、渔业以及磨坊等相关事务，还要参与防洪。饥荒救济也被视为一种“干涉”，市场监管更是干涉的一种①。当然，政府作为不当就属于干涉，但合理的作为应该被视为一种服务。对于清代地方政府，瞿同祖列举了这样的职能：司法（包括民事和刑事案件的审理、判决）；征税（包括地丁银、漕粮、杂税、盐税、茶税等，各地不同）；其他行政事务（包括户口编查、治安、邮驿服务、公共工程、公共福利、教育和教化、祭祀仪式以及各种杂务）②。所以，当我们说明清代中国是简约治理的时候，并不能将衙门想象成甩手掌柜。尤其是中国地方政府始终受到上级的考核，它们也必须积极有为，平时就练好基本功，关键的时候更要发挥良好。中国地方政府有一个引人注目的特点，就是它们事实上拥有的自由裁量权，这也是中国社会活力的来源。这种情况严重地背离了韦伯对于理想官僚制的理解，但是，它对于我们理解中国的治理体系是很重要的。如果地方政府缺少自由裁量权，它们就不能处理差异性，人格化的权力关系也无从建立。所以，将原则性和灵活性统一起来的实际治理过程，是中国治理体系的一个制度基础。

---

① 芬纳．统治史（卷二）：中世纪的帝国统治和代议制的兴起：从拜占庭到威尼斯．王震，译．上海：华东师范大学出版社，2014.

② 瞿同祖．清代地方政府．范忠信，等译．北京：法律出版社，2003.

需要注意的是，以上作为是在一种既有原则性也有灵活性的人格化行为模式中实现的。出现这种人格化行为模式有很多的原因，除了传统社会的行政本身就难以制度化之外，还要探讨中国地方官员的出身、儒家的实质主义伦理、中国人的关系传统等。中国的地方官员很少有显赫的出身，在实行科举制度以后尤其如此，这意味着他们属于社会的一部分，而不是社会成员的严格的对立面或者属于社会中的外人。古罗马帝国或者拜占庭帝国中的官员应该可以看成大部分社会成员的对立面。比如，芬纳这样描述拜占庭帝国的官员招募体系："原则上，帝国官员的招募是公开的：许多出身卑微的人也可以获得高级职位。但是在我们讨论的这个阶段，特别是联系到 9 世纪晚期帝国立法中的变化，不难看出裙带关系和家族传统已经将帝国的高级职位转换成了一个日益扩大且联系紧密的政治贵族群体。"① 身份意识是很容易被建构出来的，它会导致人与人之间的区隔而不是联系。出身平民的官员会更多具有亲民的风范。奥斯曼土耳其帝国的大部分官员是作为奴隶的基督徒的子女，他们和自己管理的对象有着十分不同的来源，也就根本不可能有情感上的认同。儒家的实质主义伦理，讲究内心的体认而不是道德律令或者纸上的规定，这也导致了行政的人格化。在韦伯看来，传统中国式的行政具有反官僚制的家产制倾向②。它的好处在于灵活，坏处在于可能滥用权力。这种灵活

---

① 芬纳．统治史（卷二）：中世纪的帝国统治和代议制的兴起：从拜占庭到威尼斯．王震，译．上海：华东师范大学出版社，2014：36.

② 韦伯．经济与社会：第 2 卷：上册．阎克文，译．上海：上海人民出版社，2010：1194.

由于中国人的关系实践得到了强化，所以地方政府主官必须定期地（实际上是两三年里就要）发生调动，以阻断这种关系联结。在现代中国，在努力克服这种人格化的弊端同时发扬它的优点的实践中，形成了群众路线的工作模式。

显然，如果官员高高在上，不肯与当地的民众包括精英人物打交道，体与系之间的联结就会松散，所谓人格化的社会整合机制是没有希望的。不过，当我们说官民或者干群之间的人格化联系的时候，它不必须是充满感情色彩的，也可以只是个性化服务的一个机制。因此，虽然它在中国比较发达，但不等于说它只能出现在中国。

至于韦伯从人类未来的角度关注理性化，他也预判理性化的官僚制将会胜出，成为所有的政治制度形式中最核心的内容，这种官僚制也成为人类为自己编织的理性化牢笼的核心。要破除这种牢笼，就要期待民主竞争中产生克里斯玛型的领袖。在这个前景中，所谓人联系人的官僚制是没有未来的。

2. 治理体系的社会规范特点

（1）社会规范的多元性。

社会规范的多元性有两个原因，一个原因是规范本身的多元性，另一个原因是规范的情境中心倾向，后者在东亚国家尤为明显。

乔恩·埃尔斯特区分出了八种规范或类似规范的引导行为的认知因素：社会规范、道德规范、法律规范、惯例均衡、私人规范、习性或强迫症、传统习俗、一些公认为合理的做法。

其中，埃尔斯特着重研究的是社会规范。他说，规范就是一种在考虑按某种特定的、禁止的方式行动时，会感觉羞愧或渴望他人认可的倾向（不是担心因为行为的结果而被惩罚），当这种倾向被其他人分享时，就变成了社会规范。在这种理解下的社会规范又可以按照功能分为十类：消费规范、反对与本性对立行为的规范、花钱规范、互惠规范、医德规范、名誉规范、报复规范、劳动规范、合作规范和分配规范①。实际上，应该还能分出更多。规范如此之多，就会产生罗伯特·默顿所说的制度规范之间的不一致现象，甚至会相互矛盾，怎么做都有依据②。

规范之间的不一致，也就是说人们认可的规则之间相互打架，不仅仅是因为外在事务的复杂性，也是因为人的常人属性，即人们无法将自己内心认可的事情梳理成一篇主次分明、逻辑自洽的锦绣文章，只能任由它们摞在一起成了无数未成稿的杂集。所谓“达成共识”，永远是一种大概的临时状态；而且一旦真的达成了共识，也可能是有害于社会整合的。我们特别期待规范的一致性能够出现在国家范围内，这种和国家边界刚好一致的规范一致性，很可能是与民族主义联系在一起的。这种民族—国家范围的政治社会依靠价值观念来实现政治整合或社会整合，几乎必然地要强化民族主义的意识形态，这很容易导致战争。第一次世界大战和第二次世界大战不仅仅是在国

① 埃尔斯特．社会黏合剂：社会秩序的研究．高鹏程，等译．北京：中国人民大学出版社，2009：102-127.

② 默顿．社会理论和社会结构．唐少杰，齐心，等译．南京：译林出版社，2006.

家地位的沉浮中发生的，也是在将零散的社会建构成统一国家甚至纯洁民族的过程中发生的。虽然规范是基于自愿的，但自愿并不等于就是自由的，因为人们的观念可以被引导，尤其是关于民族主义的。正如葛兰西所说："世界大战的爆发证明，领导阶级和集团善于利用这种表面看无害的意识形态，以决定公众舆论的走向。"[①] 这里不是说所有的统一的规范都导向国家间的冲突，规范的类型实在太多。准确地说，如果一致性以消灭多样性为前提，那就容易是有害的，因为常人的人心倾向于多样性。这就引出了西方意识形态中的一个悖论，即：如果文化缺少一致性，那么一个自由资本主义社会的原理就无从建立；但过于强调一致性，反而会消灭基于差异的公共性，并引发冲突。

社会规范之间不仅不一致，而且有层次差别，至少也有罗伯特·芮德菲尔德所说的大传统与小传统之间的张力。经过长期的糅合之后，大传统与小传统趋于和平共处，但是大传统不能消灭小传统。"这是因为一个大传统所包含的全部知识性的内容都实际上是脱胎于小传统的。一个大传统一旦发展成熟之后倒变成了一个典范了；于是这么一个典范便被当局拿出来推广，让所有跟随着小传统走的人们都来向这么个典范学习。其实大传统与小传统是互为表里的，各自是对方的一个侧面。跟随着低层次的文化走的人们和跟随着高层次文化走的人们是有

---

① 葛兰西．狱中书简．田时纲，译．北京：人民出版社，2007：361.

着相同的高低标准和是非标准的。”① 在分析中国社会中的宗教时，杨庆堃这样说：“如同在其他文化中一样，在中国，国家从来都不是一个纯粹世俗和功利的结构，或是一个由经验知识掌控、以物质利益为目的的冷酷的机械组织。封建朝廷始终受到一定价值体系支撑，这种价值体系错综复杂地与宗教的教义、神话和其他超自然信仰交织在一起。因此，政府的结构及其功能根本无法完全独立于信仰体系之外独立存在。”②

尽管规范之间的多元和多层次是人类社会中的普遍情况，但在中国，这种情况可能是很严重的。其一，多神信仰相比于一神信仰而言，会导致更加明显的规范多元。每一种信仰都会有它自己独特的规范。这不是因为不同的信仰有不同的戒律或义务，而是因为神灵可以对于人的行为做出允许或禁止的规定，这种规定其实是信徒自己去求得和解释的，比如什么事情可以做。信仰世界中的多神信仰与世俗社会中的多元规则是相匹配的，前者应该是后者的一个原因。张静在研究地权纠纷时这样解释：“目前，在政治和法律各自的活动领域及活动原则未经区分（分化）的安排下，不存在包含确定性原则和限定性合法性声称的法律系统，事实上是多种土地规则并存以‘备’选择。这些规则包含有不同乃至对立的原则，各自有着合法性声称来源，在实践中通过力量竞争被选择使用。这个选择过程使法律事件政治化：它不是根据确定的法律规则辨认正当利

① 芮德菲尔德．农民社会与文化：人类学对文明的一种诠释．王莹，译．北京：中国社会科学出版社，2013：116.

② 杨庆堃．中国社会中的宗教（修订版）．范丽珠，译．成都：四川人民出版社，2016：83－84.

益，而是根据利益竞争对规则做出取舍，并且‘允许’利益政治进入法律过程，通常力量大者对选择有影响力。因此，土地使用规则随着利益、力量的变动而不确定。”[①] 很容易理解的是，当规则多元、相互竞争或者不确定时，人的裁判作用就变得重要了。其二，中国自秦代以来一直采取中央集权的政治体制，这种体制使得不同层次的规范相互叠加的情况变得严重了。不同层次的权威制造出各自的规范，引发相互冲突，也给了执行者较多的变通空间，行为的规范化程度就难以提升。其三，中国的社会转型还不彻底。市场经济和工业社会正在将普遍主义理性规范不断地播撒到人心中，中国社会中的行动逻辑也正在变得越来越有规范，或者说越来越“死板”，中国的人际关系也变得越来越理性，可以通融的空间被压缩，但是相比而言，“规定是死的，人是活的”的情况还是很常见的。

中国人行动中的情境中心与中国人讲究人情、面子和关系是分不开的。这种讲究人情、面子和关系的倾向和规范的多元化是相适应的，它们一起导致原则性与灵活性的关系失去了平衡，俗话说“酒杯一端，政策放宽”，规范的严肃性可能就让位于关系运作的有效性了。这种情境中心的倾向，在市场化和工业化程度都很高的日本文化中也很发达，或许说明这种倾向是有很深刻的心理和文化基础的。中根千枝将日本文化的这种特征称为“纵向社会的人际关系”，这种社会中的人际互动非

---

① 张静．土地使用规则的不确定：一个解释框架．中国社会科学，2003(1).

常看重场合，正确地做人需要学会“读懂空气”①。

（2）不同价值观之间的搭配关系。

正如埃尔斯特所强调的，社会规范与社会秩序之间的关系是不确定的，何况这些规范还如此多样。绝不是所有的规范都不利于这种人联系人的社会整合模式。在中国，存在有利于这种社会整合模式的价值观搭配方式，其中的要点是区分出了主次或者说“大”的和“小”的，同时，“大”的要兼顾“小”的。

现代社会中最基本的价值观是工具性的。有时候，我们会把工具理性和价值理性对立起来，似乎工具理性不是一种价值观。但是，如果说价值观就是关于好坏的标准，也就可以提出一个工具性价值观的说法，它指的是凡事以效率或者利益最大化为基本原则。这种价值观在现代社会中占据了主导地位，但是它并不能独立存在，还需要其他价值观的支撑。关于社会秩序原理的认识是这个社会的“基本价值观”。每种文明都有自己的社会秩序原理或者政治秩序原理，它是对于人应该怎么生活的基本信念。当某种政治制度被认为符合这种基本社会秩序原理时，这种政治制度就获得了合法性。相应地，那些可以属于某个党派的政治价值观只能叫作“社会价值观”，它服务于大范围的社会群体的组织。属于生活世界且不属于社会价值观的是“生活价值观”，它体现出人们对于活法的理解是有差异的。它服务于生活领域的私人性的、社区性的或者地方性的自组织，比如家庭、血缘、地缘、学缘、趣缘等关系网。对于这

① 中根千枝．纵向社会的人际关系．陈成，译．北京：商务印书馆，1994.

三者的区分，可以从顾炎武那里得到启发。他说："有亡国，有亡天下……亡国与亡天下奚辨？曰：易姓改号，谓之亡国；仁义充塞，而至于率兽食人，人将相食，谓之亡天下……是故知保天下，然后知保其国。保国者，其君其臣肉食者谋之；保天下者，匹夫之贱与有责焉耳矣。"（《日知录：卷十三・正始》）他是在区分一个国家的人民应该有的两种价值观，天下内含的是基本价值观和生活价值观，国家内含的是社会价值观。但他假定了大传统和小传统的融合，把人民的基本活法的好的方面，都归入"天下"的价值类属中去；或者说，他没有区分开基本价值观和生活价值观。但在传统社会中，儒家教义和日常生活中的情理并不是彻底一致的。当时，尚没有政党，也就没有离开基本价值观的社会价值观。在今天的中国，执政党的社会价值观和国家/文明的基本价值观之间的区分是存在的，但在这里可以不作为讨论的重点，因为更重要的区分始终是在大道理和小道理之间，也就是在基本/社会价值观和生活价值观之间。

国家在论证自己统治的合理性的时候会对百姓的活法给予必要的指引和辩护吗？或者说，基本/社会价值观的维护者会兼顾百姓的生活价值观的梳理吗？这个问题在中国是一个十分重要的问题。中国既然形成了以道德代宗教的精神方案，也就希望在世俗生活中活出精神，这就使得人生问题成为社会和国家的问题。宗教具有自组织的能力，而伦理却不能仅仅依靠单个家庭或家族就能建立和维系，即使偶然建立了，也会被成年的子女迅速推翻。国家主张的价值观和百姓的生活价值观之间可能是冲突的，因为百姓之间讲究人情关系，而国家要强调制度规范，所以在福山那里就将国家的形成和亲属关系的发达对立起来看待。对于精英分子来说，他们的人生方案和国家的意识形态之间是两条线，耦合与否具有偶然性。

秦代的国家统治阶层贵族习气浓厚，对于百姓的伦理问题关注不够。到了汉代，刘邦起用民间“三老”，汉武帝又大兴教化，家国同构从此开始。但是，这个矛盾是否就此解决了呢？金观涛和刘青峰在他们的《中国现代思想的起源：超稳定结构与中国政治文化的演变》一书中对这个问题给予了有针对性的讨论。不过，他们的思想史研究是文本的思想史解读，而不是社会思想史解读。在思想史里，他们又太看重逻辑，忽视人的感受。这样，基于文本的思想史也就不能注意到思想在治理中是如何实践的。

对于追慕圣贤的精英分子来说，伦理很难替代宗教的全部功能，只有在家的修行才能替代出家的修行。所以，我们要理解三国两晋南北朝时期人们的精神困扰，尤其是要理解当时士子在出世和入世之间的两难选择。今天的人已经很难想象修行（有很多类型）对于当时人们的吸引力，甚至会怀疑古人的理性鉴别能力。仅就宗教修行而言，在三国两晋南北朝的时候，佛法处于从正法时代向像法时代退步的过程中，末法时代尚未到来，本土的道教正在形成，很多富有天赋的天才人物投身于修行实践中，在修行上取得了成就，由此产生了巨大的吸引力。对于绝大多数人来说，这种思想上的激荡不可能是逻辑上的困境，只能是因为想要得到一种好处，却又难以决断。也就是《红楼梦》中那首《好了歌》所唱的：“世人都晓神仙好，惟有功名忘不了！……世人都晓神仙好，只有金银忘不了！……世人都晓神仙好，只有娇妻忘不了！……”虽然人们忘不了世俗，但世俗已经失去了部分的意义。这样的结果是，国家意识形态不能继续抱着传统的儒家思想不做改变，必须有新的内容能够吸引社会精英，赢得他们在精神上的认可。要做出的改变应该是能够尊重当时精英的精神出路的。可是，尊重精英的人生态度，又如何将他们引导到对于国家的效忠上来呢？对于极少数思想深邃的人来说，可能真的如金观涛和刘青峰所理解的那样，这是一系列精妙的思想难题；但对于国家来说，这是一系列的制度安排。最核心的是科举制度。科举制度的巧妙在于，它所考察的内容与国家所要用的读书人的能力之间是严重脱节的。科举制度考察的核心内容是读书人自己能够接受的圣贤之道，但他们在入仕之后所运用的却是很现实的为官之道。对于绝大多数读书人来说，这种巨大的思想鸿沟，需要他们自己在一生当中通过内心的实践来接纳，无论如何，这样的思想鸿沟都不能用逻辑来化解。

对于百姓来说，深刻的逻辑论证似乎没有多大必要，国家对于孝道和礼制的提倡是再明白不过了。问题是：对于百姓来说，奉行这样的孝道和礼制有什么好处呢？好人要能有好报。只有当做官方认可的“好人”有切实的好处的时候，这样的教化才能维持下去。这种好处的形成需要一种存在于乡间的而且是稳定的社会组织体系，这种稳定的社会组织体系是推崇这种孝道和礼制的，它会对“好人”给予肯定与奖励，比如让“好人”得到生存机会。然而，连绵的战乱一次次地摧毁了能够组织乡村生活的世家大族乃至庶民宗族，也摧毁了他们秉持的价值观。高傲的国家上层本来也不尊重这样的社会组织体系，它们只是老调重弹，宣扬那些“天经地义”。关于亲亲、尊尊、长长的道理一直在讲，但有的时候能够落到实处，有的时候就落空了。落实还是落空，对于国家上层来说，能不能及时地发现呢？发现了又能做什么？这需要很细致的基于思想史眼光的治理史研究，这里不好做出判断。但我们看到，宋明理学是从一种地方性的思想发明开始的，在经过反复的冲突之后，才被国家上层所承认。这种思想的成功，一方面是被作为官方意识形态，列入科举考试的标准典籍；另一方面表现在，新儒家在世家大族衰落之后，寻找到新的路径来重组乡村社会，核心是发展庶民宗族组织。

在一般的思想史的研究中，基本价值观、社会价值观和生活价值观之间似乎发生了一些深刻的交融，最后达成了一体化。但在治理史的研究中，它们之间既有深度的融合也有模糊的耦合。对于当代中国来说，随着教育的普及、西方思想和宗教的传入，以及看不到尽头的社会转型，模糊的耦合确实越来越无法满足实际发展需要了。如何将大道理和小道理重新整合起来，在意识形态中赋予人生以意义，赋予活法以指引，是一个很大的挑战。

3. 社会整合机制的人格性

治理体系中的国家直接通过各种机制实现对于个人的直接联系，这就非常依赖人格化的社会整合机制。那么，这种人格化的社会整合机制有没有普遍性？

（1）基于角色的互动与基于人格的互动。

人格化的社会整合过程中，个人既是一般性的角色也是特殊性的个人。对于这个事实，主流的社会理论总体上都非常强调前者，强调人或行动者作为抽象的角色在互动中的出场，似乎角色就是陌生人社会交往中的必要中介，甚至是最为根本的中介。我们确实不能简单地否定这一点。但是，从事实来看，我们也是作为具体的个人和别人互动的，尤其是在熟人之间的交往中，这种具体性或者人格性就非常突出。显然，人际交往中，总是会发生从陌生到熟悉的转变。问题是：在一个宏大的社会系统的衍生过程中，具体的人之间的互动是怎么起作用的？

如果采用哈贝马斯借用的帕森斯的社会结构，这里讨论的社会整合属于整体社会系统 AGIL 模型中的 I 与 L 功能，也就是整合与模式维持。关于这两部分功能，帕森斯在对社会行动理论的一般性解释中已经有所说明，他将行动系统分为三个部分：社会系统、人格/行动者系统和文化系统。其中社会系统包括两个部分——制度和互动。文化系统和人格/行动者系统分别与社会系统的这两个部分有所对应。结果，“在某种意义上可以说，文化系统和人格系统在社会系统内彼此遭遇和争斗。这是一个竞争领域，在其中，个体寻求通过实现欲求来满足自身，他将会与其他同样寻求自我满足的行动者相互对垒，展开协商。这就在社会系统中产生一种特定的趋向，帕森斯屡次称之为朝向一致性的步调。以这种观点来看，行动者不断地努力达成秩序和可预期性，他们将寻求和他人一起共享理解，因为这将会确立一种期待的交互性，从而稳定情境。确立这种理解的载体就是互动。话说回来，在社会系统中，互动的发生据认为是在角色之间而非人格之间”①。帕森斯在强调一种基于社会共识的社会整合机制。在这样一种理解的基础上，帕森斯受到一个小群体互动研究专家的启发，发展出了结构功能主义的 AGIL 模型，也使得他的理论呈现更加彻底的文化决定论。

将社会整合功能的实现机制区分为制度和互动两个部分是非常有价值的，但是，将角色互动和人格化互动如此对立起来，且过于推崇角色互动的价值，是不符合实际的。帕森斯坚持的文化决定论也未必符合他意图为之辩护的战后美国社会的情况②。乔恩·埃尔斯特也许是受到了这种区分的启发，将社会秩序的条件区分成了社会规范和合作行为，分别对应两种无秩序：一种是规范不足导致行为缺乏可预测性的无秩序，另一种是缺乏合作的无秩序。他强调，社会规范有助于社会秩序的稳定，但对于合作行为的成功则影响是不确定的。最后，他认为有四个方面的综合作用导致成功的集体行动：利他主义、妒忌、社会规范和自利③。

（2）“我”是社会整合的中介。

强调角色在社会整合过程中的作用，这是有必要的。但是，今天的社会现实是社会化过程普遍发生了困难，所谓个体化在一定程度上也意味着人们按照自己的想法做事，而不是尊

---

① 沃特斯．现代社会学理论．杨善华，等译．北京：华夏出版社，2000：158.

② 亚历山大．社会学二十讲：二战以来的理论发展．贾春增，等译．北京：华夏出版社，2000：58.

③ 埃尔斯特．社会黏合剂：社会秩序的研究．高鹏程，等译．北京：中国人民大学出版社，2009.

重设定的权利和义务。所以，后来的社会理论都更加注重低度社会化现实中的社会建构过程。本书想要提出的看法是，将角色作为沟通中介的看法有可能忽略另外一种可能性：具体的人本身或者说“我”就是一般性的媒介。

在社会生活中，每个人都既是一个具体的人也是一个抽象的人。作为抽象的人，他表现为各种角色。人生下来的时候并无角色，然后在家庭中有了简单的角色，再发展出复杂多样的社会角色，最后又回归到家庭的简单角色中。社会角色在人的一生中是一个阶段性的现象。在这个社会化程度比较高的阶段，每个人都可以有多种角色，有的角色是系统赋予的，比如作为一家电信公司的经理或国家公务员；如果是一个个体小饭店的老板或一个孩子的父亲，则属于生活世界中的角色。无论系统如何殖民生活世界，无论权力如何将人符号化，无论资本如何将人物化，都不可能消灭人的具体性，只是改变这种具体性的角色构成。所谓具体的人并不等于各种角色的加总，而是远大于这种加总。这是因为人：首先是一个生物，他不仅生活在社会中，还生活在自然界中，两者都有他的位置；其次，有自己的内心世界，这个内心世界不可能被外部的角色充分表达。但我们说社会互动中的单位是一个个角色的时候，这是一种高度的简化。

这个说法看上去和 G. H. 米德的“主我”“客我”和“自我”的区分很相似，实际上有所不同。米德认为，“主我”是属于个人主体的主动的“自我”，与“主我”相对应的“客我”是呈现于外部世界的社会的“自我”。“主我”与“客我”交互作用，“自我”观念才得以形成。在逻辑上，米德首先确立了作为社会角色的“客我”，然后将剩余部分称为“主我”，再建立“主我”与“客我”的互动，形成了“自我”。当米德把一种情境中的角色说成“客我”时，暗含了一种成功的社会化的设定。E. 戈夫曼在《日常生活中的自我呈现》一书中指出了这样的现实，即：人们对于自己扮演的角色的认真程度是有很大差别的，而且是可以变化的，所谓“自我作为演出来的角色，并不是一个具有专门定位的有机物，不是一个遵循出生、成熟和死亡这一基本过程的有机的东西；它是一种戏剧性的效果，是从被呈现的场景中渗透出来的效果。角色扮演所产生的关键问题在于，它是被人相信，还是被人怀疑”①。这样的解释依然存在一个问题：到底是谁在表演？如果按照米德的命名方式，笔者这里所指的具体的人应该称为“我”，而抽象的人应该称为“客我”。“我”表演出了“客我”。也就是说，这里在坚持“我”的整体性，在强调人面对社会情境时的主观能动性，将“客我”视为“我”在特定情境下的一种有意识的展示或者表演。这里不太肯定那种人可以被彻底社会化的看法。即使有这样的人，也是极为罕见的。更为常见的是：江山易改，本性难移。

“我”或者一个具体的人可以有多个角色，有的角色属于系统，有的属于生活领域。那么，我们讨论的系统与生活世界的关系在这个人的身上是统一的。在正常情况下，这种多重角色不会造成他的人格分裂。米德关注“主我”与“客我”之间

① 戈夫曼．日常生活中的自我呈现．冯钢，译．北京：北京大学出版社，2008：215.

的沟通，这里关注的是“我”与“客我”之间的沟通。一个具体的人是能够理解自己的角色的，他能够在自己和自己的角色之间实现完美的沟通。那么，问题就出现在：两个具体的人之间能否进行完美的沟通？这种沟通的完美性肯定会降低，会遇到主体间性的障碍。但如果两个具体的人可以实现很好的沟通，那么，具体的人也就成为系统与生活世界之间或之中的媒介。在社会科学研究方法中，理解主义的基本纲领就是：把自己作为方法，也就是用自己的心去理解对方。在中国的文化设定里，人心应该是相通的，这是“关系性的我”的理想状态。

在实际的理解过程中，“我”既是一个具体的人也是一个抽象的人，既有的宏观社会理论强调“我”作为抽象的人的这一方面。但是，在实际的沟通实践中，“我”完全可以在不同的抽象程度之间来回滑动。可以举一个例子来说明这种抽象程度的滑动。一名商店的营业员想要推销自己的商品，他可以展示出两种状态：一种状态是，作为一名职业的营业员，他应该尽力打动对方，对方也是一个角色即消费者。另一种状态是，营业员在职业角色和具体的人之间来回切换，也对消费者进行消费者与具体的人之间的认识切换；或者更为超脱的是，营业员始终站在对方也是一个人的立场上说话，给出能够解决对方问题的建议。作为一个有角色的人，我们在沟通过程中，总是不停地权衡作为一个人的“我”和作为角色的“客我”之间的辩证关系，并且做出必要的切换。作为一名消费者也是如此，而且他会更加注重“我”的一面，而漠视所谓消费者应该如何的“客我”，好像根本就没有这个“客我”一样，因为他不像营业员一样受到很多管束。

（3）社会中的榫卯结构。

人与人之间的直接理解是人格化整合的必要条件，理解本身也可以成为整合的机制。但是，我们依然可以进一步追问：人格化的互动是如何产生整合效果的？最基本的机制应该与科层组织中的各种规定、激励和惩罚措施有关，也与市场化交往中的契约机制有关，还与信仰实践中的内心约束以及人际互动中的各种非正式的规范有关，等等。这里，笔者想要提出另外一种奇妙的机制——“榫卯”，来形容它们。

在中国的木器中大量地存在榫卯这种特殊的结构，它被称为中国木器的灵魂。只要使用木头，无论是一座塔、一栋房屋、一扇门窗或是一件家具，完全不用金属钉子，全凭榫卯就可以做到上下、左右、粗细、斜直连接合理，面面俱到。榫卯和后来的标准化零件不同，它其实不是一种最小的结构单元，它是一种特殊的界面，解决的是两个或多个不同的单元如何通过界面上的勾连建立稳定连接的问题。

从类比社会结构的角度来理解榫卯，它具有这样几个特点：1）界面性。榫卯在单元之间的界面上发挥作用，不涉及单元之间直接的彻底融合，允许不同单元保持基本独立性。在社会中，这种单元指的是系统行动者或者生活行动者。2）内部互嵌性。榫卯在单元之间通过相互嵌入形成相互锁定的关系，也就是说，它会在一定程度上深入单元的内部，实现“你中有我，我中有你”。3）自我紧固性。榫卯结构有两个或两个以上的向度。最简单的如“直材交叉组合”，也有一个直线和一个斜面。通常在使用时的用力方向和拆解时的用力方向是不一致的。使用过程中的压力非但不会导致榫卯的解体，反而会导致紧固。所以，榫卯结构不需要另外使用其他外部紧固零件，比如钉子和胶水，也就不用担心外部紧固零件的朽坏。

当我们如此来描述榫卯结构的时候，相信会激起读者的共鸣。中国社会中类似于榫卯结构的关系实在是太普遍了。我们说的“搞关系”就是在建立行动者之间的榫卯结构。最简单的榫卯结构出现在两个人的关系中，如果关系稳定，意味着榫卯结构形成了。所谓关系稳定就意味着：当一方想要在对方的预期之外中断这种关系时，他或她会担心出现至少两种损失。损失可能是物质的、名誉的或情感的，等等。如果要进行物质上的脱钩，除了要考虑物质上的损失外，还不得不另外考虑其他方面的损失，比如情感上或名誉上的损失；如果要进行情感上的脱钩，却可能发现在物质上难以找到满意的划分方案；等等。在人际关系中建立榫卯结构的最基本条件就是“再见”或者“多联系”。只要时间长了，就会在刚开始的第一种关系之外，生发出另外的一种或多种关系，建立新的心理期待，这些关系或期待组成不规则的利益或心理界面，使得双方的利益或心理界面形成复杂的却是恰到好处的凸与凹。时间越长，这种界面越具有纵深性。组织之间也是如此。当两个企业签订了服务合同之后，还不至于构成榫卯结构，一定要经过一段时间的合作，双方组织进行接触的成员之间有了足够的熟悉，以至于这种熟悉成为双方合作成功的重要条件，才在组织互动的界面上形成了一个有深度的“构件”。当一方要提前解除合同时，这个“构件”就会产生阻力，迫使要提前解除合同的一方除了考虑违约的约定损失外，还要考虑曾经投入的协调成本是不是可惜了。这种协调成本归根到底是人与人之间的协调，所以，榫卯结构的存在意味着理性的关系伴生着其他人格化关系。既有的对于“关系”的研究往往将“关系”看成单线的，这里则将“关系”看成复线的。

这种理性约定之外的其他关系及其重要性是有文化属性的。人际关系越是理性化，越是讲究工具理性，这种“其他关系”就越是不容易发生。与这种工具理性相对的不仅仅是感性，还有其他人格特征，比如，没有严格按照规定办事的习惯。结果，在双方约定的关系之外，就同时存在第二种关系——为了确保第一种关系顺利实现而建立的关系。比如，我们要和服务对象之间建立某种机制，确保获得较好的服务质量。如果是较大的企业来提供这种服务，企业自身也会自带监督机制，不需要客户自己来完成监督。但是，如果这种服务真的十分重要，客户也还是会想出其他办法来降低服务中的不确定性。如果从损失的角度来看，客户会希望违约的企业不仅得不到服务费，还要支付赔偿费，或者造成企业形象的破坏。在现实中，客户还可能会和具体提供服务的人员建立某种合同之外的关联。因此，在工具理性不发达的社会中，哪怕是最为理性的契约关系——如果这真的是一个重要的契约——也会自动地内生出榫卯结构。

研究社会基层治理的时候，更值得关注的是组织内部的组织和成员之间的榫卯关系。在组织内部的榫卯结构意味着组织和单个成员之间的多元的相互依赖关系。如果仅仅是单一的相互依赖关系，比如从一个由陌生人组成的临时劳动力市场上雇用一个临时工，仅仅期待他或她在短期内完成一次性的简单工作，一方希望得到内容透明的服务，另一方希望得到明码标价的工资，付钱之后再无联系。如果一方想要提前中止这种相互依赖关系，那么，仅仅涉及物质赔偿或者约定好的赔偿，并不造成其他的第二种损失。这就是最为单纯的雇佣关系，并不能构成相互锁定的榫卯关系。

在社会系统中，无数的榫卯结构部分地替代了其他的整合机制。比如“钉子”——法制，或者“胶水”——文化，或者螺丝——分工合作，等等。当然，在中国社会中，所有这些联结形式同时存在，共同发挥作用。榫卯结构在当代中国社会中的重要性不同于传统中国，它在自上而下的维度中变得空前发达，根本上是因为当代中国的国家性质不同于传统中国。传统中国的上层总有一种想要和人民脱钩的倾向，而当代中国的上层承诺保持和人民的紧密联系，因此，将榫卯结构层层叠叠地铺到了家家户户，乃至每个人，形成了纵向的榫卯体系。此外，当代中国是中国共产党领导的，凡是党建引领所触及的领域，都使得人与人之间的联系增加了新的制度性或关系性的维度①。

总之，中国的治理体系，可以说就是由无数这样的大小榫卯结构组装起来的集合体。但是，不应以为仅仅用榫卯结构就可以固定中国，整合中国必须有足够丰富的资源、种类齐全的机制、历久弥新的文化以及各种精巧的结构。如果我们过于倚重榫卯结构，就会忽视这样的基本事实，即榫卯结构的存在也是有条件的、是有基础的。尤其是，中国的社会整合核心机制

① 王阳，熊万胜．党政科层体系：“制度-关系”视野下的政党治理与国家治理．开放时代，2021（6）.

从文化向结构的转向，不可能是彻底的替代。文化总是如同土壤一样，沉默地等待别人承认它的根本重要性。

三　什么样的国家会有治理体系

接下来，我们需要提出一种国家类型谱系来定位治理体系的国家制度基础。虽然所有的国家类型中都可能会有直达最基层的官僚体系，也多少会存在作为体系的治理模式，但是不同的国家形态的治理模式不同。在既有的国家分类体系中，主要关注制度差异，对于制度运行而造成的形态差异没有给予足够的重视。然而，对于国家类型来说，制度运行造成的差异相对于制度的差异具有相对的独立性。

国家制度的演变存在这样的一般过程：首先会有一个军事征服的过程，对外的战争状态与对内的高压政治是相辅相成的，继而在无法扩张时就转向了国家的常规化，对外基本保持和平与对内实现稳定统治。稳定的统治如果不是一时之兴，应该是因为在经济基础与上层建筑之间达成了调和，使得既有的统治机器能够持续地运转下去。这种征服—常规化的过程会反复出现，直到出现可以在市场机制下理性与和平地维持自己的国家，我们可以分别称其为军事型国家、常规型国家和发展型国家。其中，发展性国家属于常规性国家的一种特殊类型，它的典型形态是第二次世界大战以来在总体和平的时代采取市场经济模式的国家。这三种国家形态中都可能出现统治者通过官僚体系直接联系民众的治理模式，其中，军事性国家的治理问题不是这里的议题，我们希望展望的是一种精英与大众紧密结合的状态，这种结合不应该是基于直接的武力威胁的，所以我们会主要关注常规性国家和发展性国家中的治理体系。

1. 常规性国家

任何一个社会系统都必定会发生人口过剩的情况，除非自然界的威胁阻止了人口的繁衍和生存。而且这个社会系统中的掌权者也很容易腐败，总是导致资源的不平等分配和浪费，使得这个社会系统迟早会出现生存资源短缺的问题。为了解决这种生存资源短缺的问题，可选的方案包括：寻找新的资源、迁徙、掠夺和提高生产力等。很遗憾的是，掠夺和反掠夺总是难免的，在这个过程中形成了军事性国家，这是国家的初级形态。军事性国家的对外扩张不可能是无限制的，它会遭遇到抵抗，或者虽然自己的前锋依然强大，但后勤可能跟不上，也就是说，或者被迫停止征战，或者自己摸索出了国家的最优规模。公元 9 年的条顿堡森林战役中，日耳曼人以弱胜强，让罗马帝国损失了三个军团，罗马皇帝奥古斯都命令帝国不再向日耳曼地区扩张，莱茵河成为当时罗马帝国的北部边界。另一个著名的例子是中国的明朝开国皇帝朱元璋明确列出了 15 个“不征之国”，希望子孙不要继续扩张。欧洲的绝对主义国家形成时期，也是民族国家的建立时期，国家的范围也发生了重要的调整，最主要的国家如德国一边征伐、一边思考：究竟哪里是德国的边界？芬纳提出一个国家形成的解释模型。在这个模型中，国家的范围是一个中心地区与边缘地区的互动过程的结果，国家的边界被看成一种博弈的结构，国家的规模也是一种博弈均衡状态的结果。

无论如何，征战都是要停下来的。这就有了一个军事性国家的常规化的问题。军事性国家的常规化往往是不彻底的，最典型的是罗马帝国、拜占庭帝国、阿拉伯的哈里发帝国和奥斯曼土耳其帝国，实际上其始终处于战争的环境中，只能说其本部或者中心地区是常规化的。在这些国家，战争地区和中心地区一般会采取不同的治理方式，中心地区采取后方的体制，它必须是常规化的。

在常规化的国家形态中，它的经济基础发生了改变，从对外掠夺转向和平汲取，基本方式有两类：内需性的经济或者外贸性的经济。在冷兵器时代，这种内需性的经济只能是游牧或者农耕经济，主要是农耕经济。外贸性的经济依靠商业，这对罗马帝国或者中亚地区的国家都很重要。中国的商品一般是通过这些国家和地区的商人运销的。在热兵器时代，内需性的经济和计划经济有关，外贸性的经济则不是一般的商业经济，而是全球化的资本主义经济。我们讨论的治理体系与内需性的经济更相关，这是笔者选择这种分类体系的原因。

在冷兵器时代，常规性国家的一个基本任务是将军事统治转变成文官治理，将对外掠夺转变成内需或者以和平的外贸为主导。但这不是一个容易的过程。这是因为，军事统治者可以以战养战，通过征服为自己补充给养；尤其是军事征战会消耗过剩的人口，一旦战争停止，过剩人口的就业尤其是退伍军人的安置就成了问题；而且战争期间膨胀的文官队伍也要消减。这都带来了体制转型和经济转型的要求。

西罗马帝国的衰亡与这两个转型的失败是有关系的。在斯塔夫里阿诺斯看来，古罗马的奴隶制本来就有缺陷，在这种制度下奴隶缺乏发展改进生产技艺的动力，而且奴隶主不希望减轻奴隶的劳动强度，也不情愿鼓励发明创造，这就限制了内部供应的能力。这种缺陷在战争时期随着扩张得到战利品、贡物、粮食和奴隶而被掩盖，但是战争停止或者失败时就爆发出经济危机，在3世纪时出现了严重的通货膨胀。为了应对通货膨胀，庄园退回到物物交换和自给自足，贸易趋于中断。经济上的分散又导致了政治上的分权，帝国变得没有必要，于是就开始崩溃①。军事性国家常规化失败的另一个著名的例子，就是秦帝国了。其兴也勃焉，其亡也忽焉。实际上，它的兴起如果从秦国作为一个诸侯国开始算起，也是历经了500多年的积累，但秦帝国仅仅存续了15年。秦国灭掉六国只花了9年，而秦帝国的崩溃也很快：自公元前209年陈胜吴广起义，3年内就彻底崩溃了。一种观点认为，秦朝在只能实行封建制度的时候采取了郡县制度，而后来的隋朝是在只能实行彻底的郡县官僚制度的时候采取了贵族政治。秦朝的一个特点是彻底地打击封建势力，而且想要全面地干预社会，确实是超前了。秦朝被称为暴政的典型，突出的特点是不能尊重农民生产生活的规律，陈胜吴广起义就是征发徭役不顾农时的恶果。到了汉代才有了著名的一问："居马上得之，宁可以马上治之乎？"这一问可能启发了汉高祖刘邦，由此开始了历史性的治理转型。这个

---

① 斯塔夫里阿诺斯．全球通史：从史前史到21世纪：第7版．董书慧，等译．北京：北京大学出版社，2005.

转型是不可忽视的，因为这是中国政府民生传统的开端。也许我们可以总结：那些成功地实现了常规化的国家，都是从攻伐成性转变成关注民生的国家。中国的历朝历代总结和印证了这条经验。但在人类文明史上，显然不是所有国家都学到了这条经验。

进入热兵器时代，16～18世纪欧洲的绝对主义国家作为一种强力君主制和封建制的混合体，也应该被视为一种军事性国家，它的发展也是常规化的连续阶段，它的常规化过程应该说是以两次世界大战来结束的。在绝对主义国家的形成过程中，大量分散的类国家政治实体合并成了少量的民族国家，这个过程中发生了一系列的内战和外战。最著名的军事性国家是普鲁士，一种说法是：这不是一个有军队的国家，而是一支有国家的军队。欧洲的绝对主义国家模式包括专制君主制和议会君主制，如果再考虑到政权组织形式的特征，再加上世袭制和官僚制，那就可以分为四种类型①。其中最主要的类型是世袭制的专制君主制，以至于到了17世纪，欧洲大部分重要国家的议会都已经停止活动，剩下的如英国、波兰、匈牙利、瑞典和一些日耳曼小国还在坚持议会制度。西欧的绝对主义国家模式不断向外输出，形成了佩里·安德森所谓的西欧绝对主义国家和东欧绝对主义国家。到1762年，沙皇俄国叶卡捷琳娜二世宣告俄罗斯是一个欧洲国家，整个欧洲的绝对主义国家的形成期才算是真正地完成。当一些国家从分散的封建状态走向君主至上的绝对主义国家时，另一些先进的国家又走出了绝对主

① 埃特曼．利维坦的诞生：中世纪及现代早期欧洲的国家与政权建设．郭台辉，译．上海：上海人民出版社，2010.

义国家行列，成为资产阶级民主国家。西班牙绝对主义国家16世纪时就在尼德兰遭遇挫折，1581年成立的尼德兰联省共和国被称为人类历史上第一个赋予商人阶层充分的政治权利的国家；英国通过光荣革命在1689年建立了君主立宪制；法国1789年的大革命撼动了君主专制，但一直到1870年才建立了稳定的第三共和国；普鲁士绝对主义国家保留到了1871年，转变成了统一的德意志帝国，这个帝国虽然是君主立宪制的，但也是军国主义的；俄罗斯绝对主义国家到20世纪才转变成社会主义国家，它采取的是高度中央集权的计划经济体制。

在这个历时数百年的国家转型历程中，到底在哪个阶段算是完成了常规化呢？一种判断是，先形成了绝对主义国家的常规化，再形成了资产阶级国家的常规化，也就是形成了发展性国家；另一种判断是，绝对主义国家时期的相关国家还不是常规性国家，它们是军事性国家的一类，要到完成了资产阶级民主革命，结束了绝对主义国家时期，才算是完成了常规化；还有一种判断是，欧洲的国家要到第二次世界大战结束之后才算是真正完成了常规化。对于这个问题的判断和两个因素有关。一方面，各国的历史进程虽然有相似之处，比如从封建状态到绝对主义国家再到资产阶级民主国家，但是历史进程不一致，所以难以划定统一的时间节点。另一方面，如果我们不考虑划定统一的时间节点，而是将建立绝对主义国家或者资产阶级民主国家作为常规化的时间节点，也存在问题，因为大多数绝对主义国家其实并不是处于和平的状态：西欧的绝对主义国家在忙于和邻国交战、争夺海外殖民地乃至争夺海上霸权，东欧的绝对主义国家正是因为受到战争的威胁才得以出现。查尔斯·

梯利以欧洲的历史为基础深入研究了发动战争、缔造国家和商业资本主义发展三者之间的相辅相成关系①。尤其是，如果我们认为随着资产阶级革命的完成，欧洲国家的常规化就算是完成了，那么第一次世界大战与第二次世界大战的动力潜伏在哪里呢？在迈克尔·曼看来，欧洲国家建构的一个遗产即民族主义意识形态，这实际上是第一次世界大战的重要原因，因为“一个国家一个民族”的想法形成了一种严重的排他性②。笔者缺少对这些历史细节的研究，比较保守地说，至迟到第二次世界大战以后且实现了市场经济转型的国家应该算得上完成了常规化转型，这个转型的结果是形成了常规性国家的一种高级形态，即发展性国家。

以上的判断之所以困难，主因在于战争在欧洲的历史上实在是过于醒目，以至于和平反而显得不够常规，这与中国形成了鲜明的对照。即使是到了今天，作为欧洲文明的新版本的美国，也始终保持着战争的激情。许烺光似乎认为这是个人主义的必然——个人主义文化中的人始终缺乏一种安全感。他说：“在一个人际关系不能持久的社会里，个人将不可避免地产生防范意识，不安全感越强烈，就越需要抵制外来者以保护自己。”③

---

① 梯利．发动战争与缔造国家类似于有组织的犯罪//埃文斯，鲁施迈耶，斯考克波．找回国家．方力维，等译．北京：生活·读书·新知三联书店，2009：228－261.

② 曼．社会权力的来源：第2卷·下．陈海宏，等译．上海：上海人民出版社，2007：804－810.

③ 许烺光．美国人与中国人．沈彩艺，译．杭州：浙江人民出版社，2017：316. 许烺光在书中没有说过“美国是一个好战的国家”这样的话，因此笔者暂时也不能对其思想下结论。但笔者在读了他的自序之后得到的一个印象是：这样的文化容易对外攻击。如果理解得不对，属于笔者的责任。

如果不从文化的角度而从国家政治经济体系的角度来看问题，作为国际政治经济体系顶端的国家，有着巨大的既得利益需要保护，必然要长年累月地枕戈待旦。所谓国家的常规化状态，无非是指：尚未正式开战。对于这个问题，笔者也可以从本节一开头提出的问题出发进一步思考：人类始终不能解决生存资源相对不足的问题。

2. 内需性经济和国家自主性

依托外贸的市场经济国家，即使是当前的发展性国家，实际上也必定是扩张性的，这和军事性国家有本质的类似处。外贸性的市场经济国家虽然主要是在市场上扩张，而不是在版图上扩张，但是，这种市场地位其实也需要军事的保障，这在今天表现得十分明显。市场扩张在一定范围内可以对军事扩张形成替代。这是因为，通过专业化的分工，将某类产品的生产者减少，将消费者增加，这样一来，此类产品的产能增加了，但市场也扩大了。再加上刺激了人的欲望，原来没有的消费欲望也被刺激出来，这样就可以通过和平的方式实现共存和发展。但是实际上，人类的生产能力大大超出了市场经济制度创新可以增加的市场容量，更不用说超出了自然环境的容量。人类从古代的生存竞争转到了工业化时期的富裕竞争，也就是要成为最发达的、最富裕的国家。和平始终不是常态，就好像运动与静止的关系中运动始终是绝对的。

最终的和平一定要以生产方式的根本变革为前提，此时国家之间不再为生存空间而竞争。康德所谓的永久和平论，对于国家制度的意义看得很重，对于生产方式考虑不足，因此也就不能对人类不同的制度形式进行平等看待。

究竟怎样的生产方式才可能导致真正的长久的常规化状态，是一个需要想象力的问题。历史上，人们曾在计划经济和市场经济之间做出选择。当前看来，在依然存在国家间竞争的时候，计划经济更适合作为一种军事性国家形态的经济基础来理解，它本质上是战时经济，或者是备战中的经济，尤其适合落后国家应对发达国家的威胁。以中国的计划经济时代为例，它设定的时代主题是战争与革命，是可能打起来的第三次世界大战。当然，把苏联和中国的计划经济整体上称为一种没有完成常规化的国家形态，可能会存在争议，这是否妥当还是留待后人在更长的历史视野下去做判断吧。在这里，从计划经济向市场经济的转型被理解成工业化时期从军事性国家向常规性国家转型的一种模式。

发展性国家中还存在另外一种选择，那就是在倚重内需与倚重外贸之间选择。一直以来，所谓的市场经济国家都非常倚重外贸。虽然存在贸易保护主义，但这也还是在注重外贸过程中的一项自利政策，希望卖得多而买得少。在最近的十几年间出现了一种新的情况，即一些较大的经济体减少了对进出口贸易的依赖。比如日本 1990—2014 年的对外贸易依存度平均为 20.9%，远低于世界平均的 51%。原因是日本早已从“贸易立国”转向了“投资立国”，在东亚生产网络的作用下，日本将大量产业转移到中国等发展中国家，其对外依存的表现已经不再是进出口额，而是资本流动、汇率等金融市场与美欧的联动性[①]。这种情况也正在美国和欧盟发生。美国 2019 年的 GDP 总量是 21.5 万亿美元，但外贸依存度只有 19.5%，过去的十几年一直维持在这个水平上。关于欧盟国家，如果每个国家单独计算，外贸依存度都达到了 60%左右，但是如果把欧盟作为一个完整的经济体来计算，进出口总额占 GDP 的比例也就是 22%[②]。这种情况的出现，一方面是因为这些国家利用自己在世界经济体系中更好的位置，以更小的代价赚更多的钱，另一方面也是因为这些国家要降低外部风险。

对于中国来说，我们目前不具备美国、日本和欧盟的条件，因为我国在世界经济体系中所处的位置决定了我们暂时不能轻松地赚钱，还得作为世界工厂赚辛苦钱。可是，我们也必须降低外部风险。那么，如何形成一种发展中国家的内需性经济体系呢？我们看到，自 2006 年以来，我国的外贸依存度从 67%下降到 32%，还要继续下降，这得益于中国的经济体量的巨大以及新业态的出现。我们还能看到，借助于互联网经济和快递公司，社会分工得到了更加彻底的细化。我们不仅在八小时之内参与到社会分工中，八小时之外甚至在闭上眼睛休息的前一秒，还在社会分工体系中运作。中国 2020 年流通的快递件达到了 833.6 亿件，平均每个人有 50 多件。原来不能定价、只能互惠交换的东西都可以被定价销售了，原来不能工作的时间现在也可以用于赚钱了，显然，国内市场规模出现了一

---

① 吴宇，王珂珂．1990 年代以来日本的经济增长质量研究．现代日本经济，2018（5）．

② 2020 年 9 月 6 日黄奇帆在“中国经济发展与信用建设论坛”上发表题为《疫情下世界经济趋势和中国经济双循环》的主旨演讲。

种内爆式的增长。这确实与中国的人口规模和市场规模有关，也与中国的国家形态有关，这种国家形态使得信息化需要的基础设施建设十分顺畅。

回过头来看，这种内需性经济形态也一直是中国经济形态的主流。中国作为一种大陆文明，一直依赖农耕经济。这是天然的内需性经济，与地中海地区和阿拉伯地区对商业的依赖迥然不同。这种自然而然的内需性经济体系有一个基本的前提，那就是中国的物产确实丰饶，很少有物产是必须进口的，且有大量的物产可以出口。中国在最适合传统种植业发展的北纬30度附近拥有广袤而完整的国土，而在欧洲，这片区域被地中海所占据，是一片汪洋大海。在阿拉伯地区，这片区域又布满了荒漠。在传统时代，中国成为世界上天然的进出口贸易出超国。另外，这种内需为主的经济形态也是王朝的自主选择。明朝作为对外部世界最有感觉的王朝之一，主动地选择了贸易上的闭关锁国，这种政策在清代得到延续。闭关锁国主要的用意不是通过降低外贸依存度来降低经济风险，而是历来的重农抑商政策的一个国际化版本。这是简化经济系统和社会结构的一种措施，通过降低社会系统的复杂性确保国家的长治久安，尤其是要减少中间势力发育的空间。晚清以来，在不平等的国际经济格局中被迫开放让中国社会承受了巨大的代价。革命后的中国在尝试了高度封闭的计划经济体系之后，证明仅靠自身的经济体系不足以富国强民，于是重新加入世界经济大循环，这也深刻地改变了中国的社会结构和治理模式。现在，我们被迫地也是顺其自然地回归到内需性经济模式中，此时我们是在开放的环境中依靠新业态，采取市场经济的体制来重建内需性经济体系。

一个国家的经济体系是更加依靠内需还是更加依靠外贸，对于治理模式是有深刻影响的。减少对外依赖有助于经济体系的安全。其中还有一个区分：国家自主性更强的国家如果同时也是内需性经济体系，它的国家自主性会得到进一步的增强，这样的国家与体系化的治理模式是相适应的。美国、日本和欧盟虽然对外贸的依存度低，但是它们依然通过国际经济体系中的优越位置赚钱，如此一来，资本体系和治理体系之间的关系就会出现分离，其效果和外贸依存度高的国家是类似的。在发展中国家的内需性经济中，国家不仅可以掌握经济命脉，还能独立地塑造经济发展的制度环境，而不是把这个权力让渡给国际资本巨头。这样会形成一种市场经济条件下的政经合一关系，为更强的国家自主性创造条件，进而为体系化治理打下基础。

总之，以上我们区分了几种国家形态：军事性国家、常规性国家和发展性国家。在常规性国家和发展性国家中都区分出了更加依靠内需的和更加依靠外贸的国家。对于发展性国家的内需性经济体系再做进一步的区分，其中国家自主性更强的国家才更容易产生体系化的治理。在这个谱系中，当代中国是一个强国家自主性的内需主导的发展性国家。

第三章　传统中国治理体系的经验

夫理道之先在乎行教化，教化之本在乎足衣食。易称聚人曰财。洪范八政，一曰食，二曰货。管子曰："仓廪实知礼节，衣食足知荣辱。"夫子曰："既富而教。"斯之谓矣。夫行教化在乎设职官，设职官在乎审官才，审官才在乎精选举，制礼以端其俗，立乐以和其心，此先哲王致治之大方也。故职官设然后兴礼乐焉，教化隳然后用刑罚焉，列州郡俾分领焉，置边防遏戎狄焉。

——杜佑《通典》

治理体系并不是我们这个文明的命定结构。它是形成的，也是从军事性国家向常规性国家的转变中出现的。历史上的王朝多次崩溃，又多次重建和转型，治理体系也不断地得到重塑，在重塑中不断地发生调整。我们需要总结其中的主要经验，判断当代中国治理体系的历史方位。

这里研究的内容可以归为“社会治理史”的研究。东汉人徐幹在《中论·民数第二十》[①] 中讨论办好国家各项事务的基本条件时，列出了关系国家治平的十个要务，概括如下：分田里（分配耕地和基层区划）、令贡赋（征发贡赋）、造器用（制造国家所需各种器用）、制禄食（为官吏将兵提供俸禄廪食）、起田役（征发田税、兵役和力役）、作军旅（建立军队和作战）、建国典（制定国家典章制度）、立家度（确定家庭伦理）、修五礼（确定各种社会基本礼仪或规范）、措九刑（运用刑罚惩治犯罪）。这些事务和本书所讨论的社会治理都多少有关，其中最有关系的是分田里、起田役、立家度、修五礼和措九刑。汉代乡里负责人的基本职能是执掌赋役、教化和治安，这也是传统中国社会治理的基本内容。关于这些方面的历史研究都可以说是在研究社会治理史相关的内容。此外，徐幹没有提

① https://www.zhonghuadiancang.com/rulizhexue/zhonglun/14046.html.

到的发展农业生产或经济治理的工作也应该纳入国家应该努力做好的基本事务中。

总的来看，既有的研究成果更多地属于制度史或者思想史的研究，而治理是一种制度的实际运行和思想的实际运用的过程。比如，关于地方行政制度、乡里制度、户籍制度、土地制度、赋役制度、财政制度、司法制度、宗族制度、科举与选官制度、农业经济史等领域都有十分丰富的研究成果，关于传统教化的大量研究集中在教育制度史或者思想史层面。邓小南关注“政治史”的研究①，主要研究治国理政，但她所研究的是大政方针的展开，如果再往下延伸，也就是治理史。制度史、思想史的研究与治理史的研究之间是可以打通的，对于制度史的研究自然要涉及制度运行的研究，对于思想史的研究自然要涉及思想有没有落地。研究得越深入，治理史的意蕴就越明显。这些研究成果十分丰富，这里只能稍稍做些提纲挈领式的列举。

比如，赋役制度中具体研究到明代的粮长制度的运行，展示了明代国家征收的粮食是如何解运的，这是一个复杂和不确定的社会治理过程。再比如，日本的池田雄一、宫崎市定和国内的鲁西奇、侯旭东等人在研究乡里制度的时候，与聚落研究结合起来，考察文本中的乡里在地理上到底是什么，以及是如何划定的，让人对乡里制度的实际运行有了更多的感受。陈苏镇在研究汉代政治思想的形成过程时，描述了不同区域的礼俗

---

①　邓小南．祖宗之法：北宋前期政治述略．北京：生活·读书·新知三联书店，2006.

和民风的具体差异，认为汉代推行儒家教化也有一个结束文化战国局面的效果，这就使得董仲舒等古代思想家的所思所想变得真切了。在城市史的研究中有很多成果涉及古代的城市管理，对于我们理解古代社会治理的城市部分也有帮助。在乡村社会史的研究中，更有大量的成果都可以看成乡村治理史的研究成果。比如，费孝通的《乡土中国》和梁漱溟的《中国文化要义》等著作建立了我们想象传统中国乡村的一种范式：自治和无讼等。萧公权的《中国乡村：19 世纪的帝国控制》等著作让我们看到了另一种范式：即便发展生产或赈灾，也不过是为了让人民不造反。也有一些学者在做调和的工作，比如杜赞奇关于“权力的文化网络”的研究，黄宗智希望跳出专制说或者自治说开展的关于“第三领域”的系统性研究等。20 多年来，国内学者在这个领域也取得了大量的成果，比如曹锦清和张乐天在浙江海宁的研究等。社会史的研究在人类学学者的笔触下显得栩栩如生，如果涉及国家权力的运用，就有助于理解治理的过程，比如王铭铭等人的社区研究。还有一些比较专门的研究对于我们理解治理过程非常有帮助，比如对于王安石这样的重要政治人物经历的研究、对于水利史的研究，或者对于诉讼问题的研究。日本学者夫马进主编的《中国诉讼社会史研究》① 让人大开眼界：费孝通给我们建立的传统中国的无讼形象受到了挑战，至少有一些地方非但不是无讼的，反而是好讼的，甚至用“好讼”这个词都已经不能形容。其也有一个辩论

① 夫马进．中国诉讼社会史研究．范愉，赵晶，等译．杭州：浙江大学出版社，2019.

的对象，就是提出了“中国的新型正义体系”[①] 的黄宗智。黄宗智认为，在中国的法律实践史上形成了一种能够将规则的普遍性和特殊性较好地融合起来，并将仁义原则体现出来的新型的中华法系。

本书研究治理体系，关注的是结构和机制的变迁，从传统治理的核心目标出发，力图把握治理史的关键线索和主要阶段。在笔者看来，传统国家治理的目标无非是国泰民安，然而，要同时做到国泰与民安并不容易，长期保持它们更不容易。在长期的演化中，国家逐渐地形成了治理体系，也就是以体系化的结构和机制来追求长治久安。

一　传统治理体系的追求

1. 国泰民安的难度

从系统—生活的视角来看，如何既能维持政治上层建筑自身的秩序，又能让绝大多数老百姓把日子过下去，或者说国泰与民安，就是传统治理体系最基本的任务。实际上，这也是一种很基本的对立统一关系。

（1）国泰与民安之间的张力。

治理的最基本任务是如何实现国泰民安，且能长治久安。

---

① 黄宗智．中国的新型正义体系：实践与理论．桂林：广西师范大学出版社，2020.

其中最大的难题是如何既能维持朝廷自身的秩序，又能让绝大多数老百姓把日子过下去。表面上看，国家上下都是既要国泰也要民安，它们也应该是相得益彰的，但王朝立国两三百年后，总有一些现实的因素使得内外矛盾激化，引发社会动荡和朝代更迭。长治久安为什么是不可持续的？对此，马克思主义理论将它解释成不同阶级的矛盾，迟早要在特定条件下爆发出来。比如，王亚南就强调封建国家所依靠的官僚集团本身就是一个剥削阶级，阻碍了社会的可持续发展①。黄仁宇强调中国的国家规模太大，而传统中国根本就没有有效治理如此巨大的社会系统的能力②。金观涛和刘青峰则研究了郡县制国家的国家组织形态，认为这种国家组织形态中存在政治结构和意识形态结构的一体化，这种一体化结构在调节过程中不断地异化，发展出很多新的有损组织活力的力量，称其为“无组织力量”③。这些解释给人提供了很多的启发，但也给人一种印象，似乎传统中国的国家是一个奇怪的东西，它超前于社会，以至于社会不堪重负，就会垮台，再重建，再垮台。以至于说，英国的国家是必要的恶，而传统中国的国家是不必要的恶④。也就是说，传统中国的国家是恶的，而且好像没有什么用。

笔者倒不认为传统中国对于人民的生活是没有用的，但

---

① 王亚南．中国官僚政治研究．北京：商务印书馆，2010.

② 黄仁宇．十六世纪明代中国之财政与税收．阿风，等译．北京：生活·读书·新知三联书店，2001：416.

③ 金观涛，刘青峰．兴盛与危机：论中国社会超稳定结构：2010 年版．北京：法律出版社，2011.

④ 梁漱溟引用一位日本人所说。梁漱溟．中国文化要义．上海：上海人民出版社，2005：141.

是，其中有两组矛盾。第一组矛盾出现在上层国家、地方官吏和百姓之间。国家通过官吏对人民的索取导致了人民的苦难。国家的索取本身就会逐渐地超过人民的承受能力，官吏的腐败又大大加重了人民的负担，而且，这种索取本身在治理上也难以做到公平合理，更进一步让这种苦难不堪承受。从历史上看，这一组矛盾是不可化解的，因为国家根本无力稳定地约束属于自身一部分的官吏。第二组矛盾是国家上层所要的稳定、社会中间层次所要的权势和百姓所要的生活秩序三者之间难以协调。百姓的生产生活是需要有人来组织的。在战争中，可以由国家派官吏来组织，通过以战养战来解决组织成本问题。一旦战争结束，这种模式就不再可行，必须尊重生活的自组织，必须允许地方社会的中间层次来组织地方社会生活。可是，这样的中间层次需要有权势才能完成这项组织功能。有权势的中间层次完成了对于乡村和地方生活的组织，可以说是在帮助国家完成地方治理。然而，这样的中间层次也能构成对国家上层的威胁。在经济上，它们吸纳逃亡的户口，与国家争夺税源；在政治上，它们又以势力抗衡权力。怎么样才能既利用中间层次实现地方治理，又避免它们在经济上和政治上的威胁呢？这就构成了传统中国治理过程中的基本矛盾。

（2）生活秩序的脆弱性。

百姓过日子是充满风险的，说清楚这一点，有助于我们理解传统社会治理的难度。西汉时期的辩士徐乐曾经为汉武帝辨析过王朝危机的两种模式：土崩和瓦解。土崩指的是如同陈胜吴广起义这一类，瓦解指的是诸侯国反叛这一类。他的看法是，“天下之患，在于土崩，不在瓦解，古今一也”（《汉书：

卷六十四上·严朱吾丘主父徐严终王贾传第三十四上》)，土崩的原因在于“民困而主不恤，下怨而上不知，俗已乱而政不修”(《汉书：卷六十四上·严朱吾丘主父徐严终王贾传第三十四上》)。换句话说，如果仅仅是政治上层建筑出现了问题，那未必就是根本的危机；如果是百姓的日子过不下去了，有人登高一呼，就可能成为真正的危险。导致民困、下怨和俗乱的，既有统治阶级的剥削和错误，也有生活秩序本身的脆弱性。即使在比较安定的环境下，百姓的日子也会面对以下六种困境：

第一，人地比例关系自然地趋于紧张，人没有足够的生活来源。在生产力发展缓慢的情况下，如果允许人民自由婚配和生育，并且允许百姓在继承问题上实行诸子均分，就注定会出现人满为患的困境。君王爱长子，百姓爱幺儿。诸子均分其实是顺乎人情的，长子继承制的结果是其他儿子和诸多女子的生而无望。顺乎人情的结果却带来了家庭的不可持续，不仅在人地比例关系上如此，在其他财产继承上同样如此。孟子曾说，“君子之泽五世而斩，小人之泽五世而斩”，后来的人常说“富不过三代”。所以，中国人的家庭在经济基础上是内在地不稳定的。人地比例关系在中国经济史上是最核心的关系，它解释了许多宏观的变革：比如中国的农业技术的发达①；再比如从以人为税基转变到以土地为税基；乃至乡村社会自治的发展，也部分因为官没有增加而百姓增多了。在微观上，它导致了以

① 一种观点强调，不是技术进步导致了人口增长，而是人口增长导致了技术进步。这个观点对黄宗智、许倬云和赵冈等经济学家产生了重要的影响。博塞拉普．农业增长的条件：人口压力下农业演变的经济学．罗煜，译．北京：法律出版社，2015.

极度的自我剥削为特征的“过密化”家庭经营。黄宗智特意将格尔茨研究印度尼西亚稻作农业时使用的“内卷化”（involution）翻译成了“过密化”，去掉了原词所具有的“自我战胜的过程”的积极意义，增加了无论如何都很难自我战胜的悲剧色彩，似乎是在寄托他的悲悯之心[①]。如果不能战胜，轻则借贷和吃草根树皮，重则乞讨、流亡、早夭、溺婴，将自己贱卖，最不能回顾的莫过于人相食。

人地比例关系的日趋紧张，是人类每个地区和人类整体面临的共同情境，对人口的抑制是一种十分古老的实践。马尔萨斯的《人口原理》区分了两种抑制方式：预防性抑制和现实性抑制。前者存在于西方，通过限制婚姻来抑制人口，是理性的；后者是人口的无节制增长导致死亡率的上升，被动地抑制了人口增长，是非理性的。这种认识建立了看待中国人生育行为的主流看法——一种无节制的冲动——直到李中清和王丰在2000年出版了《人类的四分之一：马尔萨斯的神话与中国的现实》才有所改变[②]。在这本书中，作者用翔实的数据论证了中国人的总体生育率并没有明显地高于欧洲，这是中国人的三种预防性的人口抑制机制的结果：晚生、早停以及生育间隔长。而且，和欧洲的个人限制不同，中国的生育控制是一套复

---

① 黄宗智．长江三角洲小农家庭与乡村发展．北京：中华书局，1992. 在这本书中，黄宗智区分了“密集化”与“过密化”，认为密集化条件下劳动生产率保持不变，而过密化条件下劳动生产率边际下降。格尔茨的原文参见：GEERTZ C. Agricultural involution：the process of ecological change in Indonesia. Berkeley：University of California Press，1963：80。

② 李中清，王丰．人类的四分之一：马尔萨斯的神话与中国的现实．陈卫，姚远，译．北京：生活·读书·新知三联书店，2000.

杂的集体主义的社会机制，家庭和国家都参与其中。尤其是，家庭或家族要考虑如何提升整体的生存概率，就会在家庭或家族内部进行人口抑制，包括溺婴，也因此降低了男性的结婚概率。中国人的伦理又严格控制非婚生育现象，国家的户籍控制和教化制度也帮助家族实现了对于男女生育行为的管教。总之，中国社会在进入现代社会之前就已经能够养活 4 亿人口，这不能认为是一个自然而然的过程。

第二，家庭并不是一个完整自足的生产经营单位。农民和农奴相比，有着更多的自由，在处置自己的人身自由、生产资料和安排生产经营活动方面有更多的自主权。然而，农民也要承担自由带来的代价。他们必须自己去解决由于专业化分工产生的协调困难问题，更要去面对由于社会分工不足和家庭能力也不足时的协调困境。前者比如买卖过程，后者比如要请人帮忙或请求其他帮助。家庭生产经营非常需要邻里合作，需要得到信贷支持，或者需要采取更大范围的集体行动解决水利问题等。这些行动不仅彰显了社区团结的价值，也突出了地方权势之家的重要性。

王安石在变法过程中曾有一首诗，写的是政府要从哪些方面替代兼并势力的社会功能，题为《寓言》①：婚丧孰不供，贷钱免尔萦。耕收孰不给，倾粟助之生。物赢我收之，物窘出使营。后世不务此，区区挫兼并。意译过来是：如果有人在婚丧嫁娶的时候缺钱用，政府就借钱给他，免得他烦恼；如果有

---

① 邓广铭．北宋政治改革家王安石．北京：生活·读书·新知三联书店，2017：83.

人在青黄不接的时候没有粮食吃，政府就借给他粮食，帮他渡过难关。市面上货物多的时候，政府买下来；货物少的时候，政府派人卖出来。后世的人不做这些事情，怎么能搞好抑制兼并的事情。言下之意，看上去政府没有采取措施直接限制富人的土地规模，但是政府改革所实施的青苗法、均输法和市易法都蕴含了抑制兼并的意图。由于小农家庭其实不能独立经营，兼并之家客观上就发挥了一定的社会功能；如果不能在功能上替代兼并之家，却要贸然地抑制兼并，反而会带来社会混乱。这也是两汉之间王莽简单粗暴地抑制兼并留下的教训。

第三，自由小农的社区整合力度不够，人际关系中容易发生纠纷，且难以化解。晚清时期在华北传教的美国传教士明恩溥写过两本专门研究中国文化的书——《中国人德行》和《中国的乡村生活》，这两本书中都有专门的章节研究中国人容易发生纠纷的特点。在第一本书中，他把这些纠纷称为“社会台风”（social typhoons）。他说：“像在中国这样人口无比稠密的国家中，人口众多的家庭挤住在狭窄的住所里，不可能不经常引起争吵。”这种争吵通常和高声侮辱对方的整个家族联系在一起，以折损对方的面子为目的，一般会有人来调解；如果调解不成功，没有消气，就可能打官司。在第二本书中，他说：“在每一个中国人的生活中，没有哪一天他的安宁、富足，也许还有生命，不会受到一些纠纷的威胁。”他归结为中国家庭中的人际关系并非那么有序，实际上难以平衡和不稳定，很容易发生吵架。这种吵架常常是突然的、猛烈的和公开的，然后就引来了和事佬[1]。

这种缺憾在很大程度上是小农式自由的辩证性后果，这种自由会导致不团结，可是，部分是由于土地缺乏，大家的居所又太近。不团结意味着缺少一个以之为核心的权威，这对于中国社会的基层秩序来说是一个严重的问题。理论上来说，基层社会的秩序或者社区内的秩序并不一定非得有一个核心人物，如果有人人遵守的规范也可以调解行为。宗教是最有力的社会规范，然而，中国社会却是伦理本位的，“以道德代宗教”“以伦理组织社会”[2]，其优点是尊重人的自由，缺点就是散漫。这种伦理本位是与小农分散经营状态联系在一起的文化模式，它不会出现在严苛的欧洲庄园制或者日本农奴制村庄中。近来，国际上的学者开始怀疑中国社会是一个“好讼”而非“无讼”的社会，好讼的程度可以和美国相比。

根据重庆巴县的清代档案，日本学者夫马进统计了自乾隆朝至光绪朝 173 年的 108 368 件案件，看到一个明显的案件数量逐年上升趋势。乾隆朝每年的案件数是 68 件，光绪朝每年的案件数达到了 1 358 件（当时全县约 20 万户）[3]。仅从数量来看，这个数量要远多于同时期的苏州地区。夫马进自己也认为巴县的代表性可能不足。巴县的管辖范围包括了重庆城的城乡接合部，是矛盾多发地区，其人口从 1812 年到 1910 年增长

---

① 史密斯．中国人德行．张梦阳，王丽娟，译．北京：新世界出版社，2005：132－137；明恩溥．中国的乡村生活．陈午晴，唐军，译．北京：电子工业出版社，2012. 在这两本书中，Arthur H. Smith 有两种不同的译名。

② 梁漱溟．中国文化要义．上海：上海人民出版社，2005.

③ 根据《中国统计年鉴》，2020 年时，全国平均每县级政区有约 17 万家庭户，平均每个县级法院每年受理案件超过 5 000 件。

了 350%，这与苏州地区在太平天国时期遭受的重创不可相比，所以，费孝通在人地比例关系宽松的江苏吴县看到的是无讼，而夫马进在人满为患的巴县看到的却是好讼。但是，夫马进反复强调，所谓无讼，也可能是因为朝廷上下都倾向于限制诉讼，对于诉讼普遍采取了能不受理就不受理的消极态度，而不是因为民间没有矛盾。夫马进再往前追溯到宋代、唐代和汉代，认为当时都存在好讼的证据或迹象，标准是每天 100 户中有一户参与到诉讼中来①。而且，这里统计的还只是告到官府的纠纷，其他化解或者堵塞在乡里的纠纷可能还有很多。夫马进还注意到，中国的衙门处理的大量案件属于缠讼，许多情节显得十分非理性，而且不尊重衙门；从一些诉讼发生的原因来看，也是中国社会普遍的结构性问题。

夫马进给中国社会扣上的“好讼”帽子可能令人不适应，但他不过是从一个特别的角度揭示了治理中国社会的难度。这也符合我们的生活常识：中国人很难组织。黄仁宇对这一点的体会非常深，在抗战结束之后，他和另外一个同事曾经指挥了整整一个日本师团 30 多天，指挥他们修理沪杭公路，这个师团有 15 000 人。他设想，如果是让他指挥一个连或一个排的中国兵，“我都很费气力，因为他们一定要同我讲理由”②。白德瑞利用夫马进也用到的巴县档案研究了清代县衙的书吏与差役，他们是传统社会中形象最差的公务人员，被认为是社会潜

① 夫马进．中国诉讼社会史研究．范愉，赵晶，等译．杭州：浙江大学出版社，2019.

② 黄仁宇．我相信中国的前途．北京：中华书局，2015：181.

规则的集大成者。他的研究发现，即便是这个群体也不是没有规范的，在教化的涵化之下，也有其“非正式的正当性”①。同样是基于巴县档案的这两项研究的结论中有一些重要的分歧，但也可以说它们研究了不同的事情，得出了互补的结论：正因为如此好讲理由，那就需要用讲理由的方式来对待。

第四，如何面对地方势力的欺压。在纷纷扰扰的生活事件之下，有着相对稳定的社会结构。人与人之间有贫富差别，还有强弱之分和高低不同。对于社区生活来说，这种强弱与高低要比贫富差别更能给人带来切身感受。即使是同样的贫富，在强弱上也可以有很大的不同，比如，一个有五个成年儿子的家庭相比一个只有一个儿子且没有能干女婿的家庭，在气势上可能是压倒性的。这种社区内的人际比较是宏观的社会结构分析，比如社会阶层分析所照顾不到的。也就是说，在熟人社会尤其是社区中会存在一个“势力分层”，在陌生人之间就没有这种相对剥夺或者相对矮化的感受。前面提到过，翟学伟用“个人地位”这个词来表述一个人的社会重要性。这个提法的要点在于，每个人的地位都属于自己，它未必以群体或者分层的形式出现。这个提法在学理上更准确，但不如势力分层更有现场感。

今天的年轻一代难以想象传统乡村社会的生活状态，因为今天的乡村社会已经不是完整的社会系统。在城市的郊区，年轻人都进城了，家庭矛盾大大缓解；社区中的精英分子和混混们都离开了老家，不太在乎老家里那些边边角角的利益。在很

---

① 白德瑞．爪牙：清代县衙的书吏与差役．尤陈俊，赖骏楠，译．桂林：广西师范大学出版社，2021.

乡村庄里，村两委干部就是蹲守在村里的最有能耐和最有面子的人。如果让时光倒转 30 年，设想这些人都留在乡下，日日夜夜住在一起，就很容易出现纠纷。笔者确信，1990 年代的乡村远远不如今天安稳和谐①。如果倒退 200 年，经济市场化还不发达，人心还比较淳朴，传统的教化也是有力的，那么清代的乡村通常也要比 1990 年代安稳和谐。但从势力分层的角度来看，清代的乡村社会与 1990 年代的乡村社会仍有基本的相似之处，与今天则大为不同。所以，我们可以借助这样一种想象的路径——进城的人退回到老家——来理解传统乡村社会中的势力分层以及由此带来的生活感受。

一个村里最有势力的人若放在整个社会里可能根本就上不了台面，比如一个里正或者保长，他在县太爷面前甚至不敢抬头。但回到村里，情况就完全不同。这样的人的人品有高有低，或者如杜赞奇所说的，随着社会转型会在保护型经纪与营利型经纪之间变换②。而且，人品是一回事，处理到具体事务的时候如何对待具体的人是另外一回事，“好人”对自己也不一定就“好”。作为普通的百姓，必须在这样的人际关系中保

---

① 这不仅出自笔者自己的生活经历，也有一些调查资料作为依据。比如，在农业农村部的全国农村固定观察点办公室的资料汇编中，除了数据资料汇编，还有调查资料汇编，其中用描述的语言概述农村社会生活的状态。笔者见到的是全国农村固定观察点办公室编的《全国农村固定观察点调查资料汇编 1988 年度》（上海市、江苏省、福建省、安徽省）。与一般学者的调研报告不同的是，这样的调查资料会对社会治理的总体形势做判断。如果用这些调查资料中描述的乡村社会治理形势和今天这些地方的乡村社会治理形势做比较，就会感到发生的变化是巨大的。

② 杜赞奇．文化、权力与国家：1900—1942 年的华北农村．王福明，译．南京：江苏人民出版社，2003.

全自己和提升自己，建构自己的个人地位或者势力，为自己的家庭争取更多的空间和更有利的位置。普通百姓的办法是不多的，但也有特点。最好是有一个比较大的且比较团结的宗亲或姻亲家族，如果没有这样的福分，就要靠自己想办法。比如，让整个家庭作为佃户依附地主或其他有势力的人家；让自己的孩子作为别人家的干儿子或干女儿，长大之后拜师傅学艺；老人加入一个宗教团体，或者家里人加入某个帮派；等等。如果家里还有人能够读书，那就有机会投靠最大的靠山。这些都还算是正道。而在电影《三峡好人》中，一个暂时住在桥洞里的老人面对来自他人的压力，撂下一句狠话：谁还没有几个烂朋友！所谓“烂朋友”，就是不三不四的人。这一句话里，包含了太多的无可奈何。

第五，国家赋役制度中的苦乐不均。赋役的均平涉及户、人和资产（主要是土地）之间的匹配。户总是安在一个聚落里，是固定不动的。但人有生死，有婚嫁，会流动；土地有买卖租赁，会因为开荒或者灾害有所增减，土地产出也会发生变化。国家对于百姓的需求既有物力，也有人力。物力可以按户征发，也可以按人头或者劳动力或者“丁”或者土地来征发；人力一般按人头来征发。既然人力和物力的征发办法的交集是按人头，那么，按人头来征发就是最简便的。而且，在土地比较多的时候，劳动力是生产力的决定性因素，以人为税基可以比较准确地掌握基本税源，即使这个劳动力不种地，也有能力贡献税收。可是，又不应该仅仅按人头来征发。比如，同样是一户五口人，年龄和性别结构是一样的，但甲户有 200 亩地，乙户只有 50 亩地。如果仅仅按人头来征发劳役与赋税，那么，即使摊到每个人头上的负担两家是一样的，但是摊到土地上时，乙户的负担也比甲户多出三倍。这也就是赵冈所说的传统赋役制度具有累退税的性质，必然导致本来贫困的家户加速破产①。如果要在按人头征发的方式下做到赋役均平，就要将土地按人头分配，这就是北魏和唐代均田制的精神。可惜，要实现土地分配的平均难度极大，土地丈量都很难完成，且不要说地块的产出之间差异很大；要想在土地均分之后继续保持平均状态，难度非常大，不需要一代人的时间，就已经出现两极分化。因此，按人头征发的做法是不可持续的。虽然不可持续，但由于用人头来掌握税基具有合理性，所以，传统中国不仅用人头（或丁）来派发劳役，还用人头（或丁）作为钱物征收的核算单位，这个做法一直延续到清代雍正时期采取了“摊丁入亩”之后才取消。

如果物力按资产总量或土地面积征发，人力按人头来征发又如何呢？这大体上就是唐代中期两税法的精神。两税法突破了倚重人头税的传统，改成注重按资产征税，越是富裕的户缴纳就越多，这就减少了累退税制的弊端；对于人口实行属地化管理，也就是按常住人口收税，容许人口流动。尽管这是重大的改革，但也还有很多其他的问题没法解决。其一，仍然必须准确地掌握每户的人力和物力，这对于户籍制度的运行依然是很高的要求。特别是，由于人口数会变动，要维护这种严密的户籍制度，就要有一套人马。所以，唐代以前的乡里组织体系

---

① “每单位产量或收入所负担之总税额因土地拥有量之上升而递减。”赵冈．中国传统农村的地权分配．北京：新星出版社，2006：13.

多数时候是比较正规的，在里以上有乡，乡有乡官，是有身份和待遇的吏，后来改成了职役，也就是只有责任、没有固定身份和待遇。其二，这套体系是按照考核体系来运行的。表面上，中央政府的制度是编户齐民，但在实际运作的时候，地方政府采取只下放责任、不下放权力的“集体负责制”。地方政府要求最基层的里甲长或保甲长或者任何本村收税的负责人按期将税交上来，并且运输到位。这个负责人是轮流担任的，可能会首选大户。由于是轮流担任，负责人只有责任、没有权力，因此这种模式并不是日本式的封建制的编村齐民。这不仅仅是一个费力的苦差，而且要为欠缴户垫付，实际上容易导致负责人倾家荡产，甚至逃亡。其三，乡村中总有些可以逃脱赋役负担的豪强大户或者得到朝廷允许免除赋役负担的户。这些特权户的存在直接干扰了赋役均平，会吸引自耕农依附到名下。自耕农把自己的土地送给特权户，向特权户交租，这个租的负担可能比赋役总负担要“划算”，而且减少了胥吏的侵扰。其四，由于治理能力有限，某个里甲或者村庄的总负担并不会随着本里甲或村落的人口与土地的增减做出及时和准确的调整，而是会长期保持不变，至少是滞后。结果，负担较重的聚落就会发生家户的逃亡，或者自动归到有能力逃税的豪强大户的名下，而越是逃亡和依附，滞留户的负担越重，直至整村整里消失。其五，国家的赋役负担本身是不断增加的，增强了逃亡和依附的倾向。

明中期的“一条鞭法”和清代的摊丁入亩采取了仅仅按照土地面积来征收赋役的做法。它最直接的好处有三点：其一，户籍控制和资产清查的必要性降低了。虽然说土地并不是创造财富的唯一来源，仅仅按土地面积征税较之以前是粗放了，但此举更加好操作。其二，迫使地方政府集中精力对付有地的大户，而不会由于欺软怕硬，有意无意地和大户一起把负担转嫁给小户。清代政府还取消了豁免有功名的家庭的赋役的做法，也就使得投靠权势之家的好处减少了。其三，没有土地就不用缴纳农业税费，客观上鼓励无地人口经营工商业，增加政府工商税。那么，政府怎么解决对于人力的需求问题呢？显然，对全体百姓搞轮流派役的老办法就被放弃了。因此，仅仅按照土地面积来征收赋役，是以赋税和劳役的合并，且都实行货币化征收为前提的，政府收到钱之后去雇用闲散人员或专业人员。因此，摊丁入亩和赋役货币化一定是经济生活市场化发展到一定程度后才可能出现的变革。货币化征收相比实物征收的一大好处是运输大大简便了，这本来也是人民的重要劳役。按土地收税，同时采取雇役制度，大大地减少了对农民的人身控制。

摊丁入亩消除了累退税的弊端，也减少了户口的隐匿，减少了胥吏腐败的机会，大大地减少了对农民的人身控制，可以说是真正的德政，也明显地改变了明中期以后的社会形态。但是，由于朝廷的运行成本越来越高，开销越来越大，税外之税和费逐渐增加，即使赋役均平，人民也是不堪重负。何况，再好的制度设计，如果不能真正阻止官吏的腐败，在运行中还是会出现不公平。这在改革开放以来的农民负担问题上表现得非常明显。改革开放以来，应该说基本不存在赋役不均的问题了，但依然发生了严重的负担过重的问题。最后的解决办法是彻底取消了收了几千年的农业税。由于税外之费是搭车收费的——搭国家的农业税之车收地方与乡村之费，因此，取消农业税就无车可搭了。然后，国家又加大力度监管农民负担问题，这才算是解决了问题。但从国家治理能力的角度来说，这是用工商业发展带来的财政收入遮蔽了乡村社会治理能力的缺陷。

第六，自然灾害的威胁。农耕靠天吃饭，对于自然灾害十分敏感，而小农家庭和社区的抗灾能力很弱。中国是一个自然灾害比较频繁的国家。竺可桢统计，我国农耕地区 18 个省从公元 1 世纪到 19 世纪，有记录的水灾 658 起、旱灾 1 013 起。邓云特（邓拓）统计，从公元前 1766 年到公元 1937 年的 3 703 年间我国共有灾害 5 168 起，平均每 6 个多月就有一起。华洋义赈会的欧洲人马罗利称中国是“饥荒之国度”①。历代的天灾总体上是不断增加的，汉代的时候每年的天灾不到 100 起，到了清代达 500 起左右。在金观涛和刘青峰看来，这与人口的增加对于自然界的破坏招致了自然界的报复有关②。其实，这也与治理不力有关。魏丕信研究了 18 世纪的清代政府救荒能力，对它做出了高度的评价；但是，进入 19 世纪以后，随着人口增加导致的农业剩余的减少，以及官僚体系本身的腐化，政府救荒能力也就一落千丈③。伴随着政府治理能力下降的，是无数百姓的命运遭遇了更大的不确定性。

（3）传统治理体系的功能。

以上分析是为了说明一个基本的道理：小农家庭和农奴相

---

① 邓云特．中国救荒史．北京：商务印书馆，1993：1，50－51．

② 金观涛，刘青峰．兴盛与危机：论中国社会超稳定结构：2010 年版．北京：法律出版社，2011：256．

③ 魏丕信．18 世纪中国的官僚制度与荒政．徐建青，译．南京：江苏人民出版社，2003：257－264．关于清代前期的救荒能力，还可以参见：和卫国．道义与政治：乾隆朝常平积贮养民研究．北京：中国社会科学出版社，2021。关于清代后期政府在救荒上的无能，可以参见：康沛竹．灾荒与晚清政治．北京：北京大学出版社，2002。

比有更多的自由，但也有与这种自由伴随的困难。这些困难有的来自自然界，有的来自人与自然的关系，有的来自家庭经营制度，有的来自社区，有的来自更大的社会系统，有的直接出自体制或政府自身。要解决这些困难，需要得到家庭之外包括政府的帮助。

传统中国的政府在社会治理方面能够做的事情可以概括为六个方面：管理、汲取、教化、动员、服务和发展。管理主要是和基层治理体系的设置、户籍制度以及户籍管控、司法、社会治安和维稳、市场管理、国家专营事务等功能联系在一起；汲取主要指的是征收赋税；教化通过多种渠道进行，最具体的是学校教育、纠纷调解以及道德宣讲；动员主要指的是各种役的征发，包括兵役、力役和比较高级的职役，以及各种杂役；服务的功能在传统社会是比较少的，最常见的是与防灾救灾相关的事务，包括地方粮仓的建设，应该也有邮政；发展主要指的是促进生产力发展的措施，比如组织生产、督促农事、兴修水利、推广良种或者其他促进工商业发展的措施①。前面三项

---

① 这里说的“发展”一词，是用今天的词语来理解传统国家的功能。实际上，今天的“发展”一词具有一种进化论的意味，传统的相关事务显然没有这种意味，这里的借用仅仅是“就事论事”，并不赋予它进化论的内涵。一般人会认为传统中国的农民经济是自组织的，国家对于生产力发展的作用不大。所以，一般说到基层组织的职能，就是三条——治安、赋役和教化，但实际上，组织生产一直都是基层组织的基本职能。越是国家动员能力强大的时期，这项职能可能就越是有力量，因为这符合国家的需要。田昌五和臧知非在描述战国乡里制度的职能时，就列举了四种：司法、户籍和赋役、组织生产和督促农事、教化和祭祀。田昌五，臧知非．周秦社会结构研究．西安：西北大学出版社，1996：210－214．萧公权则将晚清乡村控制的内容概括为治安监控、乡村税收、饥荒控制和思想控制，其中饥荒控制就是救灾救荒。在他看来，救荒是控制；在笔者看来，它首先是一种服务。萧公权．中国乡村：19世纪的帝国控制．张皓，张升，译．北京：九州出版社，2018.

更多地和整合功能有关，后面三项具有更多的发展内涵。即使是动员，也是在促进治理体系的运转，或者完成某种公共工程。在明清以前尤其是清代以前，前面四项功能占了主导：所谓的赋役、刑名和教化，其中的赋役涉及汲取和动员，相关的户籍制度和组织及其治安维稳的功能属于管理，教化涉及的方面很多。在清代有所不同，由于人与自然的关系急剧恶化，防灾救灾的工作被提到很高的位置，晚清则开始推动了政府功能的全面革新。

总的来说，传统中国的政府并非“不必要的恶”，而是“必要的恶”与“必要的善”的混合体。汉代从马上打天下到下马治天下的转型，是国家对于民生责任的一次自觉，从此，中国的皇帝都要把民生挂在嘴上。但天地物产有限，上层建筑和人民的利益总是会发生冲突，如何兼顾两方面，或者在其实不可能兼顾的困窘中尽可能地维持下去，就成了理解中国治理体系演变的基本线索。

2. 治理史的分期

治理是制度运用于社会的过程。如果仅从制度史的角度来看，似乎存在一些比较有共识的判断。比如“百代都行秦政法”是一个基本的判断，因为秦代建立了大一统的郡县制；在集权和分权的关系上，分裂割据的势力越来越弱，统一和集权的趋势越来越强，也是一个判断。从制度史的角度对封建社会或者帝制时代进行分期，是制度史研究的核心问题，不是外行可以介入的。个人的视角不同或者侧重点不同，就会有不同看法。比如，一种观点认为，唐代是帝制国家制度建设的高峰，此后的制度建设开始走下坡路。还有研究地方行政制度的学者从中央与地方的关系角度看问题，提出“两千年三循环”之说，认为在今天所说的省市县三层次上到底是采取两层次还是三层次的政府体制有过三次反复：从秦到南北朝，从隋代到宋辽金时期，然后是元明清时期①。严耕望的分期比较特别，他在分出了秦汉、魏晋南北朝、隋唐三阶段之后，将宋、元、明、清分列开来。白钢将战国以后的传统政治制度史分为六个阶段。张鸣将东周后的传统政治制度史分为六个阶段，其中分期很有特色，他对每一个阶段的国家形态都做了命名。韦庆远将秦代以后的传统政治制度史分为四个阶段②。以上学者的分期虽然有所不同，但也很有共性，比如把秦汉或明清都连在一起视为一个阶段，多数会强调宋代和此前朝代的不同。

如果从治理史的角度来看帝制时代的历史分期，会和从制度史的角度来看有所不同。社会的变迁和制度的变迁各有各的

---

① “百代都行秦政法”是毛泽东1973年写给郭沫若的一首诗中的一句，这首诗名为《七律·读〈封建论〉呈郭老》。关于统一和集权的趋势的强化，实际上是一个很广泛的共识，可以参见：胡如雷．中国封建社会形态研究．北京：生活·读书·新知三联书店，1979：407－412。关于唐代是帝制国家制度建设高峰的判断，可以参见：朱维铮．走出中世纪（增订本）．上海：复旦大学出版社，2007：22。朱维铮不仅同意侯外庐所说的封建社会到唐代安史之乱前达到高峰、此后走下坡路，而且认为封建制度的法典化过程到此时也告一段落。关于“两千年三循环”之说，出自：周振鹤．地方行政制度志．2版．上海：上海人民出版社，2010。

② 严耕望．中国政治制度史纲．上海：上海古籍出版社，2013；白钢．中国政治制度史：上、下卷．天津：天津人民出版社，2002；张鸣．中国政治制度史导论．2版．北京：中国人民大学出版社，2010；韦庆远．中国政治制度史．北京：中国人民大学出版社，1989.

逻辑，治理实践本身也有自己的逻辑。从制度史的角度来看，中央集权是不断强化的，皇帝的专制也是不断加强的；但从社会史的角度来看，农民对于权势的人身依附关系反而是不断松解的，也就是说百姓的自由是增加的。这两者之间的反差就一定要在治理体系和机制上体现出来。再比如，国家的统治经验是不断丰富的，生产力也是不断发展的，人口是断断续续地增加的，随着地理大发现传出了美洲的食物，如玉米、甘薯、花生和马铃薯，导致了明代中期以后的人口加速增长。我们应该理解，同样一个县，当人口增加了三倍，且很多是流动人口时，它对县域治理必定产生巨大的影响。所以，在后面的治理史叙事中，笔者将秦汉分开来看。虽然汉承秦制，但研究制度的实际运行和效果的时候，马上打天下和下马治天下的差别应该突出出来。也应该更加重视宋代在历史发展上的断裂性，因为宋代在社会经济史上确实是一个很大的断裂带，这对治理的影响一定很大。甚至还要强调清代和明代的差异，虽然说清承明制，但从治理史的角度来看，清代确实是中国传统社会中的一个非常特殊的时期。历史的变迁绝非直线发展的，这里说是分期，实际上是在把握大趋势中最关键的转折点，在转折之后，难免还是有回流。

其中，存在两种治理模式的交替现象。中国这么大，不可能指望将一种治理模式贯彻全局，而且代代不变。中国的国家属性具有两重性：既是天下，也是国家①。天下意味着松散的

---

① 赵汀阳．惠此中国：作为一个神性概念的中国．北京：中信出版社，2016.

控制，而国家意味着高度的政治一体化，这种两重性总是要用各种方式表达自己。最著名的表达是封建制和郡县制之间的竞争。一般我们认为秦代以后的封建制基本是微不足道的，但是，如果将"封建"理解为更加允许地方自治力量发挥作用，就会看到：在中央和边缘之间的封建性是有差异的，在边缘地区更有封建色彩；在南北地区也有差异，在富庶的江南，地方势力有更大的能量；在一个朝代之内，前后期的差异可以非常大。但是，封建制或郡县制本身是一种国家制度的名词，将这种名词用于描述实践中的差异时，会让人感到不匹配。韩明士（Robert P. Hymes）提出了国家实践主义（state activism）和精英实践主义（elite activism）的说法，用以表示社会秩序的形成过程中的两种力量，即自上而下的和自下而上的[①]。这是对傅衣凌所说的公私两种体系或者费孝通所说的双轨政治的另一种表述，只不过更加有理论色彩。这种说法也会存在问题，比如同在中国，有的地方更有活力，有的地方更加是国家主导的，这就失去了对一个朝代的总体精神的把握。这是因为，这种表述中的国家与社会被两分了。本书主要关注的问题是上下之间的联结，这种联结过程在中国历史上虽然有以上分析的共性，但也有两种不同的倾向。这两种不同的倾向是中国治理传统中本来具有的。

在研究大一统体制的形成过程中，笔者将会区分开"城邑

---

① HYMES R P，SCHIROKAUER C. Ordering the world：approaches to state and society in Sung Dynasty China. Berkeley：University of California Press，1993.

国家”模式和“郡县国家”模式。前者指的是周代在黄河流域进行武装统一的过程中采取的依托城邑进行统治的模式，城乡分割，上下脱节，农民有更多的自治。而且，随着生产力的发展，国家越来越倚重工商业尤其是私人工商业①。后者指的是春秋战国的征战过程中，不同的国家形态相互竞争，最后是农战合一的郡县制胜出，形成了全民动员、兵农合一的模式，采取重农抑商的国策。其中的主要差异体现在国家直接动员社会的倾向上，次要差异体现在对待私人工商业的态度上。在不少历史学家那里，这个转型被称为从基于国野体系的“宗族城市国家”向基于城乡关系的“领土国家”的转型。虽然这个转型是普遍的，但是也有两种特殊情况：一是，不同国家的转型彻底程度不同。秦国的郡县制、法制和重农抑商政策是最为严格的。其他国家则较多地保留了贵族政治，也保留了私人工商业的发展空间②，这些是城市国家的遗留。二是，这个转型可以反复。在一个重农抑商的郡县制大国里，始终存在着向脱离基

---

① 需要说明的是，城邑国家模式和古希腊的城邦国家是根本不同的。城邑国家模式指的是华夏范围内的一种政权组织方式，用于描述诸多城乡关系及其背后的国家与人民的关系。城邑国家模式中的城邑是封建制天下体系或者郡县制体制的一部分，是宏大整体的一个局部；而城邦国家是属于城邦居民的，是诸多个体居民之上的一个整体。

② 对于秦国与其他国家的差异，田昌五和臧知非分析得比较清晰。看上去，秦国是一个最彻底地贯彻了法家理念的郡县制国家，最彻底地完成了从他们所说的宗君贵族臣僚制度到君主专制官僚政治制度的转变。而且，在研究中，他们非常明确地突出了工商业发展和农业的矛盾，认为战国时期的主要矛盾不是土地关系产生的矛盾，而是工商业与农业的矛盾，这就是重农抑商的政策在当时产生了巨大影响的原因。所以，我们理解后来的治理模式，也一定要考虑国家和农民的关系，一定要将是否重视商业发展作为重要的指标。田昌五，臧知非．周秦社会结构研究．西安：西北大学出版社，1996.

层的贵族政治（或后来的官僚政治）和倚重商业回潮的动力。我们也可以认为，这两种治理模式的并存是中国的天下与国家的两重性在治理上的体现。因此，郡县国家模式与城邑国家模式可以看成中国国家基因中的 X 染色体和 Y 染色体，中国的统治或治理有的时候仅仅表达成郡县国家模式，有的时候则在郡县国家模式之上增加了城邑国家模式的色彩。

传统中国的治理体系化在很大程度上是国家在一定程度上退出了农战合一的郡县国家模式，向城邑国家模式有所回归。在这个过程中，国家对基层社会的直接控制有所减弱，更加倚重工商业的发展，乃至那种普通人每家都服役、所有人丁都缴税的制度发生了松动，变成了部分人服役、部分人缴税。按照本书的提法，它使得社会基层相对于官府来说，其具象化程度降低了，或者说变模糊了。这个转向对于应对超大型社会的治理是有效的，尤其是在明清发生了人口暴涨之后。但它的缺点也很明显：微弱的基层动员能力和松散的政治一体化不能应对新型的全球化挑战。

按照这样的理解，中国的治理史首先有一个大一统体制的形成过程，在这个过程中，郡县制得以形成和推向全国。继而是秦—汉转型，也就是从秦代的军事性国家向汉代以后的常规性国家转型。国家对社会的直接控制有所减弱，从偏重法制变成礼法并重。在历次朝代更迭中，这种转型多次发生过，统治与治理的有效经验不断累积，所面对的国内外环境也在变动，因此，治理模式逐渐地出现了重要的改变。唐—宋之变是十分值得注意的，在这个转变中，出现了从郡县国家模式向城邑国家模式的转向，体现为国家对社会的直接控制明显弱化，土地私有的性质得到更深程度的确立，社会自我调节得到发展，郡县制被“体系化”了。这个转向奠定了后世治理体系的基本形态。这个转向延续了多个朝代。到了明清之际，笔者认为在这个大趋势上发生了明—清跃迁。清代是传统中国社会发展的一个巅峰，它养活的人口规模是最有力的证据；一个传统的国家如何治理空前规模的人口，它的经验和教训是富有现实意义的。晚清以来，有一个工业化时期的军事性国家的重建和再常规化的转型。对于治理体系的演变来说，在前一个大的阶段中发生了从郡县体制向郡县体系的转型；在后一个阶段发生的是从计划经济体制向市场经济体系的转型，以及相应的从高度组织化向现代治理体系的转型。

二　从郡县体制到郡县体系

作为政治制度体系中的政权组织形式，大一统郡县制的形成是中国政治史上最重要的变化，可能也是人类政治史上最重要的发明之一。大体来说，先是在西周形成了大一统的制度框架。在战争的过程中，大一统的实现形式逐渐发生了从封建制向郡县制的转型。战国时期出现了郡县制，这种郡县制自身又继续转型，完成了从诸侯国的局部郡县制到秦帝国的大一统郡县制的转型。接下来，在大一统郡县制框架中的继续转型，使得严整的制度变得多元化了，或者说郡县制被体系化了。以下叙述中有一个比较核心的问题：这种形成于战争时期的体制如何转化成一种可以长治久安的常规化国家体制？

1. 大一统郡县制及其两种模式

关于中国国家制度的起源，容易产生一些模糊的认识：或者以为到秦始皇才建立了郡县制。但其实秦始皇只是彻底地废除了封建制，以越来越成熟的郡县制来替代，秦始皇并没有创造郡县制。或者以为是秦始皇为中国确立了大一统的制度框架。但也有观点认为，周代本身就是一个大一统的制度框架，只不过比较松散，采取了分封诸侯各守其土的封建制的形式。在吴国桢看来，甚至周文王就已经采取了某种中央集权的形式①。

西周乃至尧舜时期的华夏政治体系到底是一个部落联盟还是一个国家？这是一个很有意义的问题，它与这样一个问题联系在一起：中国国家的仁政传统是怎么起源的？在学习春秋战国历史的时候，战争的残酷性和长期性令人震撼。同时，我们也会看到先秦的一些思想家——肯定是极有智慧的人——不停地向战争机器的领导人提出建议，希望他们能施行仁义。那么，这种仁义和战争之间一定有某种契合关系。这也很好理解：对外战争和对内保护是一体两面的。如果说从尧舜开始的华夏政治体系本身就是一个一致对外的联合体，那么，外部压

---

① 吴国桢．中国的传统．陈博，译．北京：东方出版社，2000：484.

力越大，它就越可能是一个国家。具体来说，有两种机制使得战争不能排斥仁义：农耕和农战①。

程念祺在解释中国国家的起源时，给出了一个别具一格的说法——他强调农耕文明的脆弱性。农耕文明和欧洲注重畜牧业的文明相比而言，具有时间和空间上的脆弱性。耕作活动的地点固定性、空间开放性和时序稳定性使得耕作活动需要在一个十分安全的环境中才能持续。只有在和平的环境中，才能踩住每一个时间点完成耕作程序，最后获得收获。可是，敌人总是存在，为此需要形成一个有效的防御共同体，让外部的“蛮夷”安稳。《尚书·尧典》写道：“食哉惟时，柔远能迩，惇德允元，而难任人，蛮夷率服。”“食哉惟时”，按时节生产才有食物。在尧舜禹、夏商时期曾经存在过大小万邦相安无事的状态，体现了这个防御共同体的有效性。这样的防御共同体及其周边关系，就是“天下”，所以，中国的政治史从一开始就有一个整体作为逻辑和历史的起点。

一旦默契和信任被破坏，就只能采取征服的手段建立秩序，用武力征服替代相互信任，一种王道的社会秩序也就无法复生。既要防御远方的敌人，也不再信任附近的邻居，必须征

① 这一套关于中国国家起源的解释，包含了中国为什么会这么大，以及这种国家内在的文明性。这一套解释和赵汀阳在《惠此中国：作为一个神性概念的中国》一书中的解释不同。赵汀阳的解释是由外而内的“漩涡”模型：中原是一块周边势力都想得到的宝地，其动机并不主要是因为物质方面或者区位因素，而是因为周边势力仰慕这里的文明。由于这个文明感化的范围越来越大，参与逐鹿中原的力量越来越多，中国也就越来越大。这里的解释注重从物质利益的角度出发，且是由内而外的。赵汀阳．惠此中国：作为一个神性概念的中国．北京：中信出版社，2016.

服他们，直到天涯海角，形成了一种基于霸道的秩序[①]。侯外庐的看法是，西周的所谓分封本质上是一种分头建设所占领地区的举动，每到一地必定要修筑城池，依托城池统治周围的乡村土著。因此，西周是一个“城市国家”[②]。考虑到“城市”这个概念的当代意义和侯外庐先生在世时已经不同（侯先生在世时，城市还是“小市”，超出城墙范围不多；今天是市管县体制，城市包含了城区之外的广大区域），所以，以下把“城市国家”改称“城邑国家”，以使得我们的理解与侯先生保持一致。随着时间的迁移，人民逐渐顺从，这种所占领地区可以成为内省，城乡关系也可以改变。对于这一点，我们从汉代的封建制向单纯郡县制的演变可以看得很清楚。封国都位于外围，这里的人民汉化不足，统治困难，需要建立自治的地方政府，时间够长之后，就实行削藩，建成单纯郡县制的国家。但是，农耕文明的时空脆弱性始终存在，我们可以从汉族面对游牧民族的百般无奈中理解到这种脆弱性。所以，无论多么强大的国家都摆脱不了最初的防御共同体的本质，它依然要自觉地保护农民，以保证农民在秋天的时候完成收获。

农耕国家在征战中，逐渐发现了最有战斗力的社会组织形式，也就是“农战合一”的体制。所谓“农战合一”的体制，是当战争手段发展到以步兵为主的时候，人数是决定性的，就要发展出全民皆兵的体制。至少在春秋时期齐国管仲就已经提

---

① 程念祺．中国古代国家规模及其组织形式//程念祺．国家力量与中国经济的历史变迁．北京：新星出版社，2006：1－32. 这种理解不妨碍认为周王与自己的诸侯之间是王道的关系。

② 侯外庐．中国古代社会史论．北京：商务印书馆，2021.

出了这个思想，商鞅通过变法将它落实下来，由此形成了后来的郡县制。这个很明显的思路为什么在别的国家就不能彻底地推行呢？因为还有和农战竞争的国家战略。

战国时的尉缭子曾经在秦国做过国尉，所著《尉缭子》浓缩了他们家族几代人深思熟虑的思想成果，其中《卷二·武议第八》这样说："万乘农战，千乘救守，百乘事养。农战不外索权，救守不外索助，事养不外索资。夫出不足战，入不足守者，治之以市。市者所以给战守也。万乘无千乘之助，必有百乘之市。"意思是说：最大的国家可以重视农业和对外征战，获得国际地位；小一点的国家可以取守势，实现自救自守；再小的国家只能指望养活自己。如果是那种出不足战、入不足守的小国家，就要注重发展商业，通过商业帮助自己维持生存。但是，即使是万乘之国，不必指望别人来救，也要注意发展类似小国的那种商业。尉缭子这段话讲清楚了在极端危险的环境中，国家的生存战略的选择原则。大国有条件采取农战结合的方针，同时适度地发展商业进行辅助。

这里的猜想是，尉缭子所谓的千乘国家和百乘国家的生存策略其实是更为传统的城邑国家模式，它延续了西周早期形成的城邑国家的生存模式：贵族依托城市统治周围乡村，不仅垄断暴力，还控制商业，阶级壁垒森严。城里的"国人"有受教育的权利，接受军事训练，并应召入伍；郊野的"野人"通过井田制为国家种地，提供的是劳役，没有受教育和从军的权利①。所谓大国农战，也就是后来被称为郡县制的统治模式，依靠官

① 薛凤旋．中国城市及其文明的演变．2版．北京：世界图书出版公司北京公司，2015：100.

吏深度介入乡村，实行全民动员，既要组织备战也要安排生产，百姓要服兵役。全民动员如果意味着庞大的上层建筑，那么它是进行不下去的。寓兵于农，一定要伴随着寓吏于民，或者说，要寓上层建筑于基层社会中。我们可以从秦代流传下来的乡官体制和当代的人民公社体制中想见这种古老制度的大致形式。所以，郡县制的初衷就是一种严密地组织人民的体制，而不是一种“皇权不下县”的制度。这里显示出了两种统治模式或者说治理模式：一种是统治者与基层人民拉开距离的城邑国家模式；一种是上层和基层有更多融合的郡县国家模式。

在这个过程中，贵族的地位和角色逐渐发生了变化。在治理上，他们的权力被官吏替代；在战场上，步兵作战替代了贵族擅长的战车作战，作为兵源的农民就变得重要了。既然贵族在内政和战争中的地位都下降了，且他们所参与牟利的商业经营又是妨碍农战政策的，那就需要统治者进行改革，让习惯于高高在上的贵族改变自己的生活方式，学会组织人民。在如何组织人民的方式上，就有一个“仁”的问题。很现实的是，冷兵器时代的步兵作战大量消耗兵员，战争和生产的可持续性存在严重的矛盾，如果能够实行仁政，就可以防止本国人民逃亡，且能吸引逃亡人口，所以，仁政在大国农战的时代是一个理想和现实融合在一起的政策思路。

许倬云统计过，春秋时期的 294 年间，中国的“国家”之间共打了 1 211 次战役，超过 110 个政治体被消灭；战国时期打了 468 次战役，实现了统一①。这不仅仅是诸侯国之间的实

① 福山．政治秩序的起源：从前人类时代到法国大革命．毛俊杰，译．桂林：广西师范大学出版社，2014：105.

力之争，也是制度之争和规模之争。制度之争指的是比较有封建制色彩的城邑国家和农战合一的郡县制国家之间的竞争，结果是郡县制国家胜出①。由于城邑国家也是比较小的国家，而农战合一的郡县制国家规模比较大，所以，谁胜谁负也是战争时代的国家适度规模的选择问题，结果是大国战胜小国。可以说，战国时期及其结局决定了中国国家形态的走向，最终形成了重农抑商的大一统郡县制国家。这种国家形态的基本问题是，郡县制的运行成本远高于封建制的运行成本，规模越大，成本就越高。作为战争机器，通过掠夺别人可以养活自己；一旦占领全域，无可掠夺，问题就暴露出来。

秦代大一统的郡县制和战国时期的各诸侯国的郡县制有所不同，它可以说是军事性国家的一种极致状态。其中的差别可以归纳为三点：一是，全面设郡县，基本没有封国，虽有封侯，但列侯食邑不治民，仅从中收取租税，从而不仅在局部废除了封建制，也一度在整个华夏地区彻底取消了封建制。所以，吕思勉说："世每称秦人废封建，行郡县，其说误也。废封建是一事，行郡县又是一事。郡县之制，战国以前，早已有之，已见前。惟尽废封建，确自秦始。故谓秦人行郡县，不如谓秦人废封建之为得当也。"② 二是，郡县制度更加严密。秦

① 许倬云在《汉代农业：中国农业经济的起源及特性》一书中提出的问题是：这种小农经济的文明如何彻底地替代城邑国家的可能性？许倬云．汉代农业：中国农业经济的起源及特性．王勇，译．桂林：广西师范大学出版社，2005. 同时被决定的是，城市的性质从殖民地根据地变成了郡县制的首府所在地，既控制地方又服务地方，由此形成了中国特殊的城市传统。薛凤旋．中国城市及其文明的演变．2版．北京：世界图书出版公司北京公司，2015.

② 吕思勉．中国社会史．上海：上海古籍出版社，2007：310－311.

代实行了最为严密的户籍控制和社会管理制度，国家对农户实行户籍按比制度，商鞅变法将所有居民都编入什伍组织中，实行什伍连坐①。以至于商鞅自己逃亡时，都无人敢收留他。秦统一华夏之后，低估了统治边远地区的难度，将秦国的治理模式推行全国，结果引发了其他地区人民的不适应，相对散漫的楚地人民尤其不适应。秦国按照诸侯国的方式向全国征发劳役，不顾农时，不惜民力；楚地处于南方，楚人尤其不堪忍受。这是楚人陈胜、吴广揭竿而起的特殊原因②。三是，战国时期，其他诸侯国的农战改革不如秦国彻底，多少保留了城邑国家模式，以城市为中心、搞城乡分割的成分多，以乡村为中心、客观上城乡一体的成分少。侯外庐注意到："商鞅变法，废封建，置郡县，实际内容却是废除西周以来城市和农村的关系，开始建立以农村为出发点的封建制的萌芽。"③

2. 秦—汉转型：郡县制的儒家化

虽然说"百代都行秦政法"，但制度终究会变化。秦代国祚太短，只有 15 年，秦汉体制上的连续性又十分明显，所谓汉承秦制，后人论述中国政治制度史时常常是秦汉并称。只有

① 宋昌斌．中国户籍制度史．西安：三秦出版社，2016：276.

② 陈苏镇对秦代统一之后各地人民接受秦国体制的适应性做了细致和精彩的分析。陈苏镇．《春秋》与"汉道"：两汉政治与政治文化研究．2 版．北京：中华书局，2020.

③ 侯外庐．我对中国社会史的研究．历史研究，1984（3）．这里说的封建制指的是秦代以后中国称为封建社会意义上的封建制，而不是商鞅所废的周代封建的制度。

15 年历史的大一统秦朝无疑既是过去战国时代的大总结，也是以后两千年郡县制中国的大起点。历史学家在划分奴隶社会和封建社会的分期时，通常会把秦代划给了封建社会。可是，在实际治理方法上，秦代与此后的各个王朝的差别也很明显。它严厉打击后来作为主流意识形态的儒家思想，严刑苛法，赋役极重，尤其是按人头收税，人民极不自由，奴隶社会气息十分浓厚。而且，南伐百越，北击匈奴，大修长城，总体上还处于战争状态，是一个彻底的军国主义国家。从治理史的角度来看，应该将从军事性国家向常规性国家的转型过程打开来看，这样打开之后，秦汉的差异就很明显：相比军事化的秦代，汉代的中国是一个常规性郡县制国家。

从常理出发，秦始皇本人必有将国家常规化的计划。数百年的战乱当“定于一”，这是孟子时代就有的答案。嬴政终于看到了曙光，他应该是思虑已久了，所谓“始皇帝”之称也就是一个万世一系大计划的宣告。可惜他只活了 50 岁，壮志未酬。

无论如何，汉代确实是承接了秦代应该完成但没有来得及完成的任务，这个任务也就是通常所说的：从马上打天下转到下马治天下。汉承秦制是汉代制度的基本底色，在这个底色之上，汉代体制和机制的新意体现在方方面面。可以说，汉代展示了中国郡县制的一种更为现实的可持续的形态。如果用流行的意识形态定论来表述，秦代的大一统郡县制是比较彻底的法家郡县制，而汉代的意识形态从秦代纯粹的法家转向了儒法兼用，一度还侧重道家。指导思想的改变也体现在大政方针上。所以说，这个常规性郡县制国家是一种不同以往的儒法郡县制国家。所谓儒法郡县制有三个基本内容：

（1）封建制的回潮。

毕竟，从封建制向郡县制的演进已经发生了几百年。可以借用道家的语言来描述这次回潮：反者道之动，称为“封建制的反动”。不过，经过吴王刘濞之乱，汉景帝把藩国一切官吏的任免权都收归朝廷，同时又把藩国的官吏大加裁减，把丞相改称相。经过这次革新，诸侯王名为藩王，实际上成了食禄的闲员，其藩国成了中央的郡县。一方面是分封制的先复后废，另一方面是出现了事实上的地方分权。行政区划从汉初高祖时期的天下 15 郡，演变到汉景帝时期的 68 郡、国，再到汉武帝时期的 108 郡、国。郡的增加产生了郡上分州设刺史的需求。郡、国的增加和州的设置，本意是为了强化中央集权，却意外地使得央地关系从内重外轻逐渐转到外重内轻，“外重”就是地方坐大，“内轻”即中央权威的相对弱化。一直等到宋代，才彻底建立了内重外轻的格局。秦—汉转型的另一个重要体现是法家注重的刑罚变得温和一些了。秦国治国过于倚重刑罚，所以“秦法繁于秋荼，而网密于凝脂”，而且大量使用肉刑，如脸上刻字、割掉鼻子、切脚趾头、宫刑等。这些刑罚固然非常有威慑力，但也破坏生产力，不利于罪犯改过自新。汉文帝的时候（公元前 167 年），山东太仓令淳于意犯了罪，要被处肉刑。他的小女儿心疼父亲，就随父进京，到长安后给皇帝上书，说愿意以身入宫为奴婢，替父亲赎罪。汉文帝知道后很感动，借此契机，废除了存在千年的肉刑。

（2）儒家意识形态的确立。

在法家的思想逐步地和部分地被清理之后，儒家的正统意识形态地位被确立起来。在汉武帝时，董仲舒提炼的天人感应说得到皇帝认可，汉武帝甚至罢黜百家、独尊儒术。尽管我们说百代都行秦政法，法家的精神始终是最为根本的，但儒家理念的确也不是一个幌子，它构成了对专制思想的抑制。

儒家思想在政治上的经典主张是所谓仁政，它既是一种古老的政治理想，也反映了现实的需要。国家对农民的仁政是一种克服农耕文明的内在脆弱性的条件。农耕生产周期长，风险因素多，需要长年稳定的社会和自然环境。这种环境仅仅在社区内部是提供不了的，需要得到地方性力量或者国家性力量的保护。对于汉代来说，还存在一个地方豪强势力与国家权力之间争夺的问题——他们争夺农民的剩余产品和人力。“因此，汉代国家对农民的温饱产生了强烈的兴趣。这倒不是出于某种利他主义的仁慈之心，而是因为人们意识到，一个经济上能够生存的农民阶级，是一个政治上成功的政府的社会基础。”①汉代皇帝采取了有利于民生的政策，将仁政的理念从封建制时代引入郡县制时代，从此绵延不绝。“休养生息，轻徭薄赋”，这样的政策由历史上第一个出身于平民的开国君主组建的政府来实施，也在情理之中。一旦实施，就基本上成了后来历代开国君主通行的政策。宫崎市定的观察是：“一旦在国初实行消极政策，并成为中国这样重视传统的国家的常态，如果其后没有发生极为特别的事，同样的政策便会维持下去。”② 这种传统在三千年未有之大变局后发生转型，执政党开启了另外一种

---

① 王国斌．转变的中国：历史变迁与欧洲经验的局限．李伯重，连玲玲，译．南京：江苏人民出版社，1998：82.

② 宫崎市定．宫崎市定中国史．焦堃，瞿柘如，译．杭州：浙江人民出版社，2015：99.

仁政模式，这是后话。在汉代，与治国理念的改变相适应的是，在用人的路线上也发生了重要的改变。大量的儒生通过察举、辟召和考试等制度进入政府体系，官吏队伍从“公卿皆军吏”演变到“彬彬多文学之士”，形成了传统的文吏与儒生在政府内部的共存与相争①。

在统治者采用了儒家思想作为意识形态之后，产生了一个结果，也就是“家国同构”。关于家国同构指的是什么，有一些不同的理解。基本上，它指的是在意识形态上，家庭的观念和国家的教化主张之间的一致性，尤其是国家尊重家庭伦理中的亲亲、尊尊、长长的古老传统，以及权力关系上君臣与父子之间的相似性。还可以延伸地说，是国家直接面对每家每户，不必假手于中间势力。这种尊重普通百姓的家庭伦理的社会和高高在上的贵族封建制国家就有了本质上的不同，梁漱溟称之为“伦理社会”，不同于那种只讲死板的规矩的封建社会。他认为，这种以伦理替代了封建的伦理社会的新秩序形成于西汉②。

（3）儒法共治的乡村控制体系。

一般认为，汉代也延续了早期郡县制国家将权力延伸到社会最基层的能力。到东汉时期的公元140—153年，全国有99个郡、国，1 179个县，3 611个乡，12 443个亭③。在亭下还有“里”“什”“伍”等。在汉代乃至唐代中期，类似的这些名

① 卜宪群．秦汉官僚制度．北京：社会科学文献出版社，2002.

② 梁漱溟．中国文化要义．上海：上海人民出版社，2005：104.

③ 芬纳．统治史（卷一）：古代的王权和帝国：从苏美尔到罗马（修订版）．王震，马百亮，译．2版．上海：华东师范大学出版社，2014：527.

词代表的并不仅仅是统治者的设想，而且是一个相当真实的正规化的社会控制体系。

《汉书·百官公卿表》写道："百石以下有斗食、佐史之秩，是为少吏。大率十里一亭，亭有长。十亭一乡，乡有三老、有秩、啬夫、游徼。三老掌教化。啬夫职听讼，收赋税。游徼徼循禁贼盗。"《后汉书·志·百官五》本注对此做了解释："有秩，郡所署，秩百石，掌一乡人；其乡小者，县置啬夫一人。皆主知民善恶，为役先后，知民贫富，为赋多少，平其差品。……又有乡佐，属乡，主民收赋税。亭有亭长，以禁盗贼。本注曰：亭长，主求捕盗贼，承望都尉。里有里魁，民有什伍，善恶以告。本注曰：里魁掌一里百家。什主十家，伍主五家，以相检察。民有善事恶事，以告监官。"

《汉书·百官公卿表》记录了西汉平帝始元年间全国共有县级区划如县、道、国、邑数 1 587，乡数 6 623，户数 12 233 062，平均每县级区划有 4～5 个乡，每乡有 1 847 户左右。应该注意的是，这些基层的负责人本身都是乡举里选出来的，他们本身就是当地人。他们的国家身份意味有多浓厚呢？

所引文献中很关键的一句是"秩百石"，意思是有秩一年的俸禄是 100 石粮食，所以我们且认为至少有秩是个"拿工资"的正规干部。这里的 100 石应该是没有加工的谷。汉代的"石"分为大石和小石，大石为汉制 120 斤（相当于今天的 60 斤）；小石为大石的 3/5，即汉制 72 斤（今制 36 斤）。笔者不清楚汉代有秩一年的 100 石是大石还是小石。杨作龙讨论了汉代一个人的口粮，提到很多种不同的记录，其中说到汉代一般成人月用粮食 2 大石，或者 3.33 小石；那么一年用粮是 24 大石或者 39.96 小石，这都是指没有加工的谷[1]。如果只考虑吃饭的话（实际上，一家人正常情况不会只有一个人的收入，多少会有一些其他收入来贴补用度），汉代有秩一年的俸禄可以养活的成年人或者是 4～5 个人，或者只有 2～3 个人。如果能养活 4～5 个人，也就是能养活一个小家庭的水平。因此，“秩百石”确实是一个基层干部的收入水平。“秩百石”是东汉时期的报酬水平。有研究表明，在西汉之初，乡吏的报酬水平更高。汉初乡啬夫的待遇等级从 120～200 石不等，200 石可以养活老少一大家子的人，这个待遇已经达到了《汉书·百官公卿表》中长吏的最低等级[2]，也就是说西汉初的这类乡官的收入曾经相当于一个比较重要的县里官吏的水平。

老百姓的生活确实也多了一些自由。这也是我们说汉代治理在“法里”之外还有一套“儒表”的重要依据[3]。比如，相比更加具有军事性的秦代，汉代的乡里制度已经大大简化。李学勤根据湖北张家山汉简和陕西秦代封泥等资料的比对，认为“秦的职官系统非常庞大复杂，汉初制度虽由之脱胎，但似已多有减省”[4]。根据出土的秦简资料，秦代乡里至少有这样的吏员身份：乡守、乡主、司空、田官、乡佐、田典、部佐、校

---

① 杨作龙．汉代大石小石考．天津社会科学，1985（6）.

② 卜宪群．秦汉之际乡里吏员杂考：以里耶秦简为中心的探讨．南都学坛，2006（1）. 此文以湖南里耶秦简为中心，对照其他秦汉简，研究了秦汉乡里建制的流变。其中提到湖北张家山汉简《秩律》上有此记载。

③ 儒法之间的成分占比在不同时期会有波动，在不同的事情上或者在不同的地区也有差异。如果觉得表里之分的说法显得压低了儒家的影响力，说是外儒内法也可以。

④ 李学勤．张家山汉简研究的几个问题．郑州大学学报（哲学社会科学版），2002（3）.

长、求盗、亭、里典、里佐、邮人等。吏员设置非常复杂，似乎反映出其科层化程度很高①。在科层化程度降低的同时，汉代也更加重视社会力量的作用，比如“三老”在汉代以前已经出现，但刘邦在决定对楚作战的时候发布的文告中提到了要在县乡设置“三老”。一般来说，纲领性的文告必须让地方百姓了解到新政的主要好处。刘邦在这个文告中提出要设置县乡“三老”，显见他对这件事情是高度重视的，这是一个布衣枭雄的长处。在一定程度上尊重社会自身的逻辑，注重教化的力量，是汉代没有重蹈秦代覆辙的重要原因②。一种后来所说的行政与自治并行的乡村双轨政治在汉代打下了基础。

说明汉代以后的国家常规化的另一个重要论题是小农经济体系的发展。一种可持续的家庭经营形态需要农副结合，多种经营，且必须依赖于农村集市的辅助，小农家庭和集市体系共同构成了小农经济体系。这并不是一种自然而然的产物，在相当大的程度上是执政者刻意追求与无心插柳的混合结果③。以至于许倬云相信：“正是在汉代，中国的统一在经过秦朝的短暂统治后得到了巩固；也是在汉代，中国文明似乎才确定了它发展的方向。”④ 汉代继承了战国时期的小农经济体系，并进一步发展了它。所谓继承之后的发展，未必就是出现了真正的制度创新，但也确实可以有巨大的改观，至少可以体现在三个

① 邹水杰．简牍所见秦汉县属吏设置及演变．中国史研究，2007（3）.

② 池田雄一．中国古代的聚落与地方行政．郑威，译．上海：复旦大学出版社，2017：20－25.

③ 许倬云．汉代农业：中国农业经济的起源及特性．王勇，译．桂林：广西师范大学出版社，2005.

④ 同③3.

方面：其一，由于战争结束，徭役大量减少，劳动力回归农业生产；其二，秦代完成了版图的基本统一，南方的开发大大提速，小农家庭经营获得了广阔的发展空间；其三，汉代尤其是西汉采取了严厉的措施打击地方豪强，这也成为后世历代的模范政策。此外还有，汉代更加注重兴修水利。

汉代奠定了后来常规性郡县制国家治国方略的典范——一个儒表法里的典范。这种儒法兼顾的治国理念被称为“汉治”或者“汉道”。于是，传统中国的基本统治模式或治理模式就在秦汉时期奠定了。

3. 唐—宋之变：郡县制的体系化

由唐而宋，中国社会形态发生了很大的变化。在高层，豪强与贵族势力大大弱化，或者可以说统治阶级内部的矛盾发生了变化，能够与权力抗衡的势力基本消亡，剩下的是依附权力的势力。在基层，随着社会流动的增加和人口规模的扩大，基层社会的容量大大扩展，国家权力向下延伸的能力却没有同步增长。结果，秦制和汉道不改，而治理模式大变。这里要说明的是，相较于唐代，宋代的版图大为缩小。然而，就整个大中国范围来说，南方的变化要比北方大得多，因此，南方代表了整个大中国社会的演变趋势，并随着南北的重新统一影响了全局。

（1）唐—宋之变的内容。

认为中国社会在唐宋之际发生了重大变化的观点，在中国很早就出现了，诸如邵雍、程颐、朱熹、陈亮、脱脱、陈邦瞻、顾炎武等人对此都有精彩论述。到了近代，梁启超、王国维、陈寅恪等人也多有论述①。贺昌群于 1947 年如此明确地说："近世中国文化，与其谓远肇于汉唐，无宁谓渊源于两宋。明清之学术思想，生活方式，皆须于两宋以来之历史与文化求之，汉唐精神，殆已消失净尽矣。"② 胡如雷也以宋为界，此前是封建社会前期，此后是后期，前后的赋役制度、土地制度、城市和商品经济发展水平、中央集权程度等方面都有明显不同。尤其是他注意到，宋代以前很少有在朝代初期就发生农民起义的，而在宋初、明初和清初都发生过严重的农民起义。甚至农民起义军的诉求也不同了，此前是反朝廷，此后是以均贫富为主。这必定是因为社会属性发生了深层次的改变③。许倬云注意到宋代与外部世界的关系的改变，国内的城乡关系中的城市化发展、社区组织从宗族到向地缘性乡社的逐步过渡、社会成员的人身自由有所增加、文化上的三教融合、人口结构的民族融合与工商业组织的企业化，等等。总之，他也认为："10 世纪以来的四五个世纪，中国地区及其周边所发生的变化，规模既大，影响也深刻，若说通盘地改变了中古以来的文化面貌与社会性质，也不为过甚其词。"④ 王家范也认为："若两千年分作两段，一般都认为在唐中叶。我看可能以宋为分界

① 妥建清，赵建保．重视内藤湖南的"宋代近世说"：以思想文化面向为中心．人文杂志，2012（4）．

② 贺昌群．唐宋间妇女地位之变异//贺昌群．贺昌群文集：第 1 卷．北京：商务印书馆，2003：346－347．

③ 胡如雷．中国封建社会形态研究．北京：生活·读书·新知三联书店，1979．

④ 许倬云．万古江河：中国历史文化的转折与开展．长沙：湖南人民出版社，2017：309．

更恰当些。唐中叶到宋建国这一段是前后过渡的中间时段。一入宋代，社会各方面的风貌迥然不同。”①

将这个变化概念化，以“唐宋变革论”的提法来突出“唐—宋之变”，是日本学者内藤湖南的首创。他在1922年的说法是：“在唐与宋的时代，一切文化生活都发生了变化。因此如果在此之外，对细微的个人生活也都加以观察的话，我敢断言，这种时代变化同样会在任何方面都有所表现。”② 他所列举的变化包括：政治上的贵族政治废弛，君主独裁政治兴起；由于这个变化，君主的位置和人民接近起来；人民的土地产权加强了；官吏通过考试等选拔制度产生，科举制度更加平民化；经济上的货币经济更加盛行；学术文艺方面也发生重要变化；等等③。

(2) 唐—宋之变的动力。

在胡如雷看来，这个巨变的主要动力有四个方面：地主土

---

① 王家范．中国历史通论．上海：华东师范大学出版社，2000：89. 其他重视唐—宋之变的历史学者还有漆侠、刘浦江、张国刚等。近期流行的《五万年中国简史》沿用了内藤湖南的“宋代近世说”，参见：姜鹏，李静．五万年中国简史：上册. 上海：文汇出版社，2020；姜鹏，李静．五万年中国简史：下册．上海：文汇出版社，2020。

② 内藤湖南．概括性的唐宋时代观//内藤湖南．东洋文化史研究．林晓光，译．上海：复旦大学出版社，2016：103－111.

③ 近期有学者指出，这种历史分期论存在重大的缺点，不应该继续坚持。有学者认为内藤湖南的分期，即将中国的历史分成古代（或上古，从太古到秦汉)、中世（或中古，后汉至五代)、近世（宋代以后）存在一种根据欧洲历史分期套裁中国历史的问题；这种研究内含一种将汉族视为纯粹中国人的看法，这种狭隘的民族观念不符合当代一般中国人的看法。但是，如果撇开这些“日本视角”带来的问题，我们也可以看到唐宋之际的社会确实发生了很大的变化。李华瑞．唐宋史研究应当翻过这一页：从多视角看“宋代近世说（唐宋变革论)”. 古代文明，2018 (1). 此文综述了日本、中国乃至国际上相关研究的进展，文献收集比较全面。

地所有制的发展和自耕农的佃农化；赋役制度的变化及地主政权同地主斗争方式的演变；城市经济及商品货币关系的发展；统一集权趋势的加强。如果配合前面的判断——“在高层，豪强与贵族势力大大弱化，或者可以说统治阶级内部的矛盾发生了变化，能够与权力抗衡的势力基本消亡，剩下的是依附权力的势力。在基层，随着社会流动的增加和人口规模的扩大，基层社会的容量大大扩展，国家权力向下延伸的能力却没有同步增长”，那么，首先要提到的是统一集权趋势的加强，然后再论其他。

帝制时代的各朝代都在不断地趋于集权化，一般认为到了宋代出现了一个集权化的飞跃。宋代集权的特点是中央对于地方的高度集权、皇帝对于大臣的高度集权、政治对于军事的高度掌控，以及将地方事务分掌在不同条线的官员手中。这些主要是政治制度的变革，发生这些变革的主要原因，在胡如雷看来，是统治经验越来越丰富。

对于社会治理来说，还必须特别重视国家对于社会的集权。地方势力的服顺是这种集权成功的主要表现。这种服顺不完全是出于皇帝对贵族的打击，甚至主要不是出于皇帝的打击，而是出于朝臣之间的内斗以及朝代更迭中的战乱，由此导致的整个权势家族的衰亡。我们从唐诗中读到不少描写世家大族或官宦之家衰亡的诗篇。“旧时王谢堂前燕，飞入寻常百姓家。”“官高何足论，不得收骨肉。世情恶衰歇，万事随转烛。”吴晗这样说：“经过甘露之祸，白马之祸，多数的著名家族被屠杀。经过长期的军阀混战，五代乱离，幸存的士族失去了庄园，流徙各地，到唐庄宗作皇帝，要选懂朝廷典故的旧族子弟作宰相都很不容易了。宋太祖太宗只好扩大进士科名额，用进士来治国，名额宽，考取容易，平民出身的进士在数量上压倒了残存的世族。”① 科举制度在唐宋之间发生的变化是细微的，但非常重要。隋唐的科举给权贵势力留下了很大的后门，比如，考生的名字没有密封，权贵的推荐会影响主考官。到了宋代，朝廷坚决推行糊名和誊录制度，彻底实现了匿名阅卷。这仅是一例，实际上，北宋采取了各种细密的方式来确保科举的公平公正②。宋代的录取数量大大多于唐代。北宋从太祖到徽宗的 166 年间，每年平均录取 205 人，这个数量被认为达到唐代的两三倍之多③。这样的结果是，晚唐列传中出身寒族的官员只占 13.8%，而宋初官员中出身寒族的比例达到 46.1%，南宋 1148 年录取的进士中出身为平民的比例达到 56.3%④。宋代还广设学校。学校和科举制度配合起来，使得耕读传家成为乡村社会中的一种理想家庭文化。科举制度对于收服人心的作用是可以理解的。一旦地方和民间的重要势力变得服顺了，国家治理的正规力量继续蹲守乡村的必要性也就降低了。

以唐代均田制的破坏为界，此前土地的国有性质浓厚，此后地主所有的成分明显。这些地主可以分为身份地主和非身份地主，但即使是身份地主，比之宋代以前的根深叶茂的世家大

---

① 吴晗．论绅权//费孝通，吴晗．皇权与绅权．长沙：岳麓书社，2012：43-49.

② 陈茂同．中国历代选官制度．上海：华东师范大学出版社，1994. 陈茂同对这些制度和机制的变革进行了细致的记录。

③ 同②201.

④ 何炳棣．明清社会史论．徐泓，译注．北京：中华书局，2019：328-329.

族也已经不是同一个层次了。租佃制度的发展可能意味着地权集中化，所以自耕农被佃农替代。与胡如雷强调所有权的私有化不同，赵冈更强调所有权尤其是实际使用权的分散化。赵冈认为，在中国的历史上，地权分配的分散化是一个长期趋势，即使在胡如雷特别重视的宋代，客户或佃户所占的比重也是逐渐下降的，从 976—987 年的 41.2％逐渐下降到 1099 年的 32.6％[①]。

在按土地财产、人丁和户搭配起来征发赋役的方法上，宋以前以按人丁和户搭配起来为主，此后以按土地财产和户搭配起来为主，也就是赋役制度有一个从税人到税地的改变。这种做法的意义体现在：对于人民来说，有利于人身自由；对于国家来说，采取了对中间势力更有力的控制方式。与中间势力争夺人力，是间接的争夺；直接针对有资产的权势人家征税，则是直接的争夺。因此，两税法之后的社会结构更加扁平化了。相比唐代，宋代的两税法更加彻底。一方面，它将资产简化到土地，对土地的优劣分等，与唐代将每家每户分成九等相比，人身控制可能减少了。另一方面，它将资产简化到土地之后，征税和派役的对象就主要变成了主户，这与唐代两税法对主户、客户一体征税也有不同。由此形成的利益流向是：农夫输于巨室，巨室输于州县[②]。对于租佃关系发达的南方来说，由此造成的社会影响无疑是巨大的，进一步形成了国家与社会关

① 赵冈．中国传统农村的地权分配．北京：新星出版社，2006.

② 胡如雷．中国封建社会形态研究．北京：生活·读书·新知三联书店，1979：397.

系的南北差异，秦晖称之为“关中模式”和“太湖模式”，前者意味着官吏直接控制农民，中间缺少地主势力①。至于后来明代的“一条鞭法”与清代的永不加赋和摊丁入亩，更加彻底地实现了赋役合一、赋役货币化和政府雇用人力，无论南北都减少了政府对百姓的人身控制。

宋代城市的发展在中国古代是一个高峰。这得益于农业生产力的大发展，比如耕地面积达到盛唐时的两倍，冶炼技术的改进促进了农具的重大革新，还有国家对商业的重视以及上层建筑的庞大。国家对商业的重视的一个体现是铸币的数量，据说宋神宗时期每年铸造铜钱的数量达到唐玄宗时期的 19 倍之多②。宋代开始大征商业税，也是一个体现③。上层建筑的庞大的典型表现是常备军的庞大——最多时候达到 125.9 万人④。他们多数驻扎在城市，促进了一种农耕时期的城市化。宋代出现了更多的大城市，而且在城市中不再严格按照规划设定市场，所谓“破墙开店”得到允许。宋代城市形态为后世做出榜样的一个关键方面，是商业性的小城镇的发展。小城镇是中国式的商业城市，它和郡县城市一起构成了中国城市形态的二元结构。小城镇作为一种亦城亦乡的聚落形态，是小农经济

① 秦晖，苏文．田园诗与狂想曲：关中模式与前近代社会的再认识．北京：中央编译出版社，1996.

② 胡如雷．中国封建社会形态研究．北京：生活・读书・新知三联书店，1979：406.

③ 对于这项政策的必要性，范仲淹有一段论证：“茶盐商税之入，但分减商人之利耳！行于商贾，未甚有害也。今国用未减，岁入不可阙，既不取之于山泽及商贾，须取之于农，与其害农，孰若取之于商贾?”翁礼华．大道之行：中国财政史．北京：经济科学出版社，2009：448.

④ 兰书臣．兵制志．上海：上海人民出版社，1998：50.

体系的重要组成部分，它为小农家庭经营提供工商业服务，因此它是小农经济发展到高级阶段的产物。据说在北宋神宗元丰年（1078—1085）间，也就是王安石改革之后的年代，宋代的小城镇达到了 18 771 个，人口达到 300 万人左右①。由于大中小城市一起发展，城市化率就比较高。按照赵冈和陈钟毅的估计，南宋时期的城市化率一度达到 22.4%，为历代最高，超过了盛唐和留有城邑国家痕迹的战国时期②。虽然史学界对于这个估计有争议，但一般认为在宋代出现了真正的城市社会，重新出现了城乡分离③。这个过程一直延续到今天，虽然中间起落很大。到 19 世纪中后期的清代，县级以上建制城市有 1 799 个，中小市镇达到 28 000 多个④。

（3）郡县制的体系化。

宋代开启了中国治理史的一个新阶段，宋及以后的王朝具有一些新的共性。如前所说，它们放弃了郡县国家的全民动员的体制，上层建筑与社会基础脱节了。相应地，属于平民的社会领域就有所放活、有所扩大。刘子健总结宋代的国家是专制的脑袋、官僚的躯干和平民的四肢⑤。这其实也符合明清时代。它们和以往最大的差别就是贵族的地位让位于普通官僚，

---

① 何一民．中国城市史．武汉：武汉大学出版社，2012：289.

② 赵冈，陈钟毅．中国经济制度史论．北京：新星出版社，2006：333－334.

③ 薛凤旋．中国城市及其文明的演变．2 版．北京：世界图书出版公司北京公司，2015.

④ 同①399.

⑤ 刘子健．中国转向内在：两宋之际的文化转向．赵冬梅，译．南京：江苏人民出版社，2012：2.

且平民的四肢更加发达了。这里提出一个郡县制的体系化的命题，是郡县制本身发生了一些变化，且与郡县制之“体”联系在一起的各种“系”也得到了发展，这总体上是一个向上集权和向下放权并存的过程。可以认为，黄宗智所提出的“集权的简约治理”①，也是在描述同一个现象。

这种向上的集权并不是彻底的，实际上，被集权的是最终决定权，而在执行中的大量的更有实际意义的权力是不太容易被集中的，它存在于实践操作过程中，只能被操作者所分享。结果，我们会看到一种广泛的非制度化，大量的权力被运用着，但是这些权力包括运用这些权力的人都没有得到朝廷的正式许可。如果按照迈克尔·曼的框架，这种最终决定权的上收，其实是一种专制的过程，它将导致基础性权力的不足。或者如杜赞奇的说法，这是一种“国家政权的内卷化”②。可是，许多非制度化的状态在宋元明清这样的朝代，是从一开始就存在的，而这些王朝往往能存在两三百年。所以，笔者不认为体系化仅仅是内卷化，在很大程度上它也是特定社会经济条件下的一种治理模式，它与隐含在中国治理传统深处的城邑国家基因联系在一起。在这种替代模式下，国家统治者选择远离基层人民。

关于向上集权的方面，在前面已经做了比较多的描述，但仍然不能穷尽。只要是政治制度，无论是哪一方面，几乎都有

① 黄宗智．集权的简约治理：中国以准官员和纠纷解决为主的半正式基层行政．开放时代，2008（2）．

② 杜赞奇．文化、权力与国家：1900—1942年的华北农村．王福明，译．南京：江苏人民出版社，2003．

一个集权程度的问题。前面列举过五种类型的集权，最终的归属是皇帝。集权如同一个水浸透墙壁的过程，可以说是无法防范的。以选官制度为例：选官制度对全国统一的科举制十分依赖；考试过程中为了防止舞弊，基本的办法就是加强集权化的管理；科举带动了学校的发展，学校的管理权如何设置；考中之后，官员任职回避制度如何安排；等等。每一个环节都可以发生集权。对于社会治理来说，集权的典型后果是强干弱枝，郡县空虚，管官之官强，管民之官弱，地方政府的行政能力弱化。在金观涛看来，这是“无组织力量”的悲剧性增长；在胡如雷看来，这是统治经验的不断丰富、越来越老到。然而，向上集权与向下放权的并存是一个怎样的过程呢？它既可能是一种无可奈何的非制度化，也可能是有意识的礼下庶人。

土地制度的私有化发展是国家制度非制度化的一个表现。之所以说这种私有化其实是非制度化，是因为中国并没有正式建立过土地私有制。国家对地权的有效控制需要国家有能力实施对地方的有效治理，然而，中央对地方的不断集权使得这种有效治理不再可能。同时，地方豪强势力的式微，也使得直接控制地权的政治意义降低了。既然不需要进行所有权上的严密控制，仍然可以确保土地上的收益权，就应该采取治理成本更低的策略，允许地权的社会占有。

如果说地权的社会占有尚且是国家允许的，官权之外的吏权的发展可能就不是这样了，胥吏通常都是各种正统言论的抨击对象。北宋真宗景德年（1004—1007）间，有官 10 000 余名；到英宗治平年（1064—1067）间，60 多年间就增加到 24 000 余名；再到哲宗元祐年间的 1088—1090 年，有官

34 000余名，20多年增加了约10 000名①。官的数量平均每年增加4%～5%。如果考虑到吏的数量，就更为惊人。英宗治平年间的吏有536 000人，哲宗元祐年间有429 000人②。这种情况应该在很多朝代都是常见的，到了清代吏比官要多很多。根据瞿同祖的记录，一个县里的主官之外可能配有10个僚属官员。洪亮吉估计，一个中等县的书吏有700～800名；衙役100名左右（如马夫需要10名左右）；长随，即县官的私人仆役5～30个不等；幕友，如常说的师爷通常有5个以上③。这样算下来，吏的数量能够达到官的数量的100倍。这还不算编外人员。王家范用乾隆时期的《吴江县志》来统计，发现选役、编役、长役和赋役四大类编外人员竟然达到10 000余人。所以，他说再也不要误以为古代的政府是如何精简了④。考虑到一个县城的人口规模是有限的，这些吏基本都居住在城内或城厢，那么，这样的县城的人口结构中很高比例都是和衙门有关的。清末有人记载，在湖北沔阳县城的居民，大半居民为衙门的书吏、差役。“州城内外，除各房书吏一百四五十家、差二百四五十家、里书块差八九百家之外，不靠衙门食饭者不满百家。城内所谓绅士者，即书差、里书、块差之父兄

① 真宗景德年间和英宗治平年间的数据出自：翁礼华．大道之行：中国财政史．北京：经济科学出版社，2009：468，472，473，676。

② 吏的数据以及哲宗元祐年间的数据出自：金观涛，刘青峰．兴盛与危机：论中国社会超稳定结构：2010年版．北京：法律出版社，2011：72。

③ 瞿同祖．清代地方政府．范忠信，等译．北京：法律出版社，2003.

④ 王家范．治官之官越来越多，而治民之官越来越少．(2015-03-15). http://www.newmotor.com.cn/html/glzwz/58072.html.

也，联为一气，只图利己，不问小民之生死利害。”[①]

胥吏的形象虽然如此之差，但他们毕竟也是宋代以后地方政府中不可或缺的庞大人群，对于应该如何中肯地理解这个人群和他们的作为，白德瑞在他的著作《爪牙：清代县衙的书吏与差役》[②] 一书中做了精彩的分析。他注意到，从宋代开始，对书吏与差役的敌意就经常见之于官员的表述。我们可以理解，政府的工作任务是不断增加的，在郡县国家里导致官逼民反的农民负担，在城邑国家里转化成地方政府和书吏、差役的“基层负担”。于是，出现了地方政府的机构膨胀，以及对百姓的索取加重。这些人不是朝廷任用的，实际上都被看成州县长官个人雇用的。可是，官员在掌控这些小吏的过程中经常遭遇困扰，因为他们能够利用自己的专业性同长官展开博弈，流传的正式出版物通常反映的是这些长官的看法，充分地展示了这群人形象的恶劣一面。白德瑞则认为，应该在这些人是地方政府运转不可或缺的一部分的前提下看问题，要看到他们的正功能；对于他们收取的陋规，要区分开哪些是维持地方政府运转所必需的，哪些既是违法的、也是违反了他们自己的内部规范的纯属谋私的行为。实际上，在第一种情况下，虽然是违法的，却是符合他们自己的内部规范的，而这些规范本身也是受到儒家伦理所指导的，因此，他们的行为具有一种“非正式的正当性”或者“非法的正当性”（illicit legitimacy）。

---

① 郑学檬．中国赋役制度史．厦门：厦门大学出版社，1994：658.

② 白德瑞．爪牙：清代县衙的书吏与差役．尤陈俊，赖骏楠，译．桂林：广西师范大学出版社，2021.

在本书对治理史的叙述框架里还可以补充这样的看法：这个群体一部分是从郡县国家模式里的乡官转变来的，隋唐废除乡官，只能由特定的职役（里正、乡书手等）来替代。“宋代是中国乡里制度发生重大转折的朝代。从这一时期开始，乡里制度由乡官制转变为职役制。”[①] 简单地说，从有待遇的干部变成了一种义务杂役。这部分人一开始由乡村里的富户充任，应役责任很大，时间很长，甚至因此破家荡业。赋役制度改革的深化，逐步使得赋役合一和货币化了，全民皆役的模式被放弃，改成由衙门雇用人手来完成衙门的各种操作性工作。这也是王安石变法中的“雇役法”或“免役法”的内容。在王安石推行变法时，苏辙等人反对它的一个理由就是，如果不用乡村里“朴鲁而少诈”的农民，这些工作就会被城里闲人得到，而这些“浮浪不根之人”不可靠[②]。事实证明，在雇役法推行之后，这些工作果然被居住在城里的有些门路的人得到，成为城里人的就业机会；当城里人来做这些事情的时候，他们对待乡下人的态度自然和从乡里出来的人很有不同，尤其是当他们必须依靠索要陋规为生的时候更是如此。在长期的磨合中，这种索要本身也形成了规范，不可能都是任意胡为的勒索。值得注意的是，雇役法偶然地造成了一种对立的城乡关系，这种对立关系和周代的城邑国家时期有相似处。总之，吏权的发达可以

---

① 赵秀玲．中国乡里制度．北京：社会科学文献出版社，1998：25. 对于乡村治理的唐—宋转型的更加细致的描述，可以参见：谷更有．唐宋国家与乡村社会．北京：中国社会科学出版社，2006。

② 邓广铭．北宋政治改革家王安石．北京：生活·读书·新知三联书店，2017：167.

理解成一种城邑国家治理模式的一个重要局部。

乡村绅士参与治理是被讨论最多的体系化现象。集权导致了“郡县空虚”，为了维持基层治理，王朝半推半就地实行了“礼下庶人”的新治理模式①。在这种治理模式下，基层社会里的自治力量的作用得到发挥，庶民宗族组织的发展得到了国家的许可，和官僚体制联系紧密的乡绅的绅权得到了增长。在这个过程中，宋明理学家们在思想上和实践上都发挥了推动作用，可以说出现了一种“宋以来乡村组织重建”②。对于这些事实，各方面的讨论已经非常多，这里暂且略过。值得另外提出的是，绅权的发展，不仅仅和上层国家的集权导致郡县空虚有关，也和城市或地方发展导致“郡县繁忙”有关。

宋代以后城市和市镇的重要性的提升，使得国家治理的重心进一步向城市和市镇转移。一个很基本的道理是政府要在城市和市镇中收税。北宋神宗十年（1077），全国有 2 100 多个商税务机构，其中 1 234 个设立在建制城市，866 个设立在大的市镇③。即使是农村集市，政府也不会放弃其中的各种杂税。为了收税，政府就要实现治理重心向城市的转移，城市人口的集中本身也是加强管理的充分理由。宋王朝开始为都城城市区域设立专门的管理机构，也就是“厢”。厢管辖城市里的坊。在一般城市，“自北宋以来，县尉名义上掌管本县城乡的

① 罗志田．地方的近世史：“郡县空虚”时代的礼下庶人与乡里社会．近代史研究，2015（5）．

② 曹锦清．宋以来乡村组织重建：历史视角下的新农村建设//曹锦清．如何研究中国（增订本）．2 版．上海：上海人民出版社，2018：3－16．

③ 赵冈，陈钟毅．中国经济制度史论．北京：新星出版社，2006：320．

‘烟火争竞公事’，其管理重心却越来越转向城市，乡村治安则更多地由广泛设置的巡检司负责”[①]。在人口聚集的城郊，也会额外配备衙役[②]。城市与乡村分别治理的模式在宋代开始形成[③]。这个分别治理的基本内涵是城市的直接治理与乡村的间接治理并存。也就是城市区域由政府直接管理，而乡村地区更多指望当地自我管理、自我服务[④]。所以，梁启超说传统中国无市自治而有乡自治[⑤]。但在同一个王朝之下，城外自治，城内却不自治，所谓的自治也不可能是梁启超期待的自治。

“郡县繁忙”与人口增加而政府区划没有增加也很有关系。西汉曾经有 1 587 个县，东汉有 1 180 个县，隋代有 1 255 个县，唐代有 1 573 个县，北宋有 1 234 个县，元代县级区划有 1 324 个，明代县级区划有 1 427 个，清代县级区划有 1 549 个[⑥]。历代的县级区划数量有波动，唐代和清代都是 1 500 多个，但其中的人口数量完全不可相比，相差数倍。施坚雅认为，由于人口的增加，唐代中期至 19 世纪，基层行政功能一

---

① 任吉东．城市化视阈下的近代华北城乡关系：1860～1937：以京津冀为中心．天津：天津社会科学院出版社，2013：65.

② 瞿同祖．清代地方政府．范忠信，等译．北京：法律出版社，2003：93.

③ 谷更有．唐宋国家与乡村社会．北京：中国社会科学出版社，2006.

④ 罗晓翔研究了明代南京的城市管理，认为即使在坊厢地区，政府的管理也很松散，因此城乡治理还是一个连续统一体。罗晓翔．明代南京的坊厢与字铺：地方行政与城市社会．中国社会经济史研究，2008（4）．即使这个看法是基本正确的，也不能否定这里提到的直接与间接的两分。这种直接与间接的区分并不需要有人专门来明确规定和维持，从今天的治理实践来看，它是十分自然的。比如，城市管理队伍，原来只管理城市区域，且由城市政府直属；近些年纷纷下沉到街道和镇，但即使到了镇，也还主要是管镇区，村域根本就管不过来，于是对村级组织进行考核，要求它们采取属地化管理，自己承担责任。

⑤ 梁启超．梁启超论中国文化史．北京：商务印书馆，2012.

⑥ 周振鹤．地方行政制度志．2 版．上海：上海人民出版社，2010：203.

直在持续地降低①。这样的结果，必定是因为政府实际管辖能力不足，各种社会力量自动填补进来。

（4）宋明理学对于治理体系的意义。

宋明时代的儒学思想家吸收了佛教和道教的思想，赋予儒家更强的修行实践能力，使得圣贤之道的“道”具体化和操作化，重建了中国知识分子对于圣贤的信心。比较特别的是，这些思想家不仅是理论家，也是实践者，内圣是实践，外王也是实践。将治理史和思想史结合起来看问题，要重视这种实践的实际意义。

蒙文通在《宋明之社会设计》一文中对于宋明思想家的思想和实践做了概述②，他的概述角度比较特别。他认为宋代的大儒和汉代的大儒不同，汉代的大儒讨论政治的事情，往往关注政治制度，而宋代的大儒更关注社会事业。在宋儒看来，政刑兵赋这样的大事很重要，但他们会认为人才更重要；或者认为钱谷兵刑这样的地方事务虽然也很重要，但自有官府去打理，所以就“谆谆于社会教养之道”。之所以要朝这个方向聚焦，是因为宋代开国皇帝定下的治国理念就是以官僚地主政策收拾数百年来糜烂之局面，所以宁可结怨于民，也不肯失欢于官。那么，明明看到种种不合理，也任由它们存在，宋代的思想家在制度上去思考也没有用处。蒙文通的这种解释恰好说明郡县制到了宋代已经不够严整。宋代的时候，一再有人批评

---

① 施坚雅．中华帝国晚期的城市．叶光庭，等译．北京：中华书局，2000：26.

② 蒙文通．宋明之社会设计//蒙文通，蒙默．蒙文通全集·儒学甄微．成都：巴蜀书社，2015：137－150.

“不立田制”“王制不立”等，然而皇帝不肯收拾。后来有王安石变法，虽对于后来有深远的影响，但在宋代却不能说是很成功的。

一般我们会从一种带有马克思主义色彩的视角看问题，认为唐宋之间的社会大变动必定要反映到宋代以及此后思想家的思想和行动中去。尤其是随着人口流动，宗法失坏，社会秩序出现了紊乱，在朝代之初就可能爆发严重的农民起义。这些情况不可能不牵动人心。曹锦清就是从这个角度来归纳宋以后的思想家对于乡村建设的贡献的。他列举了张载的《经学理窟》里的宗法篇、张载弟子吕大钧的《吕氏乡约》、朱熹投入大量精力编订的《家礼》和《古今家祭礼》，还提到朱熹对《吕氏乡约》重新加以修正和扩充，这个乡约一直流传到民国时期，被梁漱溟所用。宋儒不仅仅是著述，也有实践行动。比如，程颢在做山西晋城县令的时候就推行了“伍保”之法，要求“伍保”之内，“力役相助，患难相恤”；又大兴教育，创办了72所乡校。到了明代，思想家也有很多的实践行动，典型的如明代王阳明在江西推行了名为“十家牌法”的保甲制度，又推行《南赣乡约》促进教化。还有清代考据学派，龚自珍和冯桂芬这样的看似更容易提出新思想的人，也都致力于研究宗法制度，强调宗族的重要性①。

法家是郡县国家模式的坚持者，儒家一直在为城邑国家模式做论证。在一般的儒家思想者看来，尊重百姓生产经营的自

---

① 曹锦清．宋以来乡村组织重建：历史视角下的新农村建设//曹锦清．如何研究中国（增订本）．2版．上海：上海人民出版社，2018：3-16.

主权和地方官统领地方事务的自主权，是仁政的条件。顾炎武的折中思想是寓封建于郡县之中，也就是一种对于地方官的基于考核的有条件的长期执政。他们没有想过发挥出郡县制在社会发展方面的优势。这是后来毛泽东与梁漱溟之间争论的要点，也就是大仁政和小仁政之间的区分。这是后话了。但在当时，儒家思想的持续强化促成了越来越有深度的地方自治实践。

在上一章中，笔者提出了理解宋明理学的治理史意义的另外一个角度：既然国家要以伦理代宗教，那么，国家就要想办法维持社会伦理。亲亲、尊尊、长长的道理，是小农家庭所必需的，这是维持家庭统一经营的必要观念，其中，家长尤其是父亲的权威是关键。可是，一般而言，靠家长自己还不能很好地巩固家长的权威，哪里有压迫哪里就有反抗，家长的权威是不稳定的。这就必须得到外在的支持，这种支持如果不是出自宗教，就必须出自国家。如果社区本身的整合不是非常有力，社区也就不能构成对家长的有力支援。可是，社区的整合强度是不稳定的。进一步地，即使国家高倡孝道，宣扬伦常就是天理，也还是不够。伦理必须管用，要给人带来好处才行。具体来说，做好人要能得到好报应。佛教说的报应不一定会在现世兑现，可是社会秩序所需要的报应必须在现世兑现。这种能够在现世兑现报应，让好人得到激励的，只有世俗的组织，即那些地方性或乡村性的且能秉持儒家伦理的世俗组织，最典型的就是教化与经济融为一体的宗族组织。这样的组织是有公有土地的，物质激励、精神教化和身体惩罚共同发挥作用。这也就是宋明理学家所倡导的礼下庶人之后的组织形态。

宋明理学家的实践在今天依然值得我们高度重视，他们的经验可以概括为：人生幸福离不开社会教化，有效的教化依靠社会组织做中介。

4. 明—清跃迁：清代治理的特殊性

清代社会及其治理的特殊性通常被人忽略了，人们总是明清并称，这在有的时候是合适的，有的时候却不合适，尤其是在研究治理体系和治理能力的时候。说清楚清代的特殊性是很有必要的。传统中国治理模式的典型状态是普通人家家服役和所有人丁都缴税，而且比较严厉地抑制私人工商业，这种模式在宋代以后发生了松动，转向了部分人服役、部分人缴税，开始重视私人工商业。在这个方向上，清代是最为彻底的。而且，清代乡村的社会秩序也特别值得肯定。今天我们通过费孝通的《乡土中国》一书所了解到的传统中国其实是清代中国的状态，将这本书描述的乡土中国推至历代，就引发了很多的批评。这里强调明清的差别，主要的意义不在于分辩清代的治理能力更强，而是着眼于清代的跃迁及其与当代之间的关联性，研究它的经验和教训。

（1）清代治理的总体形象。

明清之间的制度连续性确实也是惊人的。清军打着“为尔等复君父仇，所谋者唯闯贼”的口号进入中原，在北方基本无须开战，只在南方遭遇明朝残余的抗争。清朝皇帝使用了明朝皇帝的同一个朝堂和同一个寝宫，在制度和意识形态上全面继承了明代。在制度上的主要变化是有八旗兵、军机处和理藩院。在科举制度和地方制度上几乎没有更改；在基层制度上，继承了里甲制度和保甲制度；在赋役制度上，继承了“一条鞭法”，但是更彻底地以土地为税基，永不加赋，又摊丁入亩。在教化上，继续高倡宋代新儒学，实际上，清代皇帝在学习和继承儒学方面成效非常显著，以至于不少人认为清代实现了治统和道统的合二为一①。这是一般汉族王朝都很难得到的高度评价。这不仅仅是一种文化合法性的体现，更是绩效合法性的体现，表达了朝野上下对清代初期治理成效的赞誉②。

虽然，我们不能说人口的增长就是治理绩效的唯一指标，但在农耕时代，它确实是很好的指标。按照何炳棣的估计，明初的人口可能达到 6 500 万，明末时的人口按官方统计不会超过 7 000 万，考虑到大量的漏报，实际人口数量肯定高于它，1600 年甚至可能达到 1.5 亿。也就是说，经过 230 多年的时间，明代人口数量增长了一倍多。经过明末清初的战乱，人口的减少当以千万来计算。清朝初期的人口按照官方统计不超过 2 000 万，这应该是不可能的，实际远多于此。在何炳棣看来，可能在 1700 年左右中国人口又恢复到明代的最高点即 1.5 亿，

---

① 孟尧，杨念群．“治道关系”研究基本范式之反思：兼论清代政治文化探索的新方向．天津社会科学，2021（4）．

② 实际上，将清代视为传统中国经济社会发展的鼎盛时期，应该是一个比较公允的看法。在费正清等人看来，清代是“传统中国的极盛时期”。费正清，赖肖尔．中国：传统与变革．陈仲丹，潘兴明，庞朝阳，译．南京：江苏人民出版社，2012．在芬纳看来，（满族人对汉族人实施了残忍的镇压）“但即便如此，满族人还是将中国带入了一个黄金时代，无论是按照中国的历史标准，还是相对于同时代的其他任何国家，还是从绝对意义上讲，都是如此”。芬纳．统治史（卷三）：早期现代政府和西方的突破：从民族国家到工业革命．马百亮，译．上海：华东师范大学出版社，2014：73．

然后到1794年官方统计人口数量达到3.13亿，增长了一倍多。此后，人口增长放缓，到1850年达到4.3亿。经过太平天国战乱，清末1911年的人口按照官方统计的口径下降到3.4亿。这个数据中也可能包含了不少漏报。总之，在268年的历史中，清代的人口增长了不止一倍①。

这当然与清代初期得到全球化的好处要比明代晚期更充分有关，比如南美洲的作物和外贸得来的白银，但与治理能力也有很大的关系。黄仁宇认为，清代在财政体制上没有改动，但已使得国库充实，“这也无非是因为严格执行了明代留下来的法律”②。如果仅关注制度，会觉得清代没有进步，但要关注治理，就能理解有制度和让制度如愿运行，中间的差距是巨大的，有时候是不可逾越的。清代之所以能够严格执行制度，和清代解决了明代没有解决的“宪法上的死结”有关，也就是当诸派政治力量发生纷争的时候，皇帝能否有足够的权威做出仲裁。基于明代皇帝的那些逸事，一般人都认为明代皇帝不如清代皇帝勤政和有权威。对于这个问题，明清史专家何炳棣的判断更有根据，他认为：“清代早期有利的一般经济状况，对此后200年间人口急速增长的作用远不如政治因素重要。长久妨碍人口增长的许多制度障碍都被清初政府扫除了。在17、18世纪一些耶稣会教士们，尤其是一些法国开明思想家们认为当时的中国代表了极其优越的‘开明专制’的信念，确有一定的

① 此处引用的人口数据出自：何炳棣．明初以降人口及其相关问题：1368～1953. 葛剑雄，译．北京：生活·读书·新知三联书店，2000；谢忠梁. 中国历代人口略计表．四川大学学报（哲学社会科学版），1979（3）。

② 黄仁宇．中国大历史．北京：生活·读书·新知三联书店，1997：221.

真实。”①

（2）发展、服务和秩序。

相比于过去朝代的治理，清代前期的社会治理在能力和体系上有三个比较大的提升：一是经济发展能力；二是公共服务能力；三是基层秩序维持能力。尽管如此，到了朝代后期，这些能力也都衰退了。

传统中国经济发展的主要内容是农业的发展。如果能够不误农时，珍惜民力，帮助修治水利，允许垦荒，在灾荒发生后及时赈济以保存生产力，勤劳的人民自然就会搞好农业生产。要做到这些，就需要何炳棣所说的“政治因素”的保证。清代初期在这些方面达到了很高的水平，尤其是严格地执行了明代的“一条鞭法”，实行赋役合一，以钱代赋役，政府用人以雇佣替代按户派役，康熙五十一年（1712）宣布以后滋生人丁永不加赋。富有批判精神的龚自珍也认为这是一扫“两千年苛政”的盛举。雍正时期又推行了摊丁入亩，完全按照土地面积而不是资产或人丁数量来征发赋役。从此，穷人和无地者就很少或完全不负担丁税了，这对于保护弱势群体的再生产能力无疑意义重大。对于生产力的最大保护莫过于赋役合一且货币化征收，这就使得百姓无须亲自服劳役。历代征发徭役给生产生活带来的破坏是令人震撼的，后果极其严重，却难以避免。仅仅宣布以钱代役是不够的，因为权势人家会把这个负担转给穷人，而穷人无钱，宁可亲自服役，这反过来又倒逼以钱代役不

① 何炳棣．明初以降人口及其相关问题：1368～1953．葛剑雄，译．北京：生活·读书·新知三联书店，2000：244．

可持续。因此，必须赋役合一且都从土地上收，而且摊丁入亩彻底消除了将负担转给无地人的可能，同时又基本取消了给缙绅优免丁银的传统特权，这才使得缙绅逃脱赋役负担变得十分困难。而且，能够以钱代役，就必须有钱流通。如果没有比较轻便且贵重的白银，只有笨重而廉价的铜钱，全国范围内的以钱代役还是很难实现。而中国的白银产量不足，必须从国外交易得来。再者，如果北部边境不宁，时刻准备在物产不足且市场不发达的地区开战，有钱也用不上，还是要退回到从全国征发实物的老路上去。如此等等，不能尽举。我们当能理解，清代百姓的生活条件是特定历史条件下的特殊状态。

传统国家的经济发展主要体现在农业上，很少体现在工商业上。但在清代，政府被迫启动了工业化发展，开展了洋务运动，为后来的工业化发展提供了经验和教训。它至少证明，郡县制的体制不仅可以维稳，也能发展经济，可以改造成一种现代社会中合用的增长机器。我们后来看到，有发展农业的郡县制，也有发展重工业的郡县制，还有大力推动城镇化的郡县制。清代后期的经济发展改变了中国城市的基本功能。传统的城市总体上是消费性的，消费周围乡村的剩余；工业化发展使得城市开始具备生产性功能。传统的城市商业功能不强，政治和军事功能占了主导；清代对商业税的依赖增加，促进了城市商业的放活。此外，城外的市镇也在清代获得了很大的发展。可以说，清代是中国城市史的一个分水岭。

传统国家的公共服务能力总体上是薄弱的，老百姓要靠自己想办法面对各种困难。但是，总有一些事情依靠私人之间的协作是无法完成的，最典型的是应对大面积的灾荒。在这个问题上，清代政府的工作量超越了前代。根据邓拓的统计，明代有记载的灾荒达到 1 011 次，清代有 1 121 次，相比宋代以前有大幅的增加。金观涛认为，这和人与自然关系的紧张化大有关系。随着人口的暴增，各种自然灾害随之而来。在如何救荒和防灾方面，清代有着比前代更为明确的责任意识，也有着比明代更加严格的制度和更加丰富的经验。对于清代政府的救荒能力，萧公权给予了很低的评价，不过，他所使用的资料基本都是 18 世纪晚期乃至 19 世纪的①。魏丕信则主要采用 18 世纪的文献来证明："事实是，这一制度是经历了一个长期完善的过程的，同时吸取了古老传统的精华，可以说已经达到了一个发明创造的高级阶段，构成了一个高度综合的体系，它的持久性也是一个不争的事实。"② 他相信政府的救荒能力既受制于体制本身、官僚的廉洁，也受制于农业的剩余。在清代的中前期，政府保持了较强的基本公共服务能力，有能力调拨钱物用于防灾救灾相关的事业，包括灾后借贷籽种，帮助重建、修治灌溉工程。清代在救荒过程中建设了三种粮仓——常平仓、义仓和社仓，后两种是半民间的，鼓励捐献，这个做法源自宋代朱熹的提倡。在大规模救灾过程中，主要的粮食供应渠道包括粮仓供给、漕粮临时调配和用资金就近购买，其中涉及大量的统筹协调，比如用资金就近购买就要求封闭灾区的市场，禁止粮食外流和哄抬粮价。

---

① 萧公权．中国乡村：19 世纪的帝国控制．张皓，张升，译．北京：九州出版社，2018.

② 魏丕信．18 世纪中国的官僚制度与荒政．徐建青，译．南京：江苏人民出版社，2003：224.

清代的基层秩序维护能力也很值得肯定，至少，它在人口暴增的态势下和比明代更大的人口规模下维持了长期的稳定。虽然经历了人口的暴增，但明代县级区划的数量一直保持在1 427个之内，其中县保持在1 138个，因此，明代统治能力的持续下降是难以避免的。清代入关之后，继承了明代的区划，也继承了它的官民比。如果不考虑吏的数量，清代官民比是持续走低的。清代的县比明代多317个，但总的县级区划只多了122个。前面说到的“郡县繁忙”在明清时期达到了顶峰。清代的社会自治能力很强，要比明代更强。明代初期还试图建立一个类似于农战合一的国家，努力将动员能力延伸到每家每户，向每家每户派发各种徭役和杂役，然后在无以为继的状态下被动改革。清代则几乎是从一开始就采取了雇役制度，因此，国家对于乡村的直接治理力度更低，但更有序。摊丁入亩和永不加赋极大地解除了人民对于官府和权势人家的人身依附关系。虽然清初试图建立负责赋役的里甲和负责治安维稳的保甲两个体系，但在摊丁入亩之后，这两个体系就开始虚化了。不过，无论如何总得有人完成乡村的税收，至于它是叫作里甲还是保甲或者是另外一种地方性的名称，这是很不确定的。但是，纠纷调解和教化工作也需要有人去做，这就是乡绅的长处。乡绅在后期大量地承担了地方公共服务的供给，由此形成了后来所说的双轨政治。在北方地区，没有这样的乡绅地主系统，而且，自然村就是一个基本的社区单位，一般以自然村为单位集体向上交税。此时，收税、治安和调解工作多项功能可能会集于一人之身，即使不是如此，能够调解纠纷的人也应该不会出于村庄之外。在县城里的胥吏会收取费用，但在长期的磨合之后，这种非法的收费也已经制度化了。

（3）城邑国家模式的优缺点。

传统的治理体系有六项主要功能：管理、汲取、教化、动员、服务和发展。在明清以前尤其是清代以前，前面四项功能占了主导：所谓的赋役、刑名和教化，其中的赋役涉及汲取和动员，相关的户籍制度和组织及其治安维稳的功能属于管理，教化是通过多种渠道进行的重要工作。政府为百姓提供的服务比如赈济功能也是有的，但功能要少得多，不如清代前期这样形成了常备的体系。在发展经济方面，历代也做了很多的努力，主要涉及均田、兴修水利和推广良种等，不同朝代的努力程度和重点不同。但是，在付出这些努力的同时，以人身控制为前提的赋役制度也给农民的生产生活带来巨大的干扰，孔子的“节用而爱人，使民以时”的理想和现实相差太远。可以说，在六项功能中，清代有五项功能曾经发挥出较好的成效，所缺的是动员功能。清代没有按户派役，没有实行强制的征兵制，也不是所有家户都缴税。虽然有众多的书吏与差役，他们从乡官转变而来，但他们主要居住在城市里，形成了一个城市统治乡村的格局。不能说这是“皇权不下县”，但可以说是“官吏都在城”；也不能都说这是“县下唯宗族，宗族皆自治，自治靠乡绅”，但可以说是“乡村被遥控”。所以，这更像是一种城邑国家模式，而不是兵农合一的郡县国家模式。也可以说，自宋代以来朝向城邑国家模式的转向中，清代是一个典范。

城邑国家模式主要是一系列赋役制度改革的结果，尤其是明代“一条鞭法”改革的产物，这项改革为减少对人民的人身控制创造了条件，清代以空前的执行能力贯彻了这一制度。这种治理模式对于应对人口暴增导致管理工作大增的形势是必需的。在农业剩余和防范腐败的能力都很有限的前提下，继续维持原来的乡里制度体系会产生很大的弊端，县政府的官员没有能力管控这样一支庞大而且分散各处的队伍。这种集权的简约治理的优点是用很低的成本完成了复杂的治理任务；它的缺点是这种模式本身是松散的，反应慢，很难应对新的挑战。这也就是黄仁宇所批评的不灵活。

对于清朝后期的治理，不能仅仅以胜负论英雄。清代后期虽然和历代的后期一样腐败不堪，但是，它能渡过太平天国运动、捻军起义以及诸多列强轮番入侵的次次劫波，而且激发了民间以“扶清灭洋”为口号的义和团运动。尤其是，它启动了中国在全球化时代的第一波现代化发展，也就是洋务运动，开始创办新式军队。试图将发展职能置于政府职能的重要地位，这是历代从未尝试过的。清帝国很想再次跃迁，成为一个现代的国家，这种努力反而成为革命的诱因。与历代不同，清代不是亡于王朝更迭，而是亡于一场社会革命。按照斯考切波对于革命的理解，清代的灭亡源于国家上层的积极有为，下层反应不及，并有抵触，以至于上下脱节①。清代不只是一个王朝，它是一个民族的特殊阶段，在这个阶段，中华民族需要找到新的治理模式才能应对全球化。

清代的努力是可贵的，它给后世带来的启发是：一种能够应对全球化挑战的治理体系必须有更全面的能力，既要能管理、汲取和教化，还要能动员、服务和发展。这就是推翻了帝制之后的新治理体系的使命。

---

① 斯考切波．国家与社会革命：对法国、俄国和中国的比较分析．何俊志，王学东，译．上海：上海人民出版社，2007.

第四章 现代中国治理体系的形成与自觉

一百多年以来，我们的先人以不屈不挠的斗争反对内外压迫者，从来没有停止过，其中包括伟大的中国革命先行者孙中山先生所领导的辛亥革命在内。我们的先人指示我们，叫我们完成他们的遗志。我们现在是这样做了。

——毛泽东《中国人民站起来了》

当我们说清代的问题出在政府缺乏社会动员能力的时候，看上去有点马后炮的意味。清代减少对人民的动员和役使，符合长期延续的仁政理念。在中国儒法混合的意识形态结构中，存在一种儒家思想的地位逐渐增强的趋势，到了明清时代已经深入人心①。清代以一个人数很少的民族入主中原，坦然承认自己对中原文化的认同，这就需要在执政理念上体现出来。清初的皇帝们虽然对保甲体系的虚化感到不快，但也没有采取切实的措施重新整备。民国时期的政府浸润在松散的国家与社会关系中，又受到西方的地方自治思想的影响，而且也深深理解将“一片散沙”（孙中山语）捏合起来的极大困难，所以，也就顺水推舟地继续走晚清以后形成的以城市为中心的执政道路，在乡村维护地主阶级的权势和利益，无法做出调整，把重组基层的任务和机会都留给了中国共产党。有很多的海外学者

① 何炳棣认为，至少到明清时期，中国社会已经为儒家意识形态所渗透。何炳棣．明清社会史论．徐泓，译注．北京：中华书局，2019：110－117.

从动员能力的角度来解释中国共产党领导革命成功的奥秘①。从中国共产党自身来说，走群众路线和组织群众是一项公开的、长期的、艰辛的和成功的实践，没有奥秘可言。但是，这毕竟是一项传统国家、国民党和苏联共产党都不擅长的事业。中国共产党的成功有哪些基本的条件呢?

一　现代中国治理体系的形成

1. 共产党的组织传统的形成

晚清时期的西方列强给中国人带来的不只是洋务运动特别

---

① 约翰逊认为，相比土地革命，能够发动农民是中国共产党成功的根本原因。JOHNSON C. Peasant nationalism and communist power：the emergence of revolutionary China 1937—1945. Stanford：Stanford University Press，1962. 舒尔曼强调中国共产党的组织模式和苏联共产党十分不同，它能阻止官僚化且组织基层社会。SCHURMANN F. Ideology and organization in communist China. Berkeley：University of California Press，1966. 小萨克斯顿强调，中国共产党的革命动员的成功并非如西方一般认为的那样是有意识地操纵的结果，实际上是在帮助农民在生存遭到威胁时发起的集体抗争中产生的结果。THAXTON R A，Jr. Salt of the earth：the political origins of peasant protest and communist revolution in China. Berkeley：University of California Press，1997. 李侃如强调中国共产党相对于苏联共产党和国民党的特性，其中密切联系群众是重要的内容。LIEBERTHA K. Governing China：from revolution through reform. New York：W. W. Norton and Company，Inc.，1995. 郑永年比较清晰地说明了国民党和中国共产党的差别，他表达的方式用本书的概念来说就是城邑国家模式与郡县国家模式的差异。郑永年．中国模式：经验与困局．杭州：浙江人民出版社，2010. 以上综述借助《海外中共研究著作要览》一书完成，参见：潘世伟，徐觉哉．海外中共研究著作要览．上海：上海人民出版社，2012。至于黄仁宇对于中国共产党在组织基层方面的成功及其意义的高度强调，本书中已经一再提及。

看重的坚船利炮，或者五四运动特别推崇的科学与民主。在实践的层面，强者还带来了另外一种东西：理性化的组织纪律观念。古代的中国人借助关系的逻辑也能建立起巨大的和强有力的组织，因为传统社会早期的忠义精神曾经非常强大，一个“大我”人物的关系圈子可以很大、很坚固，一个个的圈子扩展开去，就形成很大的组织。但是，随着时代的变迁，世风不古，中国人也难免发生从群体到个人的转变，所以，当我们在晚清面对同时代的西方人时，不仅在器物上输给人家，在组织能力上也明显不如人家。由此引发了中国人的一种全新的自我批判：中国人是一片散沙。另一个比喻是：一个中国人是一条龙，几个中国人是一条虫。有些领袖人物返回传统去寻找组织资源，比如孙中山曾经试图借助秘密会党的组织方式，蒋介石高度依赖自己的人际关系。中国共产党却开始寻找全新的、理性化的组织原则。当然，他们都努力引入新的理性化的组织原则，但中国共产党在这方面最为彻底和成功。

如果说教给我们科学与民主的主要是日本人和欧洲人，那么，教给中国人组织方法的主要是苏联人。提升组织能力与实现组织原则的转型是联系在一起的，要从原来的过于依靠人际关系的组织原则变成更加理性化的组织原则。传统的组织方法过于依靠人情，原来的国民党军队就是如此组织的，按照黄仁宇的说法，“当日国民党军队不仅装备落后，内中的人事关系也沉湎在明清社会的气氛里”①。既然如此，其中的理性化从哪里来呢？是不是将制度写得更加合理与明确，然后写在纸上

① 黄仁宇．大历史不会萎缩．桂林：广西师范大学出版社，2004：219.

或钉在墙上就可以了？孙中山发现，苏联共产党人有三个方面非常强大：领袖、组织和理论。用孙中山的体会来说，俄国革命在中国之后，而成功却在中国之前，之所以如此，“实全由其领袖列宁先生个人之奋斗及条理与组织之完善”①。孙中山敏锐地注意到了组织的完善与理论建设的关系，由此开始创立自己的孙文学说。可以认为，中国人的组织原则的理性化与引进了理论建设的思路是很有关系的，这一点在毛泽东的组织艺术中也得到证明，所以说，如果没有马克思列宁主义，也就没有中国革命的成功，这不是虚言。理论和组织这两个要素对于中国共产党的特殊重要性也得到了舒尔曼的注意②，不过也有不同意见。霍布斯鲍姆这样评述苏联共产党对于中国人的影响：“组织纪律，而非教条学说，是列宁布尔什维克主义对这个变化中的世界的最大馈赠。”③ 应该说，他只说对了一半。没有那些对于灵活的中国人来说确实显得教条的理论，组织纪律也建立不起来。正如列宁所说，“没有革命的理论，就不会有革命的运动”④。

苏联共产党的组织经验将一种更加理性化的组织原则带进了中国，形成了一种中国共产党的组织传统，改造了中国的军队，形成了一种全新的政党。这里需要注意的是，用理论组织精英，却倚重经济原则来组织百姓。作为治理体系之体的三个

① 曹锦清．民权与国族：孙中山文选．上海：远东出版社，1994：288.

② SCHURMANN F. Ideology and organization in communist China. Berkeley：University of California Press，1966.

③ 霍布斯鲍姆．极端的年代：1914～1991. 郑明萱，译．北京：中信出版社，2014：573.

④ 列宁．列宁全集：第 6 卷．2 版．北京：人民出版社，1986：23.

基本方面，党和军队的组织从苏联共产党那里获益良多，对于政府体系的组织也从苏联那里学到很多，但不是从苏联共产党，而是从苏联的苏维埃政府尤其是计划经济体系中学到很多。中国的治理体系从郡县制转变成前端柔和的郡县制体系，这种尊重民情的原则在国民政府时期得到了西方公共政府传统的支持，但是国民党及其军队的失败在一定程度上也中断了对中西传统的继承。在黄仁宇看来，民国时期最大的政治贡献不在于基层。他的看法是，蒋介石成功地在混乱的格局中建立了一个比较现代化的统一的高层机构，“包括统一的军令、征兵法、法币、税制和新教育制度，且废除了不平等条约”①。同时，毛泽东和中国共产党在基层建立了一种低层机构。这个说法也许在抗战时期是成立的，但此后则完全不同。在中华人民共和国成立之后，中国共产党的组织传统通过计划经济体制和人民公社制度实现了军转民用，形成了一个全新的从上到下的、高度组织化的社会。这种组织化是郡县制传统和中国共产党的组织传统的紧密结合，至于民主的成分也主要是通过民主集中制从苏联转输的。治理体系的权力运行机制从杜赞奇总结的晚清民国时期趋于衰败的“权力的文化网络”转向了“权力的组织网络”②。

权力的组织网络对权力的文化网络的取代，意味着对唐—宋之变后治理的演变趋势的翻转，国家重返乡村和基层，一种

① 黄仁宇．大历史不会萎缩．桂林：广西师范大学出版社，2004：276.

② 贺雪峰．关于村庄权力扩展性的讨论．云南社会科学，2000（6）；唐皇凤. 组织化调控：社会转型的中国经验．江汉论坛，2012（1）.

农战合一的模式得以重建。需要注意的是，中国的这种组织网络并不是一种死板的科层制组织网络，它是原则性和灵活性相结合、制度性和人格性相结合、国家计划与单位或集体自主经营相结合的组织网络。这种灵活性或者辩证性也是区分开苏联体制和中国治理体系的重要参考标准。这种灵活性对于中国成功实现常规化转型是十分重要的，它给地方、基层和群众的首创精神留下了余地，使得中国可以通过计划与市场双轨制的方式完成转型，最终走出了僵化的类苏联式计划经济体制。

2. 为什么是中国共产党

直接地面对有差异的个人的传统是历史地形成的，属于中国式治理的基本传统，尤其是属于其中更主流的郡县国家模式。问题是：为什么在进入现代中国以后，这种传统的承继是由一个政党组织来完成的呢？这个提问的意思是：为什么在基层政府或村社自治组织之外，还需要一个政党组织，甚至于是政党组织领导了政府或村社组织？

（1）中国共产党的内在动力。

中国共产党产生于全球化时代的落后国家，它承担着直接组织社会以救亡图存的使命。唐亚林将它称为“使命型政党”①。与任何一个传统郡县制国家政权不同的是，共产党政权具有直接地组织整个社会的自觉性，非如此不能解决中国的问题。从解决中国的问题来看，低度组织就没有力量，不能团

---

① 唐亚林．当代中国政治发展的逻辑．上海：上海人民出版社，2019.

结民众，不能集中力量办大事。我们看到，改革开放以来尤其是税费改革以后的一段时间，基层组织的涣散加深了，这种涣散趋势在近年又得到了遏制。唐代以前的郡县制国家也试图建立面向全社会的全面组织体系，但在传统社会中，这种组织体系的组织成本过高，最高统治者最终是部分地甩掉了这个包袱。但对于中国共产党来说，放弃对群众的组织意味着放弃了群众路线，也就背离了基本宗旨，无法说服自己和人民。

不仅仅是基本的理念促使共产党走向基层和人民，共产党的基本工作方式也要求上下贯通。共产党的组织传统强调群众路线的工作方式，要求党员干部与群众打成一片，可以对群众个人的问题进行有针对性的处理，以求得最佳的工作效果。共产党的组织传统在制度上是民主集中制的，这种制度相对于西方的自由主义民主表现为集中，相对于中国的郡县制传统却主要表现为一种民主。由此，在共产党的组织传统下建立的人民政府与郡县制传统下的官府或者西方民主意义上的公共政府有着十分不同的运行机制，它具有更强的包容性，有助于实现民主和集中之间的中国式结合。顾炎武提出的问题是：如何寓封建之意于郡县之中？这个问题多少已经过时了，但其问法还有可取之处，即要为中国寻找一种融合性的道路。与他的提问类似的是，现代中国要解决的问题是：如何寓民主于集中之中，或者寓集中于民主之中？党的组织和政府的组织总体上还是集中的，但是，它们发展出了内在的民主集中制，使得上层可以倾听下层的声音，同时发展出人民代表大会制度来联系各界别和各层次的力量，通过政治协商制度来联系外围的群众，发展出民族区域自治制度和“一国两制”来维系国家的统一，发展出基层民主自治制度来维持基层秩序。

通过中国共产党的组织传统的改造，中国的国家治理体系演变成一种新的治理体系。在最基层，它表现为国家正规权力重返县级以下，到达乡镇。中国共产党本身是一个科层性和人格性相结合的组织，它能够延伸到人群之中。这是当代治理体系之体，这个体将各种社会力量联系起来，成为一个体系。

（2）大仁政和小仁政的关系。

中国共产党对社会的高度组织是时势的需要，但人们的观念总是有很大的惯性。中国共产党在宣传中是肯定仁政理念的，而对于仁政的解释权在于儒家思想，或者具体的知识分子乃至略有文化的民众。如果按照儒家的理念，就应该照顾农民的利益，应该轻徭薄赋，应该尊重地方积极性，等等。也就是说，在国泰与民安的关系上，儒家会将民安置于逻辑上的首位。一般认为，毛泽东肯定也接受了仁政思想①。可是，中国共产党在革命和建设过程中的一些做法与此不相一致，中国共产党会更多地强调“大局”，所以就有一个如何重新解释仁政的问题。在毛泽东这里，基本的思路是将传统的儒家色彩的仁政理解成“小仁政”，将新时代需要的考虑整体发展的思想称为“大仁政”。

没有小仁政肯定是不行的，没有小仁政就不能动员普通百姓，但如果只有小仁政，统一推进的革命和建设就不能成功。共产党在小仁政方面无疑是高度重视的。毛泽东 1934 年在江

① 谭楚善，聂金桥．试论毛泽东对儒家思想的吸收．湖北大学学报（哲学社会科学版），1994（1）.

西瑞金发表的《关心群众生活，注意工作方法》[1] 就说明了：要发动群众参加革命战争，就必须重视群众的切身利益，要分配土地，要发展生产，要帮助群众解决穿衣、吃饭、住房、柴米油盐、疾病卫生、婚姻问题。总之，一切群众的实际生活问题，都是共产党人应当注意的问题。“假如我们对这些问题注意了，解决了，满足了群众的需要，我们就真正成了群众生活的组织者，群众就会真正围绕在我们的周围，热烈地拥护我们。”但是，仅有小仁政搞不成革命。在抗日战争阶段，日本侵略军在各抗日根据地实行烧光、杀光、抢光的“三光”政策，国民党也进行经济封锁，造成了各抗日根据地财政经济和军民生活的严重困难。为了解决粮食问题，一方面，陕甘宁边区开始发展公营经济，开发了南泥湾，精兵简政；另一方面，陕甘宁边区征收公粮的额度不得不有明显增加。当时，党内外都有人提出施仁政的问题，毛泽东回答说：“有些同志不顾战争的需要，单纯地强调政府应施‘仁政’，这是错误的观点。因为抗日战争如果不胜利，所谓‘仁政’不过是施在日本帝国主义身上，于人民是不相干的。反过来，人民负担虽然一时有些重，但是战胜了政府和军队的难关，支持了抗日战争，打败了敌人，人民就有好日子过，这个才是革命政府的大仁政。”[2]

1953 年 9 月，在全国政协常委扩大会议和中央人民政府委员会扩大会议上，梁漱溟和毛泽东之间关于大仁政和小仁政

---

① 毛泽东．关心群众生活，注意工作方法//毛泽东．毛泽东选集：第 1 卷．2 版．北京：人民出版社，1991：136－141.

② 毛泽东．抗日时期的经济问题和财政问题//毛泽东．毛泽东选集：第 3 卷．2 版．北京：人民出版社，1991：894.

的公开争论虽然经常被人提起，但它的思想史意义却还没有得到切实的理解。我们可以认为，这是传统儒家的旧仁政思想与毛泽东的新仁政思想之间的一次公开辩论。梁漱溟被认为是新儒家的代表人物，和熊十力、马一浮齐名。终其一生，就其入世救民的一面来看，他的实践确实可以说是儒家的，和朱熹当初开创的乡村组织建设一脉相承，而且，他也很推崇《吕氏乡约》。在发言中，梁漱溟提出的问题是乡村农会的衰落，由党政干部包办乡村工作，成效不一定好。城乡生活差距拉大，引起了梁漱溟的警惕。他说，如今工人的生活在九天，农民的生活在九地，有“九天九地”之差，这话值得引起注意。我们的建国运动如果忽略或遗漏了中国人民的大多数——农民，那是不相宜的。在梁漱溟发言之后的第二天，毛泽东在彭德怀做抗美援朝情况报告后发表即席讲话。他说：有人不同意我们的总路线，认为农民生活太苦，要求照顾农民。这大概是孔孟之徒施仁政的意思吧。然须知有大仁政小仁政者，照顾农民是小仁政，发展重工业、打美帝是大仁政[①]。

类似这样的争论在内部也是存在的，只不过不一定使用儒家的话语，比如在统购统销等问题上的分歧[②]。要求局部服从整体、眼前利益服从长远利益，称为大仁政，应该是一种政治思想史上的发明。在传统中国，这种大仁政可能要被认为是法家思想，或者说是与民争利，如同对王安石变法的批判。但在

---

① 汪东林．梁漱溟与毛泽东．武汉：湖北人民出版社，2003：25－44.

② 杨奎松．从“小仁政”到“大仁政”：新中国成立初期毛泽东与中央领导人在农民粮食问题上的态度异同与变化．开放时代，2013（6）.

今天，从一种大小竞争的意义上提出的大仁政观念，却逐渐获得了认可。从主流意识形态来说，这是马克思主义中国化进程的一个片段；从儒家思想来说，这也是它与时俱进的一个契机。在系统整合超越社会整合的时代，如果局限于小仁政来排斥大仁政，肯定是行不通的。在国泰与民安的关系上，国泰越来越居于主导地位。梁漱溟也反省了自己的思想，肯定共产党政策的可取之处。梁漱溟的反省也许代表着传统儒家的仁政思想进入新时代后的自我否定，至于这个自我否定后形成了何种新的成果，目前还不得而知。

我们还可以进一步放宽视野，注意到它的现代政治哲学的意义。郑永年提出一个问题：是否人民性就一定要通过地方性体现出来，能否将中央性和人民性统一起来？他认为，现代社会和传统的封建社会或者帝国不同的是，它既是权力集中的，也是民主的。“这种中央政府权力的中央性和人民性的有机联系是现代国家和从前各种政体类型的最大的不同之处，也是现代国家强于其他各种政体的主要因素。”① 这是一种纵向的人民性。我们能够理解，共产党的治理体系所实现的正是一种纵向的人民性，所以，不能认为共产党的权力集中和传统的儒法共治的治理体系是一回事。

---

① 郑永年．国家权力的“中央性”和“人民性”：中国的中央地方关系//郑永年．中国模式：经验与困局．杭州：浙江人民出版社，2010：113-135. 大仁政和小仁政不能二选一，而是要搭配起来。实际上，今天的中国共产党也不可能是二选一的，所谓民主集中制表达的是和选择性集权不同的做法，在同一件事情上通过程序上的几上几下实现民主和集中的统一。同时，也自然会有在不同事情上区别对待的做法。但是，这绝不意味着当代的治理已经完美，如何完善执政党和人民的有机联系始终是一个需要努力解决的问题。

儒家的思想除了仁政，最关心的当是伦理，这也是梁漱溟最为关注的。本书在前面提到宋明理学家的两条经验：人生幸福离不开社会教化，有效的教化依靠社会组织做中介。社会主义国家建立以后，有了社会主义的新教化，这个新教化也是通过新的组织来实现的。可是，教化的内容与传统的活法有了很大的不同。梁漱溟后来概括有两点大的改变：一个是妇女参加劳动；另一个是大家庭的解体，但是家庭伦理还在讲究①。在《中国乡村，社会主义国家》② 这本书中，三位美国学者认真地考察了乡村传统文化在社会主义时期做出的艰难调整，认为到 1960 年为止，传统的家庭文化在乡村还比较强势，表现之一是农民对于集体生活的消极看待。到了今天，各方面的情况已经大不相同了。今天的情况是，几千年的中华文化旧传统和中华人民共和国成立以来的社会主义新传统都遭遇重大的调整，人究竟应该怎么生活，家庭伦理到底要怎么讲究，都处于模糊之中。我们需要继续梳理既有的经验，来逐步地谈到这个问题。

3. 现代治理体系的出现

即使中华人民共和国成立以来实行的是大仁政，它的高度组织化也是难以持续的，凡事有利有弊，时间长了之后弊端就

---

① 艾恺，梁漱溟．这个世界会好吗：梁漱溟晚年口述．一耽学堂，整理．上海：东方出版中心，2006：17－18.

② 弗里曼，毕克伟，赛尔登．中国乡村，社会主义国家．陶鹤山，译．北京：社会科学文献出版社，2002.

会凸显。当时，第二次世界大战的阴影还在，第三次世界大战可能会发生，因此要备战备荒，不断革命。而且，计划经济体制也是快速实现积累，发展工业和农业的有效组织形式。时代主题转向和平与发展，以及既有做法的弊端凸显，就需要转型。这个转型从治理史的意义来说，是从军事性国家向工业化时代的常规性国家的转型。

在工业化时代从军事性国家转入常规性国家会遭遇很大的困难，因为其所需要释放的社会势能远大于农耕时代，可能冲垮整个社会体制。苏联的戈尔巴乔夫宣布重建和强调开放性的时候，苏联社会中没有准备好替代的治理机制与发展机制，人民都高度依赖体制，而缺乏自主能动性。中国则不同，群众——主要是农民——的自主能动性为体制的转轨充当了先锋。改革走出了一条农村包围城市的道路，先是农业经营承包到户，后是乡村集体工业的异军突起。在国家的上层，1979 年中美建交，也体现了国家战略的灵活性。改革是对内开放，开放是对外改革，结果形成了计划与市场的双轨体制，最后在 1990 年代末期，通过对国有企业和集体企业的大面积改制，形成了抓大放小的经济体系，保留了国家对市场上层结构的控制，从而为民营企业的发展留出了巨大的空间，也为 2001 年加入世界贸易组织准备了体制上的条件。在中国的市场化改革进程中，集权化与市场化是同步发展的，这也是国家常规化转型的重要路径。改革开放以来，用思想理论组织党和军队的原则没有放弃，只是在市场经济环境下执行起来变得困难。用单位制和公社组织百姓的路线被逐步放弃，高度组织化的体系松解了。2006 年完成农村税费改革以后，国家和农民的关系进一步松解。在市场经济条件下，社会结构和文化也趋于多元化。

从高度组织化的状态走出来之后，我们没有全盘抛弃组织化的框架，而是在一个宽松的组织化框架中给多元主体和自发组织留出了空间。按照笔者的看法，一种转型之后的集权化状态与社会的自由是互为条件的，前者提供的秩序给后者提供了架构和余地，后者产生的活力为前者支付了组织成本①。这样一种集权化和自由化相结合的状态，就是我们说的治理体系。唐皇凤将这样一种集权化和自由化互为条件的状态称为社会转型先于国家转型，这是一种单向的理解，实际上应该说两种转型之间互为支撑，由此才能理解这种体系化结构的稳定性。他没有能够注意到这两方面的互为支撑的关系，因此他才提出一个从计划经济时期的组织化调控转向制度化调控的转型问题，继而提出一个如何将组织化调控和制度化调控相结合的问题②。如果能够理解集权化和自由化的相辅相成，那么，这种相结合就会被看成一个组织化调控依然存在时的自然结果，这个结果就是治理的体系化。

笔者曾经研究过我国改革开放以来形成的粮食市场体系，这个治理体系的“体”是纵向的政府科层组织。不同行业类型、不同所有制和规模的企业，产业链上不同的位置，都被赋予了治理上的重要性，受到政府的区别对待（见图 4－1）。

---

① 熊万胜．体系：对我国粮食市场秩序的结构性解释．北京：中国政法大学出版社，2013.

② 唐皇凤．社会转型与组织化调控：中国社会治安综合治理组织网络研究．武汉：武汉大学出版社，2008.

政府采取各种方式将其中的经营主体联系起来，一方面是对企业实行差别化的扶持和管理，另一方面是对企业主实行差别化的对待，从而将一个市场体系与治理体系统合在一起。这可以视为现代治理体系的一个例子。

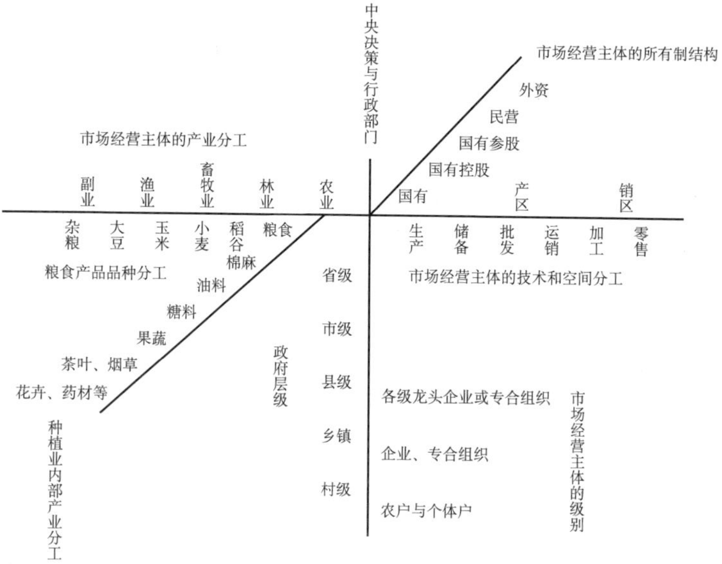

图 4-1　政府治理粮食市场的体系结构

4. 现代治理体系的发展和服务功能

郡县制的经济发展能力在晚清已经得到拓展，显示它也可能在工业化时代发挥效力。问题是：这种看上去应该按部就班办事的科层制是怎么获得经济发展能力的？科层制能够完成发展任务，这本身不是问题，大企业也是科层制。主要的问题在于官员的动力从哪里来，以及郡县制以怎样的结构实现发展。

很多人研究了中国政府官员的动力机制。一种说法是基于理性经济人的角度，将地方政府理解成类似于公司的组织①。这也意味着，基层干部能够从推动发展中直接得到好处，就好像是得到利润。后来的学者将政府间关系理解成市场竞争关系（政府之间通过财政收入与GDP的排名进行竞争，获胜的官员可能获得晋升等好处），从而提出一个地方政府间关系的“锦标赛体制”②。笔者和同事提出一个异议，认为对于地方政府主官来说，在很短的任期内最关心的问题可能不是胜过隔壁地区，而是确保自己在台上能够“坐得住”。也就是说，如何应对财政刚性和不断增长的财政开支，才是一个地方政府主官最关心的问题。这种情况在欠发达地区尤为突出，随着财政支出的刚性的增加，变得更为普遍。至于“锦标赛体制”的解释所强调的升迁和政绩之间的关系，从来都是很不确定的。所以，区别于强调对外竞争的既有理解模式，我们提出了一种“内向性发展”的观点，认为政府的发展其实主要是服务当地社会系统尤其是政府体系的自身运转③。这种内向性发展的观点也能较好地解释为什么地方政府会成为保护之手，而不是掠夺之

① OI J C. Fiscal reform and the economic foundations of local state corporatism in China. World politics，1992，45：99－126；白苏珊．乡村中国的权力与财富：制度变迁的政治经济学．郎友兴，方小平，译．杭州：浙江人民出版社，2009.

② 周飞舟．锦标赛体制．社会学研究，2009（3）；张军，周黎安．为增长而竞争：中国增长的政治经济学．上海：上海人民出版社，2008.

③ 张彬，熊万胜．内向性发展：理解地方经济增长的新视角．社会科学，2019（1）.

手。因为保护好这些企业，促进它们的发展，对于地方政府主官来说是非常有必要的，他们会在控制局面和自己得到好处之间权衡，这个权衡的结果一定是因人而异的，所以，必定是有的主官更关注自己的经济利益，有的主官更关注地方发展。在经济滑坡的条件下，这种内向性发展的解释力优势就更加明显了。

要解释郡县制的经济发展能力，除了要说明官员的动力，也要说明“增长机器”的构造。“增长机器”是一个城市政治经济学术语，指的是能够将各种因素组合起来实现经济增长的稳定结构。在张五常关于县域经济发展的双层经营结构思想①的基础上，曹正汉和史晋川提出一个新的解释思路②，他们将政府和企业的关系合并起来看问题，认为原来政府从直接抓企业发展到抓土地开发之后，形成了一种统分结合的双层经营结构。“中国经济正在形成一种独具特色的‘双层经营结构’。所谓‘双层经营结构’，是指在中国地区经济内部，存在着两个经营层面和两类经营主体：一是地方政府作为经营主体及其所处的经营层面，在这一个经营层面上，地方政府把所辖区域作为一个整体来进行规划、开发和经营，以尽可能提高地区经济的增长速度和地方财政收入；一是私营企业（包括外资企业）作为经营主体及其所处的经营层面，在这一个层面上，各家企业利用地方政府提供的土地、基础设施、投资环境等经营条

① 张五常．中国的经济制度．2版．北京：中信出版社，2017.

② 曹正汉，史晋川．中国地方政府应对市场化改革的策略：抓住经济发展的主动权：理论假说与案例研究．社会学研究，2009（4）.

件，开展经营活动，并向政府缴纳土地租金和税费。从总体上说，所谓‘中国社会主义市场经济’，正是由众多具有‘双层经营结构’的地区经济所构成的、独具特色的市场经济。”近期，笔者结合曹正汉和史晋川的研究，提出中国的增长机器有一种“城市与企业之间统分结合的双层结构”①。

现代治理体系和传统治理体系的另一个重要区别是它服务民众的能力。实际上，也可以说这是现代治理体系和传统治理体系最重要的不同，因为这属于性质上的差异。传统治理体系是皇帝家天下的统治或治理工具，它会将国泰凌驾于民安之上；现代治理体系并不是这样的一个统治者，它属于人民大众。因此，为人民服务就是这个体系的根本任务。正如前面讨论的大仁政和小仁政的区别，虽然政府的本质是服务性的，但当政府财力不足的时候，作为分蛋糕过程的公共服务能力就不强。中国明确地提出来要建设服务型政府，这经历了一个过程，这个过程可以概括为五个阶段：1978—1984 年的酝酿准备阶段、1985—1992 年的起步探索期、1993—2002 年的渐进发展期、2003—2011 年的快速发展期、2012 年十八大以后的全面推进阶段。2003 年提出的科学发展观极大地助推了服务型政府的建设，包括：完善公共服务体系；公共服务供给的社会化和市场化改革；注意调整支出结构，加大对农村的投入；社会建设和社会事业单位改革。2012 年十八大以后的全面推进阶段，主要任务是进一步淡化政府的管制职能，从管制转向

---

① 熊万胜，袁中华．城市与地方关系视角下的城乡融合发展．浙江社会科学，2021（10）.

服务，加大前述改革的力度①。

5. 三大治理传统的融合

在传统中国的治理史中，源于周代的城邑国家模式和在春秋战国的征战中形成的郡县国家模式在交替中演变。这往往被认为是封建制和郡县制之间的分歧。而且，在儒家的学说中，封建制从一种武装占领的制度被美化成了一种礼制为先的秩序。如果仅仅从制度层面来分析，我们会认为百代都行秦政法，全面地复归封建始终是一个没有兑现的书生之见。但如果从治理的角度来看，一个被重复了两千年的梦想不可能只是梦想。所以，仅仅从制度史的角度来理解治理，就会遮蔽掉中国治理体系演进的重要维度。如果从治理史的角度来看，城邑国家模式代表了一种上下分割的联结模式，而郡县国家模式代表了更高程度的组织化。上下分割之后，国家从基层抽离，就给了非国家性和非制度化的力量施展能力的机会，由此导致了治理体系的形成，也就是在郡县体制之“体”外发展出了一些非制度化的“系”的因素。儒家思想为这种体系化提供了辩护，因为它反对法家郡县制思想的过度控制和过度统一，希望给百姓和地方以更多的自主权，这被视为仁政。随着基本内容一致的儒家教化在两千年的历程中不断地渗透，这种城邑国家模式变得越来越明显。虽然，郡县国家模式的基本格局没有改变，

① 俞可平．中国如何治理？通向国家治理现代化的道路．北京：外文出版社，2018.

但到了明清时期尤其是清代，一种县域内的双轨政治形成了。这种双轨政治由自上而下的国家一轨和自下而上的社会一轨并行，同时也意味着自上而下的一轨并不能走通最后一公里，必须由社会一轨代为接通。这种双轨政治在结构上被比喻成一种“潜水艇三明治”，上下联系很不紧密。这种治理格局的优点和缺点都很明显，但在应对全球化竞争的过程中，它的缺点就特别明显。社会缺乏组织，应该为晚清以来的一系列屈辱承担部分的责任。民国的失败也部分地归因于它不能改造这种根深叶茂的城邑国家模式。这种城邑国家模式与西方传来的民主自治传统融合在一起，似乎要获得更大的生机，然而它不能动员基层的缺陷阻碍了这种融合。

在1949年以来的70多年的历史中，比较尊重基层和人民自主性的城邑国家模式与注重统一的郡县国家模式，似乎都得到了扬弃，而不是抛弃。它的体现在于形成了共产党的组织传统、郡县制传统和西方公共政府传统的三合一，能够集中力量办事的郡县制优势得到保留，同时群众的自主意愿也得到适当的尊重，而这些是在共产党的领导下实现的①。认为共产党成功地融合了“东”（共产党或苏联）、“中”（传统中国）、“西”（西方）三种传统的看法不是这里的独创。王长江认为，苏共模式、孙中山建党思想和中国传统政治文化，是影响中国共产党的最重要的三个因素，其中苏共模式是第一位的②。不过，

① 熊万胜，刘炳辉．乡村振兴视野下的中国乡村治理传统及其转型．社会科学，2020（9）.

② 俞可平，李侃如，等．中国的政治发展：中美学者的视角．北京：社会科学文献出版社，2013：69－89.

王长江认为中国传统政治文化的影响属于消极影响。这是因为他仅仅是在党的组织内部看问题，而没有从治理体系中看问题。如果从治理体系中看问题，显然不能认为郡县制就是消极的因素。黄宗智提出了“中国正义体系的三大传统”的说法：一是来自古代的中华法系的传统，包括非正式正义体系，尤其是社区调解体系；二是清末民国以来从西方尤其是大陆法系移植过来的成文法及其话语体系；三是20世纪中国革命的传统，包括政党—国家体制和社会主义话语。

三大传统的融合并不能代表中国的治理体系已经成熟。对于治理体系来说，“成熟”本身可能也不是一种完全正面的评价，它可能意味着失去活力。如果三大传统的融合是值得肯定的，它就仅仅代表着一种方向，意味着我们的努力应该是三合一的，不能偏废。至于具体要怎样去努力，在这个大方向之下，需要遵从实践的引导，以问题为导向，区分不同层次的问题和轻重缓急的不同。这是一种摸索，但不等于策略主义。我们必须保持对全局性的、宏观的和深层次问题的敏感，不能总是见招拆招。为此，就必须经常性地梳理治理体系的现状，判断成绩和问题所在。

二 变革中的自觉与自信

一种新的治理体系的出现，远远不等于治理体系的现代化。改革开放解决了计划经济时期的大部分弊端，但新的治理体系本身也有弊端。自权力的组织网络松解之后，权力的文化网络得到了一定的恢复，搞关系的风气迅速恢复起来。20世纪八九十年代是一个活力迸发的时代，也是一个大搞关系的时代。不仅在政府与社会的关系中出现了腐败，在党内和军队内部同样出现了腐败，也就意味着传统的组织原则效果不佳。那是腐败严重的年代，也是中国崩溃论在西方最为盛行的年代。李友梅等人的“制度—生活”框架可以看成对这种体制富集大量资源同时人的能动性又超强的状态的理论概括。与这种不应该有的过分亲近相伴生的是，上下之间的脱节开始变得严重起来。

这种脱节的原因源于体制改革和社会转型的交替推动。人民公社制度的瓦解、企业制度的改革和城市单位的改革导致了单位制的衰落，那些将社会精英和普通群众紧紧地团结在一起的组织机制大批地消失了；农村税费改革终止了国家从乡村直接汲取财富的传统，也使得国民中的大部分人都不再有直接纳税的体验；与此同时，政府的公共服务能力覆盖得也不够全面和深入，透过服务建立的联结还不充分。改革也引发了一层又一层的社会转型。市场化和互联网加剧了人际关系的个体化，这从根本上危及了群众工作的社会文化基础；人口流动使得社区建设变得困难；城镇化的发展，导致乡村干部进城，到村镇“走读式”上班。类似这样的变化，逐渐地弱化了党群或干群之间的联系，也弱化了执政党的社会动员能力。周飞舟将这样的基层政权称为“悬浮型”政权①。历史的故事似乎在重演，社会治理从全民动员的郡县国家模式退回到上下脱节的城邑国家模式。那么，中国共产党会听凭这种趋势发展下去吗?

---

① 周飞舟．从汲取型政权到“悬浮型”政权：税费改革对国家与农民关系之影响．社会学研究，2006（3）．

1. 近年来的治理变革

我们能够理解，中国的治理体系自改革开放以来逐渐地遭遇到重大的挑战。我们甚至可以说，在走出新中国成立以后的战时体制的过程中，破得比较多，立得还不够。我们应该在这个充满重大挑战的语境中思考当前中国正在发生的治理变革，来理解新一代领导人提出来的治理能力和治理体系现代化的命题，理解近年来的一系列努力。这些努力是多方面的，以下择要列举。

（1）党建全面加强。

现在来总结近年来的治理变革肯定是不成熟的。但作为经历者，我们可以记录其中感受最深的方面，帮助读者从浩繁的文本资料中把握住重点。最突出的改造是党的自身建设。2012年11月15日，在十八届中共中央政治局常委同中外记者见面会上，新当选的总书记习近平向中外记者宣布："打铁还需自身硬。我们的责任，就是同全党同志一道，坚持党要管党、从严治党，切实解决自身存在的突出问题，切实改进工作作风，密切联系群众，使我们党始终成为中国特色社会主义事业的坚强领导核心。"当时，听者还很难听出这其中的深意，但随后的治理变革正是从"党要管党"这里开始的。很快，新书记在12月4日召开的中共中央政治局会议上提出了"关于改进工作作风、密切联系群众的八项规定"，这就是著名的"八项规定"。实际上，它改变了中国政府官员、共产党员乃至普通百姓的生活方式。官员中午再也不敢喝酒了，即使晚上也不敢参加吃请，不敢用公车接送自己的小孩了，公款报销变得极其烦琐和严格，各种单位的福利大大减少了，官员接受企业贿赂的情况大幅度减少。执行这些规定的是纪检委部门，其工作人员易地互换，采取明察暗访的形式专门在一些容易发生违反规定的场所进行蹲守。

党建是一项复杂的系统工程。介绍"八项规定"带来的历史性的变化，只是为了说明党建的成效。"八项规定"所要解决的是历朝历代都没有解决，甚至不敢设想去解决的问题。如今，局面居然得到了全面的（当然不可能是彻底的）改观。反腐败的严厉程度是空前的，这不仅仅是通过组织纪律的强化就能做到的。组织纪律与思想理论建设之间有密不可分的关联，在思想领域的建设上体现在党的政治色彩的强化。2017 年，在中国共产党的十九大上，习近平提出"党政军民学，东西南北中，党是领导一切的"，全面加强党的领导。其中，对政治学习的重视也达到了新的水平。新时代的政治学习充分利用了网络手段，如一个名为"学习强国"的 App 装进了所有能使用智能手机的党员的手机中，不能使用智能手机的老党员们需要定期到党支部去学习。学习采取积分制，并由党支部督促，不断增加积分。这种积分不一定和任何的奖惩联系在一起，但它是党支部书记检查党员学习态度的一个抓手。

（2）密切联系群众。

如果不加干预，精英会自动地脱离大众。这是社会中所谓的"区隔"的机制①。同时，由于城镇化等因素，精英在空间

---

① 布尔迪厄．区分：判断力的社会批判．刘晖，译．北京：商务印书馆，2015.

上也距离大众越来越远。在埃利亚斯对欧洲文明习惯的研究中，大众被设定为应该向精英靠拢的主动的一方[①]。但是在中国，精英负担着引领大众的责任，中国的古话说的是：君子之德风，小人之德草，风行草偃。中国的精英不可以抛弃大众。但是，在传统社会中，没有要求精英主动地走近大众。在苏联共产党的组织作风中，也未曾像中国共产党这样要求自己的党员不仅要发挥好先锋模范带头作用，还要与群众“打成一片”，形成鱼水关系。这种非亲非故的人之间的紧密联系在“排他性的我”那里是不自然的，可能只有在“关系性的我”这里才有可能。但要将这种可能性变成现实性，是一个持续不断的作风建设过程，是不进则退的勉力而为的自我修炼。

在新的领导集体这里，群众路线被提到一个很高的高度。“党的群众路线教育实践活动”从 2013 年 6 月 18 日开始启动，迅速形成全党发动的态势，一批结束后再发动一批，然后组织回头看，要求形成长效机制。在这个过程中，各个地方强化了或者创造了各种密切党群联系的机制，比如党员联户制度得到了普及，还有各种大走访、大调研活动等。广义地讲，干部的包片负责制度、部门和社区的结对子计划、领导的春节慰问走访乃至精准扶贫等，都可以看成共产党打破干部脱离群众倾向的顽强努力。

(3) 新信息技术。

新信息技术给政府流程的再造带来的服务能力和回应速度

---

① 埃利亚斯．论文明、权力与知识：诺贝特·埃利亚斯文选．刘佳林，译．南京：南京大学出版社，2005.

的提升，也是惊人的。现在我们看到的社区事务受理中心，在2006年的时候还只是一些试点，有的地方叫作365代办点。此前，群众办事是要走进政府办公楼的具体办公室找具体的办事人员的。具体的办事人员正在忙活自己的事情，被人打扰心情自然不好，而且，事情往往不是本办公室就能办得了的，需要其他部门协调，结果就形成了“门难进、脸难看”的衙门作风。代办点的意义是让群众自己减少到政府办公楼去的次数，由村居干部代为跑腿，他们毕竟门头熟，方便沟通。在代办点里，各个部门都派人驻守，便于协调。很快，这个代办点成为一个专门的部门，重组了上下左右的沟通流程，明确了具体的工作事项。服务能力不断升级，从一门式服务（进一个门办事情，不要群众自己跑多个办公室），到一口式受理（任何一个接待员都要帮助群众走完剩下的全部流程，群众只找一个人就可以），再到服务事项的不断增加。在发达地区，镇上的社区事务受理中心的服务事项往往超过200项，每一个接待员都要熟悉这些事项的业务。

市民服务热线很早就有了。12345市民服务热线是一个综合性很强的热线，它不需要群众到政府去办事，在家里用电话就可以反映情况，而且，可以要求有关部门限时答复。它最早于2008年出现在山东省济南市。现在，济南市12345市民服务热线的接线员多达几百人。接线员接到电话之后，就要派单给具体部门。一般是一个城市一个市民服务热线，但城市下属的区域可能不止一个，12345市民服务热线接线员会把诉求转给这个区域的派单部门，它后来被称为网格化综合管理中心或者城市运营综合管理中心等，这个中心会派单给具体的社区或者部门。上级的部门会对各个区域发生的投诉进行分析和排名，这是区域综合治理水平的考核依据，这种考核又和乡镇或街道的所有人员的收入是联系在一起的。

新的治理性技术还包括遍布的摄像头。中国的小偷已变少，不劳而获的主流方式变成了诈骗（尤其是诈骗孤独的老人）。总体来看，中国已经成为一个居民安全感指数非常高的国家。

最近的发展是类似上海的城市服务一网通办、城市管理一网统管，它在全国许多大城市实现同步发展。它将城市社区服务功能的相关网络集成在一起，将城市管理的相关网络集成在一起，实现大数据条件下的信息共享，实现高水平的多部门协同“共治”，从而将中国特色社会主义体制下本来就很发达的部门协同能力推进到一个新的历史高度，这可能也是领先世界的高度。

（4）激励和考核办法。

除了新信息技术，中国政府内部的激励和考核体系也日臻完善，这实际上是中国治理体系的一个核心内容，它的重要性可以提得很高，却很少有学者去系统地研究它。这种激励和考核体系不仅运用于维持秩序，更用于提升科层制的经济社会发展能力，实现动与静的统一。我们说，晚清的洋务运动虽然已经证明了郡县制的发展能力，但是没有说清楚一种科层制搞发展的内在机制，这些机制很复杂，激励和考核体系应该是最基本的方面。

在考核体系的具体环节，我们要注意到综合绩效考核与捆绑式考核在基层的发展。主官的动力机制和普通干部的动力机制是不同的。主官尤其是流动性很强的主官如何才能指挥得了普通干部，是中国治理体系中的一个很基础的问题。综合考核有两种综合：一是将多种工作综合起来计分并排名；二是将评价来源综合起来，将上级领导打分、部门互评、群众打分和加分减分项目综合起来计分并排名。上级政府根据排名情况确定收入，这个收入将被考核单位的所有人的收入捆绑在一起，往往是根据主官的收入确定一般干部的收入，基本的机制是按比例。比如，中层干部得到的奖金是一把手的80%。《他乡之税：一个乡镇的三十年，一个国家的“隐秘”财政史》提到的一个例子是：2005年时，县里规定乡镇财政收入超收奖励的60%给乡镇党政主要领导，40%给班子其他成员。其他普通干部的奖励由乡镇自行安排①。我们不太清楚这种捆绑式的考核制度起源于何时，很可能是村财乡管（出现于1990年代中期）和乡财县管（税费改革中出现）之后的产物，因为支出权上收之后，如何开支就要有依据，尤其是干部的报酬的确定要有依据，于是县对乡、乡对村的考核体系就发达起来。

捆绑式考核解决了一个很重要的问题：散漫的委员会组织的集体行动能力从哪里来，或者说如何让委员会组织去完成科层化的任务？仅仅依靠物质激励不可能建立和运行一个有效率的组织。更不可能仅仅依靠物质激励将处事十分灵活的中国人凝聚成一个“任务共同体”。党组织的政治约束和纪律约束并不是空话。党领导一切，在宏观上是通过政治、组织和思想来

① 田毅，赵旭．他乡之税：一个乡镇的三十年，一个国家的“隐秘”财政史．北京：中信出版社，2008：268.

领导社会和政府组织。党要深入各种有社会治理功能的组织内部，政治、组织和思想的领导就要具体化。在组织内部的党组织不仅要坚持组织的政治方向和组织纪律，还可以主导票子、位子和面子的分配，它在微观上为组织内部提供了一套资源控制机制。当它比较硬的时候，它能够直接推动任务完成，比如，通过讲政治来确定任务之间的重要性序位，通过奖金分配制度、升迁制度或党员评议制度等对干部形成压力；当它比较软的时候，它为领导约束下属提供了一些可以让步和激励的资源，比如，安排一次离开工作岗位去外地参观的机会，或者给予公开的表彰并记入档案，等等。更一般性地分析，党组织在组织的微观实践中发挥作用的方式，可以放在制度和关系的二元性中来看待①。制度和人际关系的因素在中国的组织中几乎是同等重要的，这是中国的双首长制的微观基础。党组织在中国的治理组织中的存在，起到了规范人际关系并运用人际关系的能量推动任务完成的作用。所以，中国的双首长制也是比较稳定的。相比而言，苏联与东欧的双首长制的运行就比较困难，它们不得不注重单首长制，这个单首长通常是业务上的负责人，矛盾就会比较尖锐②。

推而广之，任务共同体也可以是临时性的或者事件性的。它可以使不同部门的人，由于事务本身需要的协调，忽然产生

---

① 王阳和熊万胜从这个角度讨论了科层体系中的党政关系。王阳，熊万胜. 党政科层体系："制度-关系"视野下的政党治理与国家治理. 开放时代，2021(6).

② 关于苏联与东欧基层组织中的党政关系的紧张性和单首长制倾向，可以参见：项继权. 外国农村基层建制. 武汉：华中师范大学出版社，1995。

紧密的联系。这个时候，事务的负责人就会临时发起内部的互动，形成一种忽然很热乎的相互感受。这是基于人情、面子和关系的运作而形成的。这种事件性的任务共同体遍布各个层次，遍布各种组织。它们和工作关系中的微妙的私人好恶一起，成为中国人的组织运作中的一个个小小的铰链。

2. 不断增长的自信心

以上列举远不能穷尽近些年来尤其是税费改革以来的治理变革措施，特别是没有谈到治理变革的未尽事宜。我们可以看到，走出计划经济体制的过程也是一个治理自觉的过程。我们不断地重新体认自己的治理传统，发扬其中合理的成分。比如，“治理”这个词的用法就是一个很好的例子。治理作为governance的时候，是世界银行等机构对被援助国进行援助时提出的社会改革方案，这种方案替代了糟糕的“休克疗法”，要求在不触动既有体制前提下，进行运行机制的改良，实现善治（good governance）①。在最初引入中国的时候，它还和西方行政学理论中的新公共管理运动等结合起来，总体上希望将更多的市场、社会和民主的机制引入政府治理过程中。它无疑属于西方公共政府传统的一部分。2013年十八届三中全会通过的《中共中央关于全面深化改革若干重大问题的决定》提出：全面深化改革的总目标是完善和发展中国特色社会主义制度，推进国家治理体系和治理能力现代化。在这个用法中，

① 王绍光．治理研究：正本清源．开放时代，2018（2）.

“治理”一词的传统语义被恢复，它是“治国理政”的简称。可以说，是国际组织和西方学术界启发了中国的治理实践者和理论家，这个启发中带有一种话语的语义翻转的成分。

这种自觉是相对于苏联经验、西方公共政府传统、郡县制传统和自身的组织传统来说的，它不是对过去的回归，而是要面向未来寻找思想资源。所以，中国共产党对这些可选的传统都抱持着一个扬弃的态度。对苏联经验的扬弃是非常重要的，比如相对于工人阶级专政的中国式人民民主专政，相对于更加强调集中制的中国式民主集中制，中国式群众路线的工作方式，等等。对西方公共政府传统的扬弃，主要是更加强调集中力量办大事的能力，以及民主集中制的民主与集中的辩证统一关系，等等。对郡县制传统的扬弃是全方位的，包括：从官僚体制到党政双轨的科层体制①，对于县域内治理的制度化，对于官民关系向干群关系的转换，等等。对于中国共产党自身取得的成功经验也需要不断地辨析，比如对党的建设的加强尤其是如何加强。

在很多观察家的眼里，中国共产党的一个优势是善于学习和自我完善，这在本书中被称为“内在超越”。这种强大的学习能力不仅仅体现在“摸着石头过河”上，实际上，它是制度化的。所谓的群众路线的工作方式以及民主集中制的基本制度，内含的就是一个“实践—认识—实践”之间的循环往复的自我学习程序。

通过治理变革，改革开放以来形成的弊病得到了很大的解

---

① 刘炳辉．党政科层制：当代中国治体的核心结构．文化纵横，2019（2）．

决或缓解，成效是显著的。一个体现是，民众对政府的满意度不断地提升，达到了很高的水平。根据哈佛大学肯尼迪政府学院阿什民主治理与创新中心（Ash Center for Democratic Governance and Innovation）于2020年7月发布的《理解中国共产党韧性：中国民意长期调查》，自2003年以来8次调查的数据显示，中国民众对政府的满意度几乎全面上升。2016年，中央政府的民众满意度达到了93.1%，而且，民众对乡镇、市县、省和中央四级政府的满意度均有提升。“层级越高，得分越高”的情况始终存在，乡镇的民众满意度从43.6%上升到70.2%，这是难能可贵的①。

这种满意度的测评是否表明了中国百姓对中国治理体系的信心呢？恐怕还不能这么简单地对应，因为中国百姓是实用主义者，绩效合法性与对政体或者执政党的信念之间的关联是不稳定的。当然，满意度提升了，对创造满意度的体制的能力的信心也多多少少地增强了。制度自信的形成会是一个长期的过程，群众要经过反复地对比，才能从具体的感受中提升出一种抽象的看法。

三　一个国家的“内在超越”

一直以来，理论家都在重重的伪装下讨论什么样的政治是

---

① 哈佛大学调查报告：中国人民对政府的满意度高达93%。(2020-07-15). http://news.ifeng.com/c/7y8EI8D9tfk.

好的，其实他们都想把一种更强大的国家说成是最好的国家，因为他们一般都会多多少少地相信社会进化论，那就要承认适者生存的逻辑。这构成了对于地球上诸多国家的不公正。实际上，如果我们回到古希腊的先哲那里——那时可能还没有进化论——他们对政治的辩护也就是对活法的辩护。亚里士多德说城邦或者政治共同体是最高层的，也是最重要的，“因为它是人具有纯粹而又完美人生的先决条件”①。囿于他的视野，他理解的人性和人生模式是比较单一的，但他给我们一种启发：我们也应该从政治制度与人的活法的关系角度来理解政治文明的程度。值得注意的是，当我们更换了政治文明的评价标准时，我们同时也提出了一种不同的政治发展观点，笔者称之为“内在超越”的政治发展。

1. 对政治合法性的新认识

政治制度与活法的关系可以放在政治合法性的概念下讨论。已经有很多的研究指出韦伯所提出的克里斯玛型、传统型或者法理型还不能很好地理解中国共产党的长期执政。这里对合法性来源提出了新的理解，主要有两种：一种是关于绩效合法性的；一种是关于文化合法性的。

（1）绩效合法性。

韦伯的合法性是关于权力获得方式的评价，将他的分类运用于理解中国共产党执政的过程，还是不够妥帖。如果说毛泽

---

① 亚里士多德．政治学．高书文，译．北京：中国社会科学出版社，2009：4.

东是克里斯玛型的人物，但毛泽东并不等于中国共产党。如果说中国共产党是传统型，中国共产党的形成却是五四运动的产物，它的上台意味着一场深刻革命；说它是法理型当然也不合适。而且，韦伯关注的是获得权力的过程。对于已经执政70多年的中国共产党来说，最值得研究的问题是关于长期执政的，也就是长期执政和继续执政的合法性如何获得。应该是李普塞特较早地提出了政绩对于一个政体稳定的重要性，后续的学者有很多进一步的思考。赵鼎新系统地提出了意识形态、法治选举和政府政绩三种合法性来源①。

关于绩效合法性及其稳定性已经讨论了很多，但很少有人深入地追问下去：绩效是如何转换成合法性的？毕竟绩效是一个宏观的效果，而合法性是需要具体的人来认定的。在个人主义的设定下，本书采取了一种权利的话语来理解，因为尊重了个人的权利，所以得到了个人的认同。但在一个由关系性的"我"组成的生活社会中，应该说，对于民众来说，最重要的政府绩效是创造幸福生活的可能性，越是有助于百姓把日子过好，就越是有成绩。因此，当我们突出了绩效合法性之后，也就凸显了生活的政治性。

"你把国家治理好，让我好好过日子"，就是从生活出发对执政者提要求的心理图式。所谓国家有没有治理好，我的日子有没有过好就是最关键的标准。生活是总体性的，因为它关系到人的方方面面，因此，从生活出发提出的诉求也是无穷的。生活其实不是对政府提要求，它是对国家提要求，只有国家才

---

① 赵鼎新．民主的限制．北京：中信出版社，2012：47-60.

能承接无穷诉求。因此，一个试图回应百姓的生活需求的政体的合法性，并不是政府合法性，而是国家合法性。这在中国是最为突出的。所谓国家，至少是包括党和政府的。所有的公共机构，比如军队、国有企业、村委会等，统统被百姓纳入绩效考核的对象中，人们在和它们的接触中形成自己的感受和评价。并不是只有中国的百姓才从生活的角度提出合法性的问题，但是，如果一个政体中设定的政府是小政府，那么，即使百姓有所期待，也无从落实，因为这种体制下的执政党和领导人本来就没有能力和意愿来为百姓的生活承担超出法定的责任。概括性地说，小政府只对法定的职能负责，不能对百姓的需求负责。

从生活出发来对国家提要求的时候，就会有一个公私界限不清的状态，因为百姓会把自己的私人的具体生活问题提交给国家。越是抽象的问题，越是专业性的；越是具体的问题，越是总体性的。其中有两个界限是不固定的：第一，公私之间；第二，要解决问题的时候所涉及的主体之间。举例来说：某市有一个外地来的捡垃圾的妇女，在垃圾堆里捡到一个小女孩，将她养大。后来，该妇女和一个男子同居，该男子有一个儿子。此后，发生了对小女孩的虐待，被小女孩的学校老师发现并报警。养母和同居男的儿子被捕判刑。那么，如何安置这个小女孩呢？这个事情涉及法院（因为判决）、妇联（因为性别）、共青团（因为年龄）、当地教育局（因为在上学）、具体的街道（因为属地化）。妇联从为女性维权的角度、共青团从关爱女孩的角度出发和政府协调。后来的方案是：教育局找到一所寄宿制学校安置这个女孩，学费是从政府的资金中提供。

这个安排过程，就体现出中国政府的无限责任色彩，以及为什么说中国不是以政府的身份而是以国家的身份来处理具体问题。这个案例不仅仅涉及条块协调，还涉及协调一所寄宿制学校。

要成为一个真正能够直面百姓生活的国家，要做的事情还很多。首先是要发展经济，创造就业，因此政府必须是一个民生政府；进而，即使政府发展了经济，也还是会有陷入困难的群众，政府就要负责救济；后面还会提到，人们会对生活环境高度重视，在这个议题上建立了国家对于百姓切身需求的一个对接点。这种发展如果很强调速度，就可能在手段上很灵活、很综合。比如，中国面对新增就业人口的压力，就必须强调速度，按照 GDP 每增长 1%大概可以安排 200 万的新增就业人口的比例来考虑经济发展速度。每个新增就业的机会的背后都是一个家庭的喜怒哀乐。

从生活出发来对国家提要求的时候，形成了一种新的政治认同模式。“你把国家治理好，让我好好过日子”，在这句话里，百姓自己的责任感看似没有被表达。当百姓埋头过日子，把全部的公共议题都交给国家去打理的时候，自发的公共性组织也就不容易发达起来。这不等于说普通百姓对于国家就不承担任何义务了，恰恰相反，他们被要求在越来越多的场合对国家治理行为做出反应。此外，政府也非常需要群众通过信访机构、市民服务热线、各种官方媒体以及学者可以用的专报系统向政府提出意见和建议，这种希望是真诚的，因为，如果没有这样的反馈，政府尤其是政府的高层就不了解政策实施的效果以及人民的满意度，而且，随着社会系统的复杂化，政府领导也感到必须增强吸纳性，这是降低复杂性的必要手段。但是，政府也非常希望，这种提出意见和建议的方式是可以接受的，是有序的、合法的，总之是建设性的，而不是破坏性的。

概括地说，心理上的认同、行动上的配合和建设性的参与，这是当代中国人表达政治认同的基本方式。

（2）文化合法性。

在韦伯那里，传统合法性的“传统”是一个黑箱，而且是一个比较小的黑箱，用于理解一个有着两千年连绵不断的政治教化的国家来说就不够用。金观涛和刘青峰认为韦伯对传统中国的合法性的理解是错误的。在韦伯的理解中，皇帝的权威可能是克里斯玛型的，官僚的治理可能是法理型的，绅士和家长的权威是传统型的，但实际上，这三种权威可能已经融为一体了。因此，金观涛和刘青峰把这种意识形态和政治（社会）一体化的支配类型看成一种新的类型，在这种支配类型中，政治制度的整合力量来自观念系统内部的整合①。不过，金观涛和刘青峰没有为这种新的支配类型起一个名字。笔者将之称为“文化合法性”。

前文提出过四种价值观：工具性价值观、基本价值观、社会价值观和生活价值观。其中，基本价值观确定的是人应该怎么生活的标准。当亚里士多德提出“人就是天生的‘政治动物’”的时候，他在假定一种城邦的生活方式是最好的，认为城邦生活体现了人的自然本性。在这种生活方式中，公共政治

① 金观涛，刘青峰．中国现代思想的起源：超稳定结构与中国政治文化的演变：第1卷．北京：法律出版社，2011：16.

生活是非常重要的。但在中国，这句话的意义就没有这么明确，因为，对于绝大多数中国人来说，私人生活相比于公共生活的重要性是压倒性的，如何理顺与方方面面的私人关系始终居于生活的中心地位，如果也要比照亚里士多德的语式，应该说“人是一种关系性的动物”。亚里士多德给我们的启发是，如果一种政体不能尊重人民的一般活法，它的合法性基础就不会牢固。一种政体尊重和维护人民的活法的程度，就是文化合法性。政党提出的作为自己的执政理念的价值观属于社会价值观，它代表了社会中多元价值观的某些方面。生活价值观要比基本价值观更为落地，如果说基本价值观是一个文明的“天经地义”，生活价值观则是人们对于生活的差异性理解，比如对于荣誉感、舒适感、安全感、幸福感、满足感的看法。在这种价值观的基础上建立的是绩效合法性。生活价值观也通过对于各级各类领导人的人品或者行为风范的认定，来为领导人及其行动提供文化合法性以及克里斯玛型合法性。从政党的特殊意识形态中提出的社会价值观本身是现代性的产物，它和工具性价值观一起为本土的法理型合法性提供认知基础。

海外的学者将这种特殊的社会秩序原理称为“文化主义”：一种绵长的活法本身就安排好了社会生活的很多方面，以至于政府也要以维持这种活法为维持自身的基本前提。如果最高权力能够尊重这种文化的精神，即使是外来民族，也可以是圣王。这种文化和国家在空间上有高度的重叠性，这不同于欧洲：诸多国家都可以说成是一个大文化圈的一小部分，虽然它们在这个大文化圈里各自具有些许个性。费正清说：“因为有这些与民族主义的异同之处，我们称中国人先前的这种态度为

'文化主义'，也就是说按中国人的观点有意义的单位确实是整个文明，而不是在一个较大的文化整体中比较狭隘的一个国家的政治单位。"① 著名政治文化专家白鲁恂也曾说："中国其实不是一个位于民族国家体系中的民族国家，而是一种伪装成国家的文明。"② 把中国看成一个文明体系与国家形态的统一体，是一个很普遍的共识。这种文化主义出于对自己文化的独特性或独立性的认知。每个国家都认为自己的文化很有独特性，也有特别的来源。这种文化主义与一种文化中心主义联系在一起，通过自古以来的夷夏之分的认知熔铸到普通百姓的心理结构中。

金观涛和刘青峰对于这种文化合法性的形成机制给出了富有启发性的解释③。他们认为，中国文化有自己特殊的理性化机制，东西方的理性化都意味着社会制度与文化系统的高度整合，以及与合理性标准的统一。但中国的理性化与哈贝马斯或韦伯所说的理性化过程和性质完全不同，他们说的理性化是一个现代化的过程，中国人的理性化是常识理性的成熟过程。所谓常识理性指的是两种中国文化特有的精神：以自然存在为合理，不追问自然常识背后的原因；视情感方面的人之常情为天

---

① 费正清，赖肖尔．中国：传统与变革．陈仲丹，潘兴明，庞朝阳，译．南京：江苏人民出版社，2012：159.

② 原文是：China is not just another nation-state in the family of nations, China is a civilization pretending to be a state. PYE L. China：erratic state，frustrated society. Foreign affairs，1990，69（4）：56－74. 白鲁恂无意肯定中国的国家形态，但他的这个判断通过亨廷顿的名著《文明的冲突与世界秩序的重建》传遍了全球。

③ 金观涛，刘青峰．中国现代思想的起源：超稳定结构与中国政治文化的演变：第1卷．北京：法律出版社，2011.

然合理。如果意识形态也认可这样的常识理性，且贯彻到各个方面，让整个社会都认同同样的理性标准，这样的文化也就实现了高度整合以及理性化。

关于文化合法性的来源，笔者还可以提供另外一个更加深入的解释。前面说过，中国既是一个国家，也是一个天下。天下的精神总是要表达自己，它的制度诉求是封建制，治理模式的表达是郡县制下的城邑国家模式，在政治心理上的表达是文化合法性。在日常的统治过程中，当权者为自己的施政做解释的必要性并不大，但在反反复复的朝代更迭中，得天下者总是要为自己辩护，说明自己得到政权是合适的、是应该的。尤其是，当刚刚取得政权时，当权者并不清楚自己的江山能够坐多久，这个时候，书生的论证功夫显得重要起来。这种急于为自己当权的合法性做论证的情势可以称为中国历史上反复出现的“合法性紧张”状态。很可能的情况是，要等第二代、第三代皇帝成功执政之后，这种合法性紧张才能缓解。这就是历史上的“二代危机”，比如秦代、隋代和分裂时期的一些大小政权，都没有通过这样的考验。尤其是，在中国历史上，少数民族和汉人几乎是轮番夺权的，几乎一半的中国历史是由北方族群所主导的。少数民族政权对于自己政权的正统性反而会更加敏感，失去北方的南方汉人政权对于正统性的辩护也变得急切。虽然总是要过很多年才有一次论证的高潮，但由于历史很长、很连续，从商周时期的汤武革命开始，历经了三千多年，政权更迭的次数太多，也就论证了很多次。这样的论证是非常重要的文本，被后世的人反复阅读。在这个过程中，关于中国式政权合法性的表述越来越稳定，核心是“天命”在谁的手上。

《易·革·彖辞》中有“汤武革命，顺乎天而应乎人”的名言，这也是对天命在哪里的基本解答。无论怎么解释“顺天应人”，都要注意民心向背的重要性。这就好比考试题是固定的，答案也是固定的，而且是人所共知的，几千年下来，它们本身就成了文化。

文化合法性与否不仅仅意味着权力的获得方式是否传统，更在于施政的具体方式是否符合某些理想标准。白德瑞在研究传统中国的官吏的行为时，也曾困惑于这种高度灵活的实践背后的正当性来源。他最后认为，那些赋予儒家意识形态以正当性的原则，不属于韦伯所说的克里斯玛型、传统型或法理型中的任何一种，甚至也非来自他们的工作绩效或者专业技能。“毋宁说，它来自知县对那种高度个体化的儒家道德理想的认同。而这种儒家道德理想，不仅维系着由知县作为其缩微代表的帝国政府之权威，而且还捍卫着地方社会精英这一更广泛的社会阶层的权威。”① 同一套教化居然连续地宣扬了两千多年，如果说它没有威力，那是不可能的。

赵鼎新使用意识形态合法性一词，用来说明传统、宗教或基本价值体系的合法性认同②。意识形态合法性与这里的文化合法性概念外延是有重叠的，但我们确实不能把中国人的基本文化价值都说成意识形态。意识形态是一个过于冷峻的词，它不能表达化成天下的动感，不能表达大道理与百姓日常之间的

---

① 白德瑞．爪牙：清代县衙的书吏与差役．尤陈俊，赖骏楠，译．桂林：广西师范大学出版社，2021：16.

② 赵鼎新．民主的限制．北京：中信出版社，2012：47－60.

若即若离的关联性。而且，意识形态可以属于这里说的社会价值观而不一定是基本价值观，它仅仅是国家的，而不是天下的。基本价值观在一定程度上可以保持对意识形态变化的自主性。周雪光研究了革命以来中国的政策变化导致的动态分层，这些巨大的政策变化改变了一批批人的人生机遇，他认为这导致了中国人的政治幻灭①。但在实际上，这种幻灭感的程度在不同中国人那里会有很大的区别，如果说饱经战乱的普通百姓因为种种政治运动就失去了对于共产党的文化合法性认同，是缺乏经验支撑的。正如周雪光自己所发现的："在中国，或许更微妙却深远的国家社会主义经历的遗产已经浸入了新的世界观。一个有着强大组织能力和国家主权的强大国家——独立且不畏强权——过去 45 年的经历，已经为中国人注入了一种强烈的国家认同感和一种新的世界视野。"② 这个判断对于农民和市民都是有效的。

2. "共建共治共享"的目标

自觉与自信的更高境界不止体现在手段和成效上，更重要的是能体现在目标上，这是一种内心的希望，这种希望——如果是真诚的——位于我们心理结构的更深处。相比而言，手段和成效都可能停留在显意识中。重构内心深处的希望是关于手

① 周雪光．国家与生活机遇：中国城市中的再分配与分层 1949～1994．郝大海，等译．北京：中国人民大学出版社，2015：290.

② 同①296.

段和成效的内容在内心深处沉淀的一种方式，当人们愿意根据眼前的情况调整对于未来的预期时，这应该是基于现状的深刻理解，而不是基于肤浅的了解。

中国共产党所提出的目标可以分为两类：具体的中国的发展目标和抽象的普遍性的价值目标。

（1）中国梦与文化合法性。

中国共产党多次提出对于未来发展目标的新表述。改革开放以前，目标从周恩来在1954年提出的“四个现代化”变为毛泽东提出的“跑步进入共产主义”。改革开放以后，目标变得务实起来。最著名的是邓小平时期提出分“三步走”。第一步，实现国民生产总值比1980年翻一番，解决人民的温饱问题；第二步，到20世纪末，使国民生产总值再增长一倍，人民生活达到小康水平；第三步，到21世纪中叶，人均国民生产总值达到中等发达国家水平，人民生活比较富裕，基本实现现代化。然后，在这个基础上继续前进。十五大报告首次提出“两个一百年”奋斗目标：“到建党一百年时，使国民经济更加发展，各项制度更加完善；到世纪中叶建国一百年时，基本实现现代化，建成富强民主文明的社会主义国家。”十六大报告提出“要在本世纪头二十年，集中力量，全面建设惠及十几亿人口的更高水平的小康社会”。党的十八大重提“两个一百年”奋斗目标，进一步细化了“三步走”战略的第三步，并把目光投向更远的民族复兴愿景。2012年11月29日，在国家博物馆参观《复兴之路》展览时，习近平表示：“我坚信，到中国共产党成立100年时全面建成小康社会的目标一定能实现，到新中国成立100年时建成富强民主文明和谐的社会主义现代化国家的目标一定能实现，中华民族伟大复兴的梦想一定能实现。”十九大报告更清晰地列出全面建成社会主义现代化强国的时间表、路线图：从2020年到2035年，在全面建成小康社会的基础上，再奋斗15年，基本实现社会主义现代化。从2035年到本世纪中叶，在基本实现现代化的基础上，再奋斗15年，把我国建成富强民主文明和谐美丽的社会主义现代化强国。

在这一系列的表述中，“中国梦”的提出特别值得注意，它指的是“实现中华民族伟大复兴，就是中华民族近代以来最伟大的梦想”，由新一代领导集体在2012年11月29日参观《复兴之路》展览时提出。这个提法有两个特点：一个是它将未来的目标和中国的传统联系起来，激发起中国人对于民族历史的回忆。这是它和“现代化”的提法很不同的地方。另一个是它使用的语言是口语式的。就像邓小平提出的“小康”一样，“中国梦”也是一个植根于生活的词。当我们将未来的目标和民族的历史文化联系起来时，它带来了合法性来源的转换，从绩效合法性转换成文化合法性。这种现代化目标的本土化转换让人们意识到，执政党正在做的事情，正是历史上那些伟大的朝代曾经做过的事情，而且能够超越它们，我们将要实现的目标并不仅仅是一个抽象的社会进步的结果，也是重获我们本来就应该拥有的地位，因此很值得继续做下去。

（2）“共建共治共享”目标的内涵。

“共建共治共享”不仅仅是价值性的追求，也融合了对于理想手段的理解。这三个词的意义并没有一个权威的解释，可能也不存在一个权威的解释。既然一个词想要获得大众的共同认可，就要接受大众对它的各自解释。当然，种种解释中必定会有一些公共的意义领域。作为身处这个时代的一个学者，笔者尝试对这三个词的公共意义领域做一些把握。其中每一个词既要放在这个词组中来理解，也要放在它们经常出现的语境中来理解。

这三个词本来都是单独出现的，“共治”的出现要晚得多。这个词在香港出现得比较早，在内地则是近几年基层组织在总结治理创新经验的时候提出的。“共建”与“共享”被联系在一起，也许是在21世纪最初的几年。2006年十六届六中全会做出的《中共中央关于构建社会主义和谐社会若干重大问题的决定》提出：“我们要构建的社会主义和谐社会，是在中国特色社会主义道路上，中国共产党领导全体人民共同建设、共同享有的和谐社会。”在中国共产党的领导下，人民群众是改革发展成果的创造者，也是改革发展成果的享有者。胡锦涛在2007年“两会”期间参加工会、共青团、青联、妇联的全国政协委员联组讨论时指出，必须坚持“把共同建设、共同享有和谐社会贯穿于和谐社会建设的全过程，真正做到在共建中共享、在共享中共建”。2015年十八届五中全会通过的《中共中央关于制定国民经济和社会发展第十三个五年规划的建议》提出：“建设平安中国，完善党委领导、政府主导、社会协同、公众参与、法治保障的社会治理体制，推进社会治理精细化，构建全民共建共享的社会治理格局。”十九大报告提出了“共建共治共享”的三词组合，具体是“打造共建共治共享的社会治理格局”。2019年10月，十九届四中全会专门为治理问题做出的决议又提到了这个词组。但“共建共治共享”并不仅仅是一种治理的理想手段或目标。在 2020 年 8 月召开的经济社会领域专家座谈会上，习近平提出一个“以共建共治共享拓展社会发展新局面”的命题，其中“共建共治共享”被看成一种社会发展的总体思路。

在讨论了“共建共治共享”的语境演变之后，我们再来看如何分别把握这三个词的语义。

“共建”有两层意义：一层是治理中的共建，一层是发展中的共建。就治理中的共建来说，“共建”通常是与“多元共建”联系在一起的，它指的是治理体系之体与系的关系。它对于共建的主体有两点设定。其一是“系”中间的并非群众的精英力量，否则其也没有力量来共建。但是，这种精英力量总是相对的，是在具体人群中比较有能力的人或主体。“共建”包含了一种号召——号召有能力的人参与到美好社会的建设中来，承担责任，贡献力量。其二是精英中的体制外精英，否则他们本来就在建设过程中，不需要另外号召。到了后来提出“全民共建”，“共建”的精英色彩或者身份色彩就淡化了，但我们应该理解，“共建”主要是在号召有能力的体制外精英。就发展中的共建来说，它指的是公有制为主体、多种所有制经济共同发展的发展主体之间的格局。一般来说，我们在表述多元化的发展时很少说“共建”，而是说：“共同建设”，比如“共同建设伟大祖国”。所以，目前的“共建”主要用于治理。在 2020 年 8 月召开的经济社会领域专家座谈会上，习近平将“共建共治共享”理解成发展局面的概括，那么，“共建”这个词的语义也可能朝着这个方向强化。

“共治”具体指的是两种类型的共同治理。第一类是治理体系之体内部的条线协调，它代表了“块”对于“条”提出的要求。第二类是治理体系之“体”对于“系”提出的治理要求，这一点和“共建”有相似的意义。其中的差异在于，同样是治理体系之“体”对于“系”中的精英力量提要求，“共建”是抽象的、一般性的，而“共治”让人马上想起一些具体的治理任务。比如街道环境卫生治理：面对创建全国文明城区的任务，上下级和各部门的协同是分内的事情。垂直管理的驻区单位和部门的协同是需要协调才能实现的“共治”的内容，而对辖区内的企业尤其是物业公司的人力和物力的调动，就属于最典型的“共治”。“共治”是相对于群众的“自治”来说的，也是相对于体制内力量的各自为政和体制外力量的冷漠旁观而言的。

“共享”的字面意义比较明确，指的是“共建共治”的成果要大家都能享有，至于这个享有是可分的、各自拿回家去享有，还是说作为公共物品共同享有，这都是可以的。但是，深入字面以下，它的意义就有尖锐的分歧。一个分歧体现在公平上。比如，在机会公平和结果公平之间，它似乎偏向于结果公平：通过机会公平产生精英，精英参与共建和共治，然后形成结果，让大家共同享有。另一个分歧体现在共享的对象上，即到底什么是可以共享的。比如人们争论较多的土地增值收益的分配问题，其中涉及很多问题，例如，如何看待政府垄断农用地转建设用地的权力。又如如何共享国有资本。国有资本既然是全民共有，那么，它们怎么实现全民共享？再比如，集体资产是集体所有，能否量化到个人？还有一个分歧体现在共同富裕的途径上。在中国谈共享，必定要谈经济利益上的共享，尤其是从社会主义意识形态中延续下来的共同富裕，这是邓小平提出的社会主义本质的落脚点。共同富裕不能抽象地谈；谈具体了，才能知道它内含的问题是什么。比如，在农村如何看待集体经济和集体企业这个议题下，我们可以这样深入下去：专业合作社为什么不能是完整的合作社？为什么要限制它的金融合作能力？要不要考核村干部发展集体经济的成绩？如果要考核，权重是大一点好还是小一点好？

当把“共建”和“共治”放在一起说“共建共治”的时候，我们可以想起社会主义的制度优势之一是“集中力量办大事”这个比较早和很稳定的提法。“共建共治”也包含了“集中力量办大事”的意思，但它的意思更广，它还包含了“共同协作办小事”的意思。而且，“共建共治”的“共”和“集中”的语义也有强弱差别，“共”包含了自愿参与的意思，如果是“集中”就显得比较强势。“集中力量办大事”是从革命年代延续至今的，而“共建共治”是常规性国家才特有的治理和发展模式。

当我们把“共建共治共享”三词联组之后，它可以挖掘的意义潜力就更大。“共建共治共享”应该被看成一种新型的社会理想，它不仅适合中国，而且具有内在的普遍性。

(3)“共建共治共享”的普遍性意义。

我们把“共建共治共享”的目标与另外三个普遍性的发展目标做一个对比：邓小平描述的社会主义、社会民主主义、共产主义。无疑，这是三个对于中国社会发展来说非常重要的目标模式。

“共建共治共享”不是中国共产党第一次提出的具有明确

普遍性的目标。此前最著名的是邓小平 1992 年南方谈话中对于社会主义本质的表述："社会主义的本质，是解放生产力，发展生产力，消灭剥削，消除两极分化，最终达到共同富裕。"其中的每一个目标都代表了一种普世性的追求。2014 年 9 月 5 日，习近平同志在庆祝全国人民代表大会成立 60 周年大会上的讲话指出：中国共产党的领导是中国特色社会主义最本质的特征。这样一来就把中国特色社会主义的最本质特征特殊化了。在这个背景下，我们会看到"共建共治共享"可能提出了一个提法要担负的使命：必须有一个提法能够集中地表达中国发展经验的普遍性意义。不能说"共建共治共享"就是最合适的表达，但目前而言，我们可以就此而论。

我们应该理解，"共建共治共享"并不仅仅具有普遍性，也包含中国特定的语境因素。我们全面建成小康社会之后，中国社会的新目标是什么？在急剧变化的人类社会和自然生态系统中，人类可以追求的目标是什么？将来如果还需要有一个目标词来替代"小康社会"的话，这个词应该会包含"共建共治共享"的愿景。

"共建共治共享"是一个在市场经济条件下的社会主义的发展目标，与社会民主主义相比，它们之间的差异是深刻的。在中国的社会文化中，关系性的"我"可以形成一种系统与生活之间的体系化的联结；但在欧洲社会中，人与人之间较大的距离必定会继续保持下去，如果其精英也能够保持对大众的关注和关心，一定是另有方式的。社会民主主义的语境是一个政治社会，还是会强调民主，还是会期望形成一个政治共同体，来团结精英和大众。但在中国，生活社会是我们的语境，我们会努力朝向一个“社会共同体”发展。在一种有体有系的结构中依靠人联系人来共建共治共享的结果，可以认为是在朝向一个“社会共同体”发展[①]。在经济制度上，中国拥有更加强大的国有制或者全民所有制，这是大多数的国家难以复制的。最发达的国家不肯这么做。不发达的国家即使想这么做，最发达的国家也未必会愿意它们这么做。

共产主义社会的理想没有过时。它代表了这样一种思路：人的发展要以社会的完善为前提。没有社会整体的完善乃至全人类的解放，就不可能有个人的真正解放。完善的人格如果是既独立又完整的，那么，无论是从可以自求完整的关系性的“我”出发，还是从因为孤立所以必须融入大社会的排他性的“我”出发，应该都是可以的。共产主义社会的愿景允许有不止一种到达的路径，允许各个民族的文化差异。但是，无论哪一种路径，都是多个条件的复合。在这些条件中有一个绕不开的条件，那就是生产力的极大发展以及由此引起的生产关系的变化。目前，关于关系性的“我”的自我完善之道仅仅被设置成一种自我的提升，而不是社会整体性的任务，这可能也是偏颇的。排他性的“我”基于生物秉性和文化设定，所以视人格独立为当然的正确，但他也希冀人格的完整以至于完善，这种独立之后的完整只能通过社会的全面发展来实现。那么，这怎么可能呢？前面我们介绍的政治社会的方案，是先通过人的交

① 虽然也有一些欧美的理论家期待西方国家也能成为社会共同体，而不仅仅是政治共同体，但是，在私有制为主体的国家，阶级矛盾可能潜伏下来，却看不到和解的希望。而且，像美国或法国这样的国家，一旦从内部发生了亨廷顿所谓的“文明的冲突”，很难想象它们将如何重新整合起来。这种国内的文明冲突似乎也是不可避免的。

往建立社会共识，再逐渐地通过民主权利的扩大，实现社会对于国家的消解。但在马克思主义的视野里，这显然是一种不可行的空想，之所以一再被人郑重其事地提起，只能说是一种系统性的意识形态宣传。关系性的“我”与排他性的“我”都是自我中心的，这种自我的根源是深刻的，它的社会根源与私有制是分不开的：如果没有财产属于自己，乃至没有一个家庭属于自己，“我”可以抓住的东西就大大减少了，只剩下自己的身体、生命和荣辱。同时，能够束缚“我”的东西也就大大减少了，人格的独立与完整在朝向“无我”的途中现出曙光。所以，必须消灭私有制，才能解放每个人的“我”。马克思提出的方案是，从经济上形成全民所有制的国家，这个国家的财产是全民所有的，因此也是社会所有的——还可以有其他的社会所有的形式。全民所有制为人的全面发展和走出异化提供了可能，前提是：全民所有制应该是可能的。

处于一个朝向人的全面发展的准备阶段，我们要从实际中提出另外一种可能：即使没有完美的社会，也可以有圆满的人生。个人的完善与社会的完善是两个不同的有关联的问题。说不同，是因为它们之间确实没有必然联系，任何时代任何社会中都会有人过得圆满。

问题就转换成：怎么样在一个普通的社会中，让更多的人获得比较圆满的人生呢？共建共治共享的社会在这个意义上可以看成共产主义社会的一个不圆满的替代品，或者是具有现实性的思路。圆满的人生是一个个人问题，让更多的人人生圆满是一个社会性的议题。“共建共治共享”既是一种公共化的社会联结，也是人联系人的体系化的联结，同时还是大家相互提携着把日子过好的理念。

3.“内在超越”的政治发展

在中国治理体系的历史演进过程中，“共建共治共享”是一个逐渐呈现出来的目标。以具象社会的理念来看问题，这是中国的国家性质发生改变的结果。国家的统治功能弱化，而服务人民的性质凸显，上下联结的方式随之而变。从原来的以汲取为主，转向了管理、汲取、教化、动员、服务和发展的多重纽带状态，再进一步朝向“共建共治共享”的目标去努力。其中，当然有一种政治发展的内涵，问题是：这是哪一种政治发展？我们可以注意到“共建共治共享”和“民有、民治、民享”之间的不同，直观地看，一个强调社会的共同性，一个强调人的个体性。所以，朝向“共建共治共享”的政治发展不适合放在自由主义的政治发展观念中去评判。新的政治发展观可以被认为是社会主义的政治发展观，也就是社会主义制度的自我完善。目前，人类的历史还是以民族国家的形式展开的，每个国家的发展包括政治发展都深深地嵌入本民族的历史文化脉络中。对于中国来说，这种政治发展也必定是我们这个文明的自我完善。

实际上，既然人类的历史还是以国别史为基础的，那么，所有的政治发展都一方面是朝向人类社会的某种共同前景的努力，另一方面是政治体系所属文明的自我完善。问题在于，中国社会的这种自我完善有何特色？本书有一种基本的看法，即国家的生存发展与人的活法之间有着内在的契合性。还有一种看法认为，中国人的自我修养是一种“内在超越”式的[①]。那么，中国治理体系的自我完善就可能是一种内在超越式的自我完善。

全球化意味着社会分工会在更大的社会系统中以更快的速度推进。按照涂尔干的理论，社会分工总是在一个方向上鼓励个体能动性，在另一个方向上要求社会提高整合性。我们在讨论政治发展的时候，必须兼顾这两个目标的同时达成，然而，它们是相互矛盾的。

对于中国社会来说，这一对矛盾的主要方面在于执政党，它既要发挥执政党的自主性，又要保持和人民之间的密切联系。社会的分化日夜不停地发生着，执政党既要尊重这种分化的历史合理性，也要坚持自己执政为民的理想，通过中国特色的治理体系采取各种适当的措施，确保分化中的整合。这在客观结果上，将是维持了这个社会的具象性。这不仅仅是一个执政党的命题，也是整个国家要完成的内在超越。这种内在超越在人和国家两个层次上同时展开。在人的层次上，人的幸福本身就需要每个人的自我完善。很有可能的是，在我们这种文化

---

① 牟宗三提的是“内在超越”，余英时强调的是“内向超越”。笔者在这样的意义上使用“内在超越”一词：它意味着某个行为主体朝向知行合一状态的实践。从内在超越的角度理解政治发展，将执政党理解成一个可以内在超越的行为主体，自然地有一种儒家思想现代化的意味。民国以来的现代新儒家致力于和西方的自由民主与资本主义进行沟通，现在看来是此路不通。如果儒家还能对未来中国有所启发，它就必须重新返回宋明以来儒家修行实践的内核，重新将之祛魅，完成新的世俗化表述。从知行合一来理解内在超越也许是一个适当的路径，在这个路径上，毛泽东的《实践论》应是一个重要的基石。完整地阐述这些，不是这里的任务，本书仅仅提出，在实践上，存在一种“内在超越”的政治发展。牟宗三．中国哲学的特质．上海：上海古籍出版社，2008；余英时．论天人之际：中国古代思想起源试探．北京：中华书局，2014.

中实现幸福的最佳条件包含了梁漱溟所说的中国人的理性，朝向理性的过程是中国人的人格成熟过程，远远地指向圣贤的境界，这是一个内在超越的过程。在国家的层次上，需要执政党始终不忘初心，精进不懈，在变化的环境中不断地将社会主义的人民主权理想落实下去，成为一个知行合一的政治组织。习总书记说的“江山就是人民、人民就是江山”，就是社会主义人民主权真正落地之后的状态。在这种状态下，人民主权既体现为权利也体现为幸福，政治进步的目标和人民自己的目标是一致的。

对于西方社会来说，社会分工带来的矛盾的主要方面在于个人对自由化的追求。这种追求具有一种向外的扩张性，这不仅仅可以从西方社会倾力传播自由主义民主价值观的实践中得到说明，同样地，也应该能从西方文化中找到根基。自由主义民主所适应的人格特征是向外扩展的，或许是与排他性的“我”有更多的亲和性，在政治上体现为独占性的个人主义。对于自由主义民主制度和特定人格之间的关系，有这样一段恰当的介绍：“与权威相比较而言，民主更能体现政治现代化的特征，也是更富感召力、更有持久性的目标。其感召力根源于现代化过程中个体的一种更持久、更强烈的渴望——向外扩张的渴望。这种渴望也许被叫做自我实现、个性解放、人的完善或远大追求。总之，不同的文化、不同的意识形态都在以不同的词汇肯定着这种向外扩张的渴望。在这种欲望的支配下，人类的能力感（无论是个体的还是集体的）大为增强。作为集体来说，人类对自然界提出越来越多的要求；作为个体来说，除了对自然界的要求外，对他人、对社会也提出了越来越多的要求。由于个体受向外扩张的欲望所支配，自然不希望受更多的外在干预，这就是自由的愿望；同时，希望自己在由人构成的集体中拥有更多的发言权，为实现自己的欲望和要求创造更好的条件，这就是民主的愿望。”①

这样的所谓发展是不可持续的。个人人格的扩张给社会整合带来了巨大的挑战。人的自由遵从资本的驱动，却需要唤起内心的价值观来约束自由的负面效应。但按照个人主义的设定，这种内心的价值观不可以“公意”或某种集体心灵来体现，必须分解为个人的内心自愿。这就必须对个人的内心道德抱有最充分的信赖，可是，这种道德又没有充分的来源。在宗教衰落之后，本应该寄希望于有效的教育或者说教化，但在这种个人主义的文化里，却不允许对个体的道德进行强有力的社会性批判。当代西方流行的社会和政治理论总体上是一种“唯社会”的理论，注重社会批判，回避个人批判。如果个人也可以成为批判的对象，似乎就必须建立卢梭的“公意”，或者让西方世界回到中世纪，或者让柏拉图的道德世界复活，甚至就要召回极权主义，但在现在看来这些都还不是选项，进一步说，在任何时候都不应该作为选项——适时的选项总是新的。一种已经极度个人主义化的社会还能否为自己重新厘定方向，是值得怀疑的。实际上，已经有多个西方学者宣称过文明的终结，这既是源于对西方文明处于人类文明引领地位的自信，也是出于对西方文明的自身活力的担忧。

随着全球化将几乎所有国家卷入其中，自由主义价值理念

---

① 施雪华．政治科学原理．广州：中山大学出版社，2001：926－927.

的传播也开始遭遇它的外部极限。这就是沃勒斯坦的世界体系理论所预言的“渐近线”问题，意思是说：一种资本主义的全球发展模式正在触碰到它的极限，不可能继续保持原来的线性趋势①。一种向外扩展的制度具有更明显的外部性。当采取这种制度的国家在综合实力上占有优势的时候，它试图把周围的世界都当成它的腹地，迫使各国人民用自己的人力和物力供养它。无论在古希腊时期还是当代，都是如此。这样的制度承诺了经济社会发展的可能，但如果都采用这样的制度，指望领先国家的极度富裕最终能够带动最落后的国家也实现起码的富裕，要看大自然能不能允许人类这么宽松地发展，这是一个严肃的问题——如果这种制度的承诺是严肃的承诺的话。有人说，中国的文化是一种“紧文化”（tight culture），很早就适应了资源匮乏，过惯了紧日子，所以才能在抗疫的过程中坚持“动态清零”；西方社会是“松文化”（loose culture），自工业化以来就开始过着天大地大的生活，所以只能默认群体免疫②。今天，这个世界的资源和生态环境正在整体上变得严峻，如果自由奔放的“松文化”不能将地上建成天国，却能够帮助一小部分人移民到另外一个星球，让人类的基因继续延续下去——如果这种设想也是严肃的设想的话——这肯定不是最糟糕的情况，但不应该要求其他的大多数人都觉得这是一件很值得的事情。

---

① 沃勒斯坦．否思社会科学：19 世纪范式的局限．刘琦岩，叶萌芽，译．北京：生活·读书·新知三联书店，2008.

② 这对概念出自：GELFAND M J，RAVER J L，NISHII L，et al. Differences between tight and loose cultures：a 33-nation study. Science，2011，332(6033)：1100－1104。

这里不是在选择性地批判某一种文明，所有的文明都有自己的问题，所有文明的问题也都包含了人类共同的困境。排他性的“我”与关系性的“我”一样，不能说这两种人格类型本身有优劣之分，相比既独立又完整的理想人格来说，它们也都处于未完成状态。政治的发展与人的发展一样，都应该是全面的发展，否则，也都是不可持续的。笔者想说的是，人类确实是一个命运共同体，相互尊重，相互学习，各自超越，大概才是恰当的相处之道。

第五章　现代治理体系中的人格化联系

我们党的最大政治优势是密切联系群众，党执政后的最大危险是脱离群众。党风问题、党同人民群众联系问题是关系党生死存亡的问题。党在自己的工作中实行群众路线，一切为了群众，一切依靠群众，从群众中来，到群众中去，把党的正确主张变为群众的自觉行动。

——《中国共产党章程》

治理体系中的联结模式是体系化联结，体系化联结的核心机制是人格化的互动，其中要分为个人化与类型化两类，或者比较口语化地说，是“因人而异”和“区别对待”。在这里的用法中，前者指因分个体特征而有差异，后者指根据类别来对待。如果是一般化的互动，就不能称为人格化，此时人的具体特征变得不重要，用口语化的方式来说，一般化的互动是“一视同仁”的。在中国的体系化联结中也存在比较一般化的联结，比如给种粮农民发良种补贴，采取的是直接打到他们的银行卡的方式。这种方式摒弃了通过熟悉农民的干部直接发现金的方式，目的是防止有人从中克扣。相对而言，直接打到银行卡的方式就把种粮农民一般化了一些，这是一个利用信息化技术自动完成的过程，但是，毕竟还是要收集核对每户的信息。有没有那种完全不考虑对象个体的具体特征的一般化联结呢？这样的例子不多，比如在少数民族人大代表身上能够体现出来：当身着本民族节日盛装的代表出现的时候，该民族的人民能够感到自己的重要性，这个感受是匿名的，此时他们是作为民族的抽象的一分子来表达情感的。这在某省、某个界别、某种宗教的代表上也能显示出来。总的来说，这种比较纯粹的一般化联结是不多的。

人格化联结当然是在人际互动中完成的。人际互动中的基本法则是回报关系。赵汀阳极其简明和简化地说：“回报关系、因果关系和逻辑关系分别是社会、自然和思想的唯一有序性，其他状态都是无序。”① 齐美尔和布劳对于人际互动中的报偿原则也有相似的认定。那么，在治理体系内的人际互动中，治理者可以提供的是什么？前面提到如物质性的资源、知识或信息、心理支持、体力或者其他帮助等，另一方可以回报的除了这四类，还有彼得·布劳说的赞同、吸引和依赖，以及由此产生的服从。如果这种回报关系能够正常地发生，就会产生治理的效果。

一　因人而异

这里说的因人而异或者个人化联结的对象不只是人，还可以是家庭或者一个具体的组织。这里要对这些丰富多样的个人化联结机制进行分类和讨论。我们要思考的问题是其中的传承与发展，尤其是要思考：这些个人化的联结方式在当代社会能否适应正在发生的深刻转型。

在所有的国家，都存在对于民众的管理、服务、动员，以及民众的参与，这些都可能是人格化的乃至个人化的。但是，中国的体系化联结过程中的人格化很有特点，不仅人格化的色彩浓厚，而且会更加直接地面对具体的个人，而非抽象的个人。我们可以归纳出以下六种治理体系联系具体个人的方式：

① 赵汀阳．论可能生活．2版．北京：中国人民大学出版社，2010：159.

组织、分配、生活治理、感性互动、共同在场和个别处理。

当代的这种个人化联结与魏昂德所概念化的“共产党社会的新传统主义”① 有什么异同呢？魏昂德研究的对象是计划经济时期的国有企业，当时，整个社会的分配机制都是国家控制的，没有开放的就业市场，人对于自己的单位有着深刻的依赖性，因此形成了以垂直控制为中心的人际连带关系，包括领导对于员工的庇护关系。魏昂德相信，他所洞察的不只是国有工业企业，也是共产党社会的运行机制。的确，他的洞察力是惊人的。不过，在叹服这种洞察力的同时，我们也要注意三点。

其一，对于某种文化的人际关系的感受还得以当时当地的人为准，只有浸润其中的人才能全面地体会全部滋味。

其二，我们不能陷于对结构和机制的关注，忘记了这种结构和机制的目的和效果。结构和机制是社会的形式，似乎可以超越具体的环境和条件来讨论。但是，目的和效果本身就必定要在具体的环境和条件下才有效。如果我们仅仅考察这种结构和机制，就会更多地看到其中的人与人之间的纠缠。然而，一个民族在从落后状态中抱团突围时形成过于紧密的人际关系，在付出了代价之后，也取得了成绩。谈代价的时候不能忘记了成绩，这不仅仅是作为中国读者对于自己历史的同情心，也是一种通情达理的心态。

回到前面讲到的，关系性的“我”与家庭行动者更容易陷入跨圈子集体行动的困境，必须解决这种中国人的组织难题，

① WALDER A G. Communist neo-traditionalism: work and authority in Chinese industry. Berkeley: University of California Press, 1986.

才能实现中国社会的突围。从苏联学习来的思想理论和组织纪律对于组织好军队与党员是非常关键的，但对于组织普通百姓来说，依靠这些就不够了。利用中国人的人情、面子、关系的逻辑将人组织在一个权力核心的周围，将权力的文化网络转化成权力的组织网络，是有效化解中国人的组织困难的办法。

其三，体制环境在今天已经极大地被改变，人对于单位、群众对于党和政府的关系都发生了极大的改变。这种改变一部分导致了向革命前中国治理模式的回归，比如重启了一些自治的机制。但这种改变更是在开启一个新的发展方向，因为，在今天的治理精英与大众之间，精英的权威大大降低了，这既不同于传统中国也不同于计划经济时代。治理精英毕竟掌握着大量的资源，而且，他们也确实具有不同一般的素质，他们在群众中的权威不至于彻底消失。但是，这种权威又被另外一种压力所征用了，也就是上级要求他们必须紧密联系群众、必须服务群众和帮助群众；无论群众对干部回报了什么，这个朝向群众的态度都必须有。不是群众要主动向干部投靠，而是干部一定要贴近群众，这种主动性的倒置在魏昂德观察的时代是没有的。这里打一个不甚恰当的比喻：这种反差有点像家庭中的代际伦理，原来的长辈的权威严重丧失了，但人生任务丝毫没有减少。对于这种关系的翻转，本书开头给出的解释是系统的生活化。这里的任务是将现象分类列举出来。

1. 组织联系

这是体系化联结中最有力度的一种，也是最能区别开来体系化联结和公共化联结的方式。在计划经济时期，组织化曾经将几乎所有个人都纳入组织体系中。这些具有治理意义的组织包括三大类：（1）单位，如机关、事业单位、企业单位等。（2）社区性组织，如城镇街道、居委会、村委会和合作社等，以及其中受党组织直接领导的群众文体团队。（3）政治化组织，如中国共产党，共青团、民主党派、工会、妇联等人民团体，乃至国家武装力量，都是直接联系到个人的组织化机制。

第一，关于单位。改革开放以来，经济性的单位制衰微，但是其余单位和政治性组织还在；而且，企业单位在“抓大放小”的过程中还是保留了不少，在大城市尤其多。但是，县级及以下是市场化改革最为彻底的领域。市场化程度越深的组织，它的政治色彩也就越淡化，越是不能发挥传统单位那种组织化联结的作用。即使是国有企业，在一个开放的劳动力市场中，魏昂德所概念化的那种职工对于组织和领导的连带关系也大大弱化了。典型的是学校，随着各种分配机制的规范化，它不仅变得像一个理性的科层组织，甚至走向了一种极端，底层员工比如青年教师其实并不能合理地表达自己的利益诉求，出现了所谓“青椒”（青年教师）问题。

十八大以来，党建大大加强，出现了一种新的情况，也就是党建的组织覆盖和工作覆盖，尤其是向民营企业和社会组织的覆盖。它在一定程度上使得市场化的企业和社会组织政治化了，使得企业和社会组织也成为党联系个体化个人的一个渠道。这种政治化的程度要看企业和社会组织负责人对于党建的支持程度。通常来说，这种体制外组织主要是便利党组织联系体制外人士和流动人口的一个渠道，它们不可能像国有企业一样重视政治生活。

截至2019年底，全国有基层组织468.1万个，其中基层党委24.9万个，总支部30.5万个，支部412.7万个。全国8 636个城市街道、31 062个乡镇、105 257个社区（居委会）、533 824个行政村已建立党组织，党组织覆盖率均超过99%。全国共有机关基层党组织72.3万个，事业单位基层党组织91.3万个，企业基层党组织147.7万个，社会组织基层党组织14.2万个①。2019年的统计公报没有披露机关、事业单位、企业和社会组织的党组织覆盖率。在2018年的统计公报中有相关表述：全国23.0万个机关单位已建立党组织，占机关单位总数的99.7%。51.5万个事业单位已建立党组织，占事业单位总数的95.2%。18.1万个公有制企业已建立党组织，占公有制企业总数的90.9%。2018年的统计公报没有公布非公有制企业的党组织覆盖率②。2017年的统计公报显示：187.7万个非公有制企业已建立党组织，占非公有制企业总数的73.1%。这两年经济形势下滑，可能会影响非公有制企业的党组织覆盖率③。

第二，关于社区性组织。当我们说组织化联结的时候，应该把社区排除在外。曾经的人民公社既是社区也是单位化的组织，在改制成乡镇或行政村之后，社区不再是真正意义上的组

---

① 2019年中国共产党党内统计公报．(2020-06-30). http://dangjian.people.com.cn/n1/2020/0630/c117092-31765452.html.

② 图解2018年中国共产党党内统计公报．(2019-07-02). http://dangjian.people.com.cn/n1/2019/0702/c117092-31208970.html.

③ 2017年中国共产党党内统计公报．(2018-06-30). http://dangjian.people.com.cn/n1/2018/0630/c117092-30097506.html.

织化机制。但是，近些年的社区建设，提升了社区通过组织化的方式联系群众的能力，尤其是党组织领导的群众文体团队事实上也是党组织联系群众个人的重要渠道。

第三，关于政治性组织。在单位制弱化的同时，政治性组织中的共产党员得到了大大的发展。截至 2021 年 12 月 31 日，中国共产党党员总数为 9 671.2 万名，年末中国总人口为 141 260万人，党员占比 6.85%。其中，女党员 2 843.1 万名，占党员总数的 29.4%；少数民族党员 728.5 万名，占 7.5%；大专及以上学历党员 5 146.1 万名，占 53.2%。按职业来分，其中工人（工勤技能人员）659.4 万名，农牧渔民 2 592.3 万名，企事业单位、社会组织专业技术人员 1 548.7 万名，企事业单位、社会组织管理人员 1 094.8 万名，党政机关工作人员 780.5 万名，学生 305.2 万名，其他职业人员 748.2 万名，离退休人员 1 942.1 万名。截至 2021 年底，全国入党申请人 2 062.5 万名，入党积极分子 1 009.1 万名①。自十八大以来，党员发展的质量要求大大提高，党员发展速度放缓。

民主党派和人民团体也在体系化联结机制中发挥了重要作用。民主党派和特定群体之间的关联基本局限于党员之间，它们像是一些个人的联合体，具有封闭性。相比而言，一个人民团体要持续运转下去，就不可能只考虑自己的直接成员的利益，必须代表本群体的普遍利益。比如，民营经济协会可以理解成一个本地的商会，它的活跃分子就是协会的会长、副会

① 2021 年中国共产党党内统计公报．(2022－06－29). https://www.12371.cn/2022/06/29/ARTI1656486783270447.shtml.

长、秘书长、理事等人。但是，它也确实会代表本地企业和政府沟通，而且，在各个协会中，地方政府对民营经济协会的重视程度可能是最高的，表现在年终的年会上，当地主要领导会到场，这是一般协会无法得到的待遇。工会、妇联和共青团的情况有所不同：工会的主要领域在企业尤其是国有企业；妇联的主要领域在社区和企业，在社区通过基层妇联联系妇女代表和妇联执委会，在企业通过工会的妇女委员会开展工作，主要的活动机制包括妇女维权活动、一些针对妇女的福利和一些妇女发展项目；共青团的主要领域在学校，其在社区中的影响力很小。

值得特别提到的是农民工参加当地的组织的情况。根据国家统计局发布的《2021 年农民工监测调查报告》，在进城农民工中，30.4%参加过所在社区组织的活动，比上年提高 1.1 个百分点，其中，4.0%经常参加，26.4%偶尔参加。加入工会组织的进城农民工占已就业进城农民工的比重为 14.5%，比上年提高 0.2 个百分点。在已加入工会的农民工中，参加过工会活动的占 84.5%①。

2. 分配机制

在发展出著名的 AGIL 模型之前，帕森斯在他的《社会系统》一书中对于社会系统的研究非常丰富，他强调社会系统包

---

① 国家统计局．2021 年农民工监测调查报告．（2022－04－29）．http://www.stats.gov.cn/xxgk/sjfb/zxfb2020/202204/t20220429_1830139.html.

括分配与整合两个部分①。分配中难免有冲突，就会产生一个整合的问题。分配过程包括资源、人事和“报偿”（reward）的分配。其中，资源主要是各种物、金钱和权力。人事分配中对于人的人生机会的安排，区别在于分配的原则是一般还是特殊、是成就还是先赋。很特别的是，帕森斯强调了对所谓“报偿”的分配。这事关一种特殊的奖励形式，如声誉或符号象征。由于社会中的每一个行动、角色和成就都可以用声誉来评价，所以就有一个声誉的分配问题。评价的表现形式可以是一个象征，比如奖状或语言赞美，也可以是金钱、权位等。如果大家都看重金钱，那么可以用于报偿的手段就会紧张，可能发生报偿不够的问题。这样来看，韦伯所强调的新教伦理是在强调一种内心的自我报偿机制的有效性。如果所有的付出都能得到适当的报偿，那么社会整合将能很好地实现。这里之所以要大段地介绍帕森斯的分配理论，不仅是在谈到具体的中国社会分配问题时可以从中得到启发，在后面探讨“治理性团结”的可能性时也可以借鉴。

中国式分配有三个特点：

其一，国家掌握了资源、人事和荣誉的分配体系中最重要的方面，分配过程中的政治逻辑很强大。在资源方面，矿产资源是国有的，主要的银行是国有的，土地是国有或集体所有的，国有大中型企业经营着关乎国民经济命脉的自然垄断类的、资源性的、军事性的、核心金融类的等国民经济支柱性产业。民营企业在参与这些领域的同时，也就进入国家的资源分

① PARSONS T. The social system. Glencoe，Illinois：Free Press，1951.

配系统中。同时，国家也掌握了最重要的人生机遇。传统的科举制度是这种分配的典型。在计划经济时期，招工、招干和当兵都非常重要（可以参考黄宗智对农民人生机遇的研究，以及周雪光对城市人的生活机遇的研究[①]）。在当代，主要是公务员和事业单位工作人员的选拔，这关乎数千万人的职业通道。例如，从不断激烈化的公务员考试竞争中，我们能够理解公务员身份的含金量。国家还掌握着最重要的社会荣誉分配。

改革开放以来，这种分配的机制变得越来越理性化，考试和民意测验替代了推荐，减少了依靠关系的提携，但不可能摒除领导者的好恶因素，这种摒除可能是人类社会中的组织做不到的事情。尤其是实行“八项规定”以来，全国提倡“清清爽爽”的上下级关系，政商关系也变得清爽起来。大单位内部的人事关系也变得规范，在沿海地区尤其如此。能力胜过了私人忠诚，成为提拔的主要依据。魏昂德所发现的人际庇护大大地减少了，但要说消除还是不太现实。为了让人在放弃庇护原则之后还愿意做事情，尤其是做好领导交办的不太常规的事情，就发展了精细化的考核机制，使得单位内部的共同体氛围遭到削弱，这是不是好事还很难说。

国家主导了社会中最重要的资源的再分配，使得这种再分配受到政策变动的巨大影响，甚至能够造成一批人的人生机遇的相似性，以及不同批次的人的人生机遇的差异性。周雪光称

① 黄宗智．长江三角洲小农家庭与乡村发展．北京：中华书局，1992：291-304；周雪光．国家与生活机遇：中国城市中的再分配与分层1949～1994．郝大海，等译．北京：中国人民大学出版社，2015.

之为“分层动态过程”①。这种情况随着国有企业改制的完成已经淡化了，但也不能说就消失了。比如，上海市政府在2020年9月做出决定，出自上海交通大学、复旦大学、同济大学、华东师范大学四所高校的本科应届毕业生毕业后可以直接落户上海，这就形成了一种新的人生机遇的批量式供应。这种人生机遇的相似性主要体现在就业问题上，可是人生机遇不只是就业机会。入职之后的升迁和后面讲到的荣誉分配就是高度个人化的。总的来说，治理体系的长处并不在于对人生机遇进行批量式的处理。频繁的政治运动应该理解成一个国家初创时期的非常态；在常态下，治理体系的长处更多地体现在对于人的差异化对待。

其二，分配与整合的统一。分配的过程也是整合的过程，借分配实现整合。资源的分配可以是一种市场化的过程，得到好处的企业应该在社会治理等方面积极地配合政府。尤其是，如果这家企业位于开发区范围内，开发区作为一个政府的经济组织，它是要执行政治功能和社会治理功能的。开发区内的企业应该配合开发区组建各种政治性组织，积极执行社会治理任务，包括配合承担党组织推动的企业社会责任，比如关爱苦难家庭，或者帮扶周边社区，等等。端上了国家的饭碗，意味着进入“体制内”，“体制内”这个词就很好地说明了职位分配和政治整合的关系，因此，公务员与事业编制不仅仅是一种职业类别，也是一种社会身份。

其三，中国式分配非常看重荣誉。这是魏昂德在新传统主

---

① 周雪光．国家与生活机遇：中国城市中的再分配与分层 1949～1994．郝大海，等译．北京：中国人民大学出版社，2015.

义框架中提到过的，确实和中国的老传统有很大的关系。荣誉的分配具有直接的社会整合效果。既然我们倾向于将分配与整合进行糅合，我们就会非常看重荣誉的分配。人的荣誉不可能被政府或者准政府的组织所垄断，企业内部会产生荣誉，社区内部也会自动地产生荣誉，但是，涉及超出企业或社区范围内的陌生人领域中的人的荣誉时，基本上都是由政府或者准政府机构评定的。而且，由于政府的条线非常多，各种准政府的协会也非常多，这些荣誉评价机制就非常多。除了行业内的专业性的荣誉评定，对于企业家本人也会通过政治协商制度等进行政治地位的赋予，比如成为某级别的政协委员。同时，在依然保留了单位体制的机关、事业单位或者国有企业，以及基层社区中，这些单位和社区依然像计划经济时代一样，不断地生产着荣誉和身份意识，比如在农村社区里要评选“五好家庭”或者“环境卫生星级户”等。在城市社区中就不好评价家庭，目前能看到对楼道的评价，比如评选“美丽楼道”，但是居民一般也不大关心。

社会性或政治性的荣誉评定和专业性的资格审定有的时候会交叉起来，呈现一种泛荣誉化或者泛资格化的社会评价体系，它们共同导向了一种“类身份社会”的再生产。这种泛资格化的发生有两个基本机制。一是，根据这种评价的综合性。比如“高新技术企业”的评定，它并不只是基于产品的评价，也是对企业性质包括企业对于当地重要性的综合评价，既有专业性方面的考虑因素，也有综合考虑的因素。如果说企业是一家运用高新技术的企业，这是专业性的评价；如果说它纳税很多，对当地很重要，这是财政性的评价；如果说它创造了很多就业机会，这是社会性的评价；如果说它是一家积极承担政府部门指定的社会责任的企业，这也是社会性的评价。二是，资格审定也会和某些政府进行的资源分配结合起来，使得资格成为一种获得好处的依据，这就使得专业性的资格具有了社会身份的性质。在获得更大的好处比如更高层次的资格、荣誉、资源和地位时，既有的荣誉和资格都可以是必要的条件，它们在性质上没有区别。

我们会看到，中国的企业、单位、基层社区和个人都在不断地累积各种资格和荣誉，希望用它们换来好处。2009 年美国出品的动画片《飞屋环游记》是由彼特·道格特执导的，其中一个角色是一个小男孩，就是一个荣誉证章收集爱好者的形象。泛荣誉化的现象不仅仅是因为通过分配来整合是一种有效的社会整合机制，也是因为人们的确非常看重外在的评价。这是中国文化中非常普遍的根深蒂固的特性，它应该是一个高度世俗化社会的文化常态。

3. 生活治理

笔者曾经提出：中国发生的很多基层社会治理活动本质上是一种对百姓生活的治理，其直接指向是群众怎么过日子。这样的治理实践直接人格化地融入群众的日常生活过程，帮助群众实现有序乃至幸福的生活，因此可以称为是生活治理①。这

---

① 熊万胜．社会治理，还是生活治理?：审思当代中国的基层治理．文化纵横，2018（1）.

里的“生活”应该说很多都属于私人生活的范畴。按照这样的理解，就存在系统、社会和生活三个层次的治理，其治理的领域分别但不严格地对应系统各个领域、社会自发组织领域、与私人事务直接相关的生活领域。这里的私人事务指的是自然人或者法人的个体的事务。

我们可以按照这种生活事务的私人性的程度对生活治理进行分类。第一种类型其实属于公共事务的治理，但在中国采取了差异化和人格化的工作方式。第二种类型属于社会化或者市场化的生活服务或者治理事务，在西方可能是通过社会组织或者市场化的组织来完成的，但在中国通过政府组织或者准政府组织来完成。第三种类型属于中国的执政党和政府将管理和服务延伸到了私人生活的领域中。以上分别称为公共生活治理、准公共生活治理和私人生活治理。公共生活治理安排的是公共生活，准公共生活治理安排的是私人生活的公共化领域，私人生活治理安排的是更加私人性和个人性的生活问题。

公共生活治理的典型例子之一是：“无情改革有情操作”，比如这一类企业都要改制或者关停，但具体操作的时候，会分别根据每家企业的具体情况制定具体的方案；具体到企业内部的员工，会对其中特别困难的人给予照顾。又如，一条道路的修建会涉及沿路的拆迁工作，拆迁的补偿有一个统一的标准，但是允许存在具体问题具体分析的做法。这些做法的好处在于“有情”，坏处在于对一些人有情、对另一些人会不公平。所以，这种做法的运用会越来越谨慎。如拆迁补偿，从原来的一家一户的谈判变成统一标准下的“阳光拆迁”。我们的公共福利的实现方式也可以变得人格化，比如有一部分被拆解出来由领导去“送温暖”①。

准公共生活治理的情况比较多见。比如，中国的工会、共青团、妇联、老龄委、红十字会等各种人民团体，将相关人分类地也是直接地组织起来，形成一个直接服务的名单。在西方社会中，这些对象是自发地组织起来的，形成社团对接政府和其他组织。又如政府部门组织的各种“下乡”活动，也可以是社会组织去做。再比如当前的社会工作服务领域，社工组织的大量工作都是承接政府购买的服务，形成了政府主导的社会工作模式。城市里的文体团队也多多少少地与政府的某个条线或者村居委是联系在一起的。政府或准政府组织发展出种种活动，来组织和调动这些群众组织。这些文体团队活跃其中的领域是私人生活的公共部分，比如广场舞是百姓的公共娱乐，它毫无政治倾向，也不需要另外占用公共资源。

私人生活治理也非常有中国特色。比如，人民调解制度就主要处理私人之间的纠纷，它构成了对司法制度的有力补充。这种制度很古老，据说从周代就开始出现；到两千多年前的秦汉时期，官府中的调解制度发展为乡官治事的调解机制。县以下的乡、亭、里设有啬夫，承担“职听讼”“收赋税”两项职责，“职听讼”即调解民间纠纷。传统中国实行司法与行政一体化，法官也是行政长官，这有利于调解，也使得调解程序优先于司法程序。同时，在广袤的中国，调解纠纷有助于降低司法成本。今天中国的各类调解员有几百万人，每年调解的事件

① YANG J. Song wennuan，‘sending warmth’：unemployment，new urban poverty，and the affective state in China. Ethnography，2013，14（1）：104－125.

也多达千万，有效地减轻了司法系统的压力。又如，当前正在做的精准扶贫工作，希望以一个也不能少的精神来帮贫济困（这在西方国家只能通过慈善救济去做，但在中国通过政府和基层组织来做）。还有各种移风易俗的活动，这是私人生活领域中比较深入的方面。再比如，在当前的文明城市创建过程中，有关部门对人们在公共活动场所的行为规范做出了细致全面的规定。这种治理也向家庭内部延伸，比如当前比较引人注目的垃圾分类工作，对人们家庭内的卫生习惯进行了有力的干预。这项工作在推进过程中，主要是由基层干部上门做工作，对群众进行说服。如果出现了违反规定的行为，也是首选“做工作”，而不是依法处罚。

中国的村委会和居委会作为一种准政府组织，所做的面向群众的工作，绝大部分都属于以上的各类生活治理。这些工作虽然可以划归某个上级部门，但这些部门并不能直接做工作，还是要将任务下达到最基层。即使是第三方，它们要开展工作也往往必须通过村居委去联系群众。村居委成为中国的生活治理的一个基本中介。如果是针对法人组织的差异化治理，则会通过如开发区或者工商、税务或者环保等能够直接联系对方的专业部门作为中介去开展。这种要求专业部门从事社会治理任务的过程称为综合治理。

4. 感性互动

感性互动既是一种互动的模式，也是一种特定的联结机制。中国人的人际互动中充满了人情、面子和关系的运作，这曾经是文化心理学的重要研究主题。杨杰（Jie Yang）通过对中国政府开展贫困家庭“送温暖”活动的研究，提出中国是一个“感性国家”（affective state），以与西方理论中设定的理性国家相对应[①]。这是一个有趣的观察。继而，何雪松等人提出了一个“情感治理”的说法，将这种对于国家的理解转化成对于治理的理解[②]。“情感治理”这个词在巴里·理查兹（Barry Richards）等人那里指的是以情感为对象的治理[③]，但在何雪松这里转化为以情感为方法的治理，相应地，也使得一部分以情感为对象的治理活动的意义发生了翻转。

情感治理在中国有它特殊的文化和体制基础。当一个人去政府办事情的时候，如果办事员首选是以“办事员”的角色出场，他或她也本能地希望对方能够接受这种角色认定，那么，来办事的人也就成为一个角色，即一个来访者，双方就是纯粹的公对公的关系。在来访者这里，他或她可能会接受这种角色认定，将人与人之间的互动理解成角色之间的互动。但是，往往会有这样的情况：来访者会首选将双方理解成具体的人与人之间的关系。办事员选择角色对角色，来访者选择人对人，这是对于双方来说各自更有利的选择。这就形成了一个错位。通常，一个西方式民主政府会引导来访者接受办事员的角色设定，这就形成了政府行为的理性化。这也不是一概而论的，政

① YANG J. Song wennuan，‘sending warmth’：unemployment，new urban poverty，and the affective state in China. Ethnography，2013，14（1）：104－125.

② 何雪松．情感治理：新媒体时代的重要治理维度．探索与争鸣，2016（11）.

③ RICHARDS B. Emotional governance：politics，media and terror. London：Palgrave Macmillan，2007.

府部门在特定情况下也会将来访者当作一个具体的人来看待，这是因为如果不这么看待，对于政府是不利的，或者不符合其价值观。因此，政府总是既有感性的一面，也有理性的一面。但对于中国共产党领导的政府来说，会在更多的时候显示出感性的一面，也就是将人看成具体的人，而不是抽象的来访者。

概括地说，这种选择的文化基础出自中国人作为“关系性的我”会首选将对方看成一个具体的人，只有具体的人才能进入自己的关系。这种选择的体制基础主要在于中国的系统联结生活的人格化方式，而非公共化的方式。这样来分析还是过于宏观，我们不妨想象一个具体的场景。比如，某业主在小区里毁坏公共绿化，种自己私人的树。如果依法办事，就要请城管执法，但城管中队的答复是：请居委会和业委会尽量“做工作”，先让他恢复公共绿化，如果不能恢复，让他缴纳一个小区内部公约设定的补偿金（叫作“罚款”不好听），假设是200 元。“做工作”就是动之以情、晓之以理的过程。即使是晓之以理的过程，作为一个在法律程序之外的过程，本质上也是情感性的，它是一个心理上相互较量和捉摸的有趣过程。设想一下，如果工作做不通，该业主拒绝改正，也拒绝缴纳补偿金。居委会请和他熟悉的人一起去做工作，还是做不通。一次工作做不通，两次也做不通。再请城管中队：请城管中队出告知书，限期改正，不然就要执法进行罚款，一棵树罚 2 000 元。城管中队认为，现在不宜出告知书，但是同意派人陪同居委会和业委会上门做工作。于是，大家在下班之后上门做工作。但这次做工作依然没有做通。城管中队此时必须执法，于是下达了告知书。在告知书下达之后，该业主缴纳了 200 元补偿金。此事就结束了。

在上述过程中的治理成本无疑是很大的。这里的问题是：居委会干部为什么会同意城管中队的建议，宁愿放弃下班后休息与做家务的时间，一再去上门做工作？首先，是因为私下沟通，有话好好说，会给违规者一个面子，便于对方接受。其次，也很关键的是，居委会干部担心一旦公对公地依法办事，把该业主当作一个抽象的违法者来对待，那么下次他就可能非常不配合。对于以生活治理为己任的居委会来说，这种情况是很可能发生下次的。总有一次，当居委会干部需要再次深入居民的生活领域的时候，会需要这个业主配合，那时，他极可能成为最坚决的不配合的人。也可以说，他失去了具体性，成为一个几乎在居委会干部能够开出的任何条件下都不配合的“抽象反对者”。如果他还动员自己的亲属和邻居一起成为抽象反对者，就更糟糕了。我们会看到，不仅是在居委会的工作过程中，其实，在中国的各种治理过程中，在启动正式的执法程序之前，通常都有一段时间作为缓冲期，在这个缓冲期要做工作、开展情感治理。这项机制可以称为“社会缓冲”。

为什么需要社会缓冲机制？为什么不能依法办事？缓冲的目的是避免更大的冲突。正如这个案例中显示的，如果严格执法，在一开始看似有效率，但它激化了矛盾，最终会增加社会冲突，使得治理变得困难。而且，从治理成本的角度来说，居委会干部做工作花了很多的时间，而国家给居委会干部发工资也是动用了财政资金。但是，如果转化成法律程序，请律师打官司，这个成本将由私人承担。看似政府财政负担减轻了，但对于整个社会来说，总成本未必就降低了。居委会干部的工资来自财政，财政主要来自税收，税收主要是社会精英来直接负担的。收入在个税起征点之下的群众是不直接交个人所得税的（必定会间接地负担其他税）。因此，这种社会缓冲机制的背后既有人情、面子的因素，也有社会财富再分配的过程。

5. 共同在场

从生活实践中，我们很容易理解“场合”的整合能力。最好的沟通场景是将意见相左的人请到一起，面对面，然后坐下来，最好是坐在饭桌上。和事佬或者主事的人坐中间，双方一左一右。如果沟通得有效，大家就端起酒杯一饮而尽。其中有人情、面子、关系的逻辑。场合的整合效果不仅体现在这种私下场合，在正式场合也非常有威力。在公众场合要想挑起不同意见，是非常考验人的心理素质的；场合中的人越多，越是貌似齐心，对挑战者的心理素质的考验就越大。一旦发挥失常，就给如此多的人留下了坏印象，“这个脸就丢大了”。这属于考夫曼所提出的“印象管理”的范畴。对于情境中心的文化来说，场合的整合效果也许更好。

如果不考虑文化的特殊性，共同在场的整合效果与人的身体有关，因为所谓“共同在场”指的就是身体共同在场。身体所在的不是一个位置，而是一个情境。身体感知空间的首要方式是：身体空间的诸部分和诸位置之间存在某种相互蕴含的关系①。我

---

① 刘胜利．身体、空间与科学：梅洛-庞蒂的空间现象学研究．南京：江苏人民出版社，2015.

们也会有这样的体验：分布于我们左右位置的东西或者人和我们有类似朋友的关系；而对面的东西或者人属于我们要认真对待的对象；背后的东西或者人可能是靠山，也可能是一种威胁。布迪厄强调身体在场域和习性形成过程中的作用，认为社会整合并不是都要调动脑子里的观念，因为身体就有备忘录的功能，使得精神“只动不思”，从而使得秩序形成和一再出现[①]。兰德尔·柯林斯则细致地研究了同样的仪式中身体在场与不在场的区别。他的结论是：“亲身在场使人们更容易察觉他人的信号和身体表现；进入相同的节奏，捕捉他人的姿态和情感；能够发出信号，确认共同的关注焦点，从而达到主体间性状态。其关键在于人类的神经系统可以相互协调；各种远程媒体的比较表明了语态的重要性，而视觉焦点最重要的作用就是监视其他的参与者。如果神经系统能够直接远程产生连带作用，那么其效果与亲身在场将会是一样的。”[②]

共同在场的社会整合效果如此明显，以至于在哈贝马斯奉为现代社会关键药方的沟通过程中，也特别强调沟通各方能够建立某种共同实践，有关人员结成“交往共同体”，使得规范的有效性通过环境来检验[③]。吉登斯对共同在场的社会整合功能的重视程度可能是不低于哈贝马斯的，因为他相信社会的结构化是在日常生活的互动实践中实现的，在场的例行化互动同

① 布迪厄．实践感．蒋梓骅，译．南京：译林出版社，2009.

② 柯林斯．互动仪式链．林聚任，王鹏，宋丽君，译．北京：商务印书馆，2009.

③ 哈贝马斯．合法化危机．刘北成，曹卫东，译．上海：上海人民出版社，2000：137.

时生产了不在场的系统秩序。他认为："所有的社会系统，无论其多么宏大，都体现着日常社会生活的惯例，扮演着人的身体的物质性与感觉性的中介，而这些惯例又反过来体现着社会系统。"① 他将"社会整合界定为共同在场情境下的系统性"②。可以说，这种共同在场的互动是他的结构化理论的逻辑基石之一。

在中国的体系化治理实践中，创造共同在场是创造人与人之间的人格化联系的基本手段，同时也是建立系统与生活世界之间联结的基本机制。我们可以说到两个要点。

第一个要点是社区营造中对于公共活动场所的强调。公共活动场所是共同在场的物质基础。所谓标准化居委会或者村委会的建设，是包含了公共活动空间的面积要求的。今天的各种社区营造计划，都将公共活动场所的设计作为要点。在乡村振兴战略的实施过程中，非常引人注目的是各种文化礼堂或者农家会所的建设——浙江省在多个行政村都建设了文化礼堂。目前，这还只是发达地区的做法，估计将来会普及各地。这与计划经济时期尽量地压缩公共活动空间形成了鲜明的反差，因为当时会更加强调空间的生产功能而不是整合功能。这种空间的功能在于它创造了重复见面的机会，也提供了驻留聊天和开展有组织活动的条件。

第二个要点是公共活动的设计。公共活动是共同在场的内

① 吉登斯．社会的构成：结构化理论大纲．李康，李猛，译．北京：生活·读书·新知三联书店，1998：102.

② 同①148.

容。吉登斯区分了两种共同在场：非关注性互动和关注性互动。这两种互动可以对应前面列举的两种场合：在一起吃饭是关注性互动，共同参加一场大型会议属于非关注性互动。在中国社会中，还有一种重要的区分，即上级组织的公共活动与群众自发的公共活动，或者比照雷德菲尔德的大传统与小传统的说法，称为“大公共”和“小公共”。

从乡村社会的情况来看，大公共活动和小公共活动都有多种多样的形式。随着对党的建设和社会建设的重视，各个条线的“下乡”任务大大增加了，大公共活动明显增加了。比如，文化广播电视部门要下乡放电影和演出；卫生部门要下乡义诊或开讲座；农业部门要去搞农技培训；党的组织尤其是宣传部门的下乡任务就更重了，它们必须派人给农民上课。小公共的发展则是群众自己的财力增长了，老年人的闲暇时间增多了。小公共属于私人生活的公共化。最传统的小公共活动是红白喜事，然后是其他原因的各种聚餐。红白喜事也要聚餐，结果，聚餐成了乡村小公共活动的主流形式。在云南的自然村里往往会有办理红白喜事的大房子，主要功能就是聚餐，所以它里面的饭桌是常年摆着的。发达地区的行政村也会设立村民聚餐的农家会所。私人信仰活动是另外一项重要的小公共活动。此外就是各种娱乐活动，包括打牌和跳广场舞等。总之，乡村小公共活动的三种主要形式是聚餐、私人信仰活动和娱乐活动。城市社区的小公共活动的结构也是如此，但是，城市里的年轻人多，娱乐活动更加丰富一些。

小公共活动的转型很值得注意。一是，可以观察信仰活动的类型变化。例如，基督教在局部地区成为主要的宗教形式①。二是，公共活动的教化能力弱化了。真正能够寓教于乐的形式很少。三是，活动场所有一个从室外向室内的转变。至于各种在公开场所举办的集体性的民俗活动，比如庙会或者体育性的活动，如果没有政府部门或者基层组织的发动，其实已经很难开展。甚至于在大树下聊天这种场景也减少了。社会的分化使得人们之间的同质性下降，可以公开说的话题需要重新寻找，但这个寻找并不容易。主要原因在于：电视以及现在的手机对于人的吸引力非常大；人们在公共活动场所公开表露的心理能力在下降，产生意见领袖的机制已经萎缩了；而且，天气太热或太冷时，人们希望在有空调的环境中活动。从政府的角度来看，户外集体活动是敏感的，它可能引发冲突或安全事故。每当开展大规模的室外活动时，政府就要提供各个方面的保障，比如调动公安部门维持秩序、让医疗机构做好准备、要求干部加班执勤。

6. 个别处理

体系化治理擅长对人和事情都做个别化处理，这里讨论对于个人的联结机制，下一部分将会讨论对于事情的处理方式。对于个别人的特殊诉求的个别处理是最能体现体系化联结的人格化色彩的。这个问题需要从两个层次上进行理解。首先，体

---

① 卢云峰，张春泥．当代中国基督教现状管窥：基于CGSS和CFPS调查数据．世界宗教文化，2016（1）．

系化的治理对个性化诉求会给予更高的重视，我们建立了各种接受个性化诉求的机制，称为“个别化机制”。其次，一些提出难以满足的个性化诉求的人成为“个别人”。有的个别化的人会在问题解决后成为一般化的人。在治理实践中不说“个别人”，而说“重点户”或者“特殊人群”。

中国的个别化机制相当发达，可以分为五类。第一类是常规的个别化诉求表达机制。这类个别化诉求表达机制包括：从接受对干部投诉的纪委，到处理遭投诉的一般事务尤其是历史遗留问题的信访部门，再到新近发展的功能强大的 12345 市民服务热线，以及网上的投诉机制。当然，还有各种常规的公共服务方面的热线，如 110、119、120 等。这类个别化诉求表达机制也写进了《中国共产党章程》，作为民主集中制的一个体现，要求做决定之前应该个别酝酿，干部开会应该这样，给群众开会也应该如此。这么做有它深刻的文化和制度内涵。第二类是集体行动中的个别化机制。面对一个群体的政府治理过程或者开发过程，可能出现少数不配合的人，即使给这些人“做工作”，最后可能还是会出现极少数或者极个别的最“顽强”的人，典型的是拆迁中的钉子户。对于这类人，就需要采取个别化机制应对。第三类是社会分配过程中的个别化机制。这类机制针对的对象，比如需要优抚对待的对象，如军人家属、海外侨胞、重要人物的亲属、老干部、老教师等。近些年，政府对于那些在人民公社时代为集体做出贡献的人也给予优抚待遇。还有在社会分层谱系的另一个方向上出现的重大病患者、贫困户等也属于这类机制针对的对象之列。第四类是针对社会整合过程中不寻常的人的个别化机制。其对象如艾滋病患者、吸毒人员、参与邪教活动的人员等。第五类机制针对的是条线部门工作中临时需要掌握的特殊人群，这是需要临时排查的。比如，上级希望在某村开展“合村并居”行动，要拆除农民的房子，请他们集体搬迁。在论证可行性的时候，有关干部会先在会议室里讨论每家每户的情况，分析他们可能的态度，再去个别接触摸底，然后才正式做工作。

以上讨论了六种个人化联结的机制，它们也是行之有效的人联系人的社会整合模式。但是，它们不能解决所有问题，尤其是在互联网的时代，人们的交往方式改变了，由此带来了很大的挑战。比如，我们可以观察居委会干部对待社区内部的微信群的态度。居委会干部倾向于不加入普通居民的微信群，或者说他们会选择性地加入部分的微信群，而不是尽可能加入每一个微信群。居委会干部往往会加入业委会群、党员群，或者业主代表的群。也就是说，居委会干部会和普通群众在微信群里保持一定的距离，他们并没有如一些预设那样借这个渠道和群众“打成一片”，去建立密切的联系。

社区微信群为什么不一定是干部联系群众的好方式呢？

最基本的原因在于网上的人太多，大家会不分时间和场合地发送信息、提出要求，居委会干部应接不暇，反而形成对常规工作的干扰。但是，面对群众的小群是否就可以呢？这要从社会整合的角度来讨论微信群——不仅仅是社区微信群——和开会的区别是什么。这里提出的一个假设是，微信群的线上整合要以线下整合为基础，微信群本身的整合能力是比较弱的。

假设在会场出现了对于领导意见的反对者，那么，领导可以靠什么去掌控局面呢？这里有一个“意见覆盖”的问题。在会场的意见覆盖是一个心理过程，指的是人的心理能够接受的东西一般不能是相互冲突的（接受了这个就不好接受一个相反的东西），当双方的意见都有事实上的合理性时，到底哪一种意见能在第三人的心理中占上风，取决于攻辩双方的意见覆盖能力。如果是在会场，这种意见覆盖能力取决于以下因素：附和者的数量和能力；意见的合理性与表达的清晰性；意见表达中对于在场者的影响能力，该致敬的致敬，该致谢的致谢，该批评的尽量不要点名批评，除非不吵架不行；风度、音质、音量；等等。这些因素属于领导的专业能力范畴。领导的基本素质是“说话占地方”，因此，领导面对群众说话应该是可以占优势的。此时，群众要么听从，要么死活不让步。这些因素在微信群中只有前两个能够起作用。这就使得领导的优势在微信群中难以发挥。如果说在会场的意见覆盖是一个心理过程，那么微信群中的意见覆盖首先是一个视觉过程。信息是线性地依次显示的，后面的信息不断地将前面的信息顶上去，很“好”的意见可能别人看不到，很“坏”的意见还消除不掉。那么，就非常依赖附和者。这就涉及社区干部的群众基础了，这种群众基础是在线下形成的，社区干部之所以愿意进入党员群，往往是因为在这里大家把他或她当作领导。今天，社区干部往往很难有过硬的群众基础。结果，很高比例的社区干部只好退出某些微信群。

二　区别对待

在公共化的联结模式中对于人的特征或诉求的处理方式是

一般化（一视同仁）和类型化（区别对待），后者如法团主义的参与方式。类型化处理或者区别对待是体系化和公共化两种联结模式交叉较多的领域，但是，体系化联结中的类型化模式很有自己的特点。按照它对于治理任务的具体性的处理方式，可以分为三类。

第一类是调查研究。调查研究将可能通过一般化渠道表达的利益诉求类型化了，用知识过程替代了可能的政治过程。比如重大的群体性事件，其中，每个人的具体特征被自觉地掩盖了，人们以一个群体的面貌出现在政治过程中。此时，如果能够做好调查研究，可以将问题化解在萌芽状态，化解在很多具体的人的利益还没有整合成共同利益的阶段，也让这些利益诉求停留在没有充分整合的阶段。这类诉求如果整合了，就成为一般化的诉求，解决问题的方案就不是一对一针对个别人的，而是针对这一类人或一类问题的，所以是类型化的。第二类是类似于法团主义的联结，通过相应的纵向组织去联结不同类型的人。前面讨论过组织化联结，重在组织和个人的关系。从政府和组织的角度来看，这个组织就是一种将人及其诉求类型化的机制。所谓类型化的一个好处是，它作为一种纵向的分类体系，阻断了人们自发形成横向组织的条件，限制了社会的政治化，使得社会保持在一种有限的政治化状态，抑制了社会矛盾向不可调和的状态发展。这两类都可以被理解成是政治系统的内输入过程，它们缓和了外输入过程的压力。第三类则不同，它的要点不是内输入和外输入的关系，它的关键是将比较具体的诉求更加具体化，让事情回归事情所处的情境中，彻底去政治化了。

1. 调查研究

身处中国的政府机构或社会研究机构中的人都能理解调查研究这种事对于中国的意义。仅仅是它的频繁性就足以让人吃惊，以至于在关于减轻基层负担的中央文件中，明确提到了要提高调查研究的效率。中国的执政者如此注重调查研究尤其是注重对基层和群众的调查研究，和传统上政府对于精英的“问政”或者“咨询”是有关联的，因为任何时代都有一个了解民情、把握民心的问题。汉代的察举制度就具有征求民意的功能，《盐铁论》中也有来自下层的代表①。但是，如此制度化地直接面向基层和群众进行调查研究，总体上是现代中国政治中的一大发明。

毛泽东的《实践论》是这个发明的设计方案，该文对于中国政治和学术发展的意义需要得到认真体认。该文对本土的知行合一的知识传统进行了创造性的转化，使其能够为普通干部所掌握，也使得这种传统从一种道德实践领域进入广泛的社会实践领域②。在传统的政治集中—知识集中的政治过程与知识过程中，自然地会有一个知行合一的过程，各个层次的主政者也会自然而然地积累自己的经验。中国共产党将这个自发的过程转化成一个高度自觉的过程，主要体现在两点改进上：其一，创立了群众路线，加大了实践探索的纵深，要求贯通高层

① 许倬云．从历史看组织．上海：上海人民出版社，2000.

② 熊万胜．归向何处：对本土知识传统的审思．探索与争鸣，2018（5）.

和基层，尽可能地考虑基层和群众的感受。从群众中来，到群众中去，这是对于古代的专制传统以及简约治理的否弃。其二，引入了民主集中制，将这种知行合一的政治过程与知识过程制度化了①。在民主的基础上集中，在集中的指导下民主，由于民主和集中几乎是同一个过程，是议行合一的，所以，这也是知行合一的过程。可以说，中国共产党将知行合一的传统制度化和操作化了。

从这里讨论的体系化联结的问题来看，注重调查研究可以做到问题的早发现早处理，从而使得可能演变成政治过程的问题转入一个知识过程中，或者说是用知识过程替代了政治过程。这里不妨用笔者参加的一次某市委的调查研究活动来说明这种调查研究如何将问题类型化。

这次调研的任务之一是研究基层负担。基层负担的问题非常重要，它的意义可以和农民负担相比拟，如果不能很好地解决会有严重的社会政治后果。虽然基层干部不至于制造群体性事件，但是他们可能消极工作或者腐败，在严重的情况下，这些问题会成为普遍的或者一般化的问题。为了避免这些后果，就要进行调查研究，将问题化解在没有充分爆发的阶段，使得可能的消极与腐败表现为仅仅是少部分人的缺点，也就是使得可能普遍的问题变得不普遍了，或者将可能一般化的问题类型化了。

---

① 王绍光．如何摸着石头过河?：从农村医疗融资体制的变迁看中国体制的学习模式与适应能力//潘维．中国模式：解读人民共和国的 60 年．北京：中央编译出版社，2009：314－379.

市委办设立了课题组，选择了四所大学的学者分别组成四个团队，在全市 213 个街道和镇中选择了四个区的八个街镇，每个团队调研一个区的两个街镇。在调研期间，市委办派人分别联系四个团队，基本上是全程陪同参与调研，并且要求各区派人担任联络员，这本身也是一个相互交流和学习的过程。调研开头有一个开题会，市委办领导说明调研的目的，和学者沟通，让学者准确理解。此后，每两周开一次例会，报告进展。在例会上，四个团队的学者之间相互学习，干部和学者也相互学习。调研中，调研组访谈了街镇几乎所有部门的干部，收集了街镇和村居干部关于基层负担问题的 300 多条意见。两个月之后，市委的分管领导主持会议听取中期报告，继而又主持会议听取结题报告。在这两次会上，市委办邀请了市里相关部门和调研团队所在区相关部门的领导来参加，一起研讨。通过一次次的研讨，学者不断地完善自己的调研成果。可想而知，在这个过程中，相关干部和学者都展现出了各自的最高水平，使得大家的认识都得到了提升。通过这样的理论与实际相结合的过程所形成的对策建议，对于解决实际问题应该是有价值的（即使不能取得令人满意的效果）。这还不是结束。在结题会之后，市委办还会重新组织一个研究团队来讨论如何制定相关文件，这也会是另一个几上几下的过程。

2. 行政吸纳政治

最早提出这个说法的是金耀基。他说“行政吸纳政治”是指一个过程，在这个过程中，政府把社会中的精英或精英集团所代表的政治力量吸收进行政决策结构，因而获致某一层次的“精英整合”，此过程赋予了统治权力以合法性，一个松弛的但整合的政治社会得以建立起来[①]。行政吸纳政治有两个主要机制：一个是“共治”，即统治者与社会精英之间的共治关系；另一个是“咨询”，即决策中听取精英们的意见。这种“草尖式”的民主，将中国精英逐次吸纳进行政决策结构中。康晓光引用这个说法来解释内地在1990年代以后的稳定，认为内地也出现了这种行政吸纳政治。而且他还认为，在儒家文化圈里的国家和地区，除了韩国和中国台湾，基本都呈现一种行政“取代”政治的治理模式。这种对精英的吸纳在内地也是很发达和制度化的，比如通过政治协商制度、民主党派、工商联、民营经济协会、律师协会、各种学会等各种组织将社会精英分子团结起来，不仅是给他们更多的参政权，实际上也是请他们为社会发展和治理承担更多的责任。

内地毕竟是一个巨大的政治体，香港的经验用于概括内地还是有所不足。在行政吸纳政治的具体机制上，康晓光和韩恒进一步归纳出一个“分类控制”的提法[②]。他们选择了工会、行业协会和商会、城市居委会、宗教组织、非正式组织及政治反对组织等类型的社会组织，并且用五个变量来考察政府对它们的治理方式：1）政府对社会组织成立的态度。2）管理社会组织业务活动的政府部门的设置方式。3）政府对社会组织的

---

① 金耀基．行政吸纳政治：香港的政治模式//金耀基．金耀基社会文选．台北：幼狮文化事业公司，1985.

② 康晓光，韩恒．分类控制：当前中国大陆国家与社会关系研究．开放时代，2008（2）.

治理结构的控制。4）政府对社会组织所需资源的控制。5）政府对社会组织日常活动的控制。他们的研究发现，社会组织的类型与政府的控制方式之间存在着明显的对应关系，并且对应关系分化为五种类型，所以说是分类控制。他们认为，分类控制模式与法团主义或极权主义都不同，是一种新型的国家与社会关系模式。康晓光和韩恒在提出“分类控制”的同时，也提出了另一个相关提法，即“行政吸纳社会”[①]。张静也讨论了中国的这种特殊的社会治理模式，试图将它与法团主义和极权主义进行比较，同样认为以法团主义来理解中国的行政吸纳政治或者行政吸纳社会的模式未必适合。所不同的是，张静还将华尔德（也译作魏昂德）的“共产党社会的新传统主义”也作为一种社会组织模式提出来对比[②]。

法团主义是在一种西方式民主体制中产生的，是相关人的相对自由的组合，中国的各种官方和非官方的分类治理对于这些组织有更多的羁縻。不过，我们要注意问题的另外一面：国家也希望这些组织能够发挥出联系相关类型群众、反映特定类型群众诉求的功能。这种对于普通群众的责任伦理及其表达方式和西方政府也是颇为不同的，如果不是因为这些组织发挥了这样的联系普通群众的功能，政府也不会费心来羁縻它们。比如，一个民营经济协会必定具有双重角色的特点，一方面是代表民营企业与政府沟通，另一方面是政府希望民营企业做工作

① 康晓光，韩恒．行政吸纳社会：当前中国大陆国家与社会关系再研究．中国社会科学（英文版），2007（2）．

② 张静．法团主义．北京：中国社会科学出版社，1998．

的帮手。究竟这个民营经济协会在多大程度上算是一种民主机制，在形式主义民主理念下还是在实质主义民主理念下看问题，注意的侧重点会不一样。最终，我们要以是否存在解决民营企业发展遇到的政策问题的有效机制，来判断民营企业的民主权利是否得到了保障。

3. 具体化治理

面对可能一般化的诉求，政府还会有更加具有实践性的办法，这种实践的要点不是将具体的诉求组合成一般化诉求来降低对接的成本，而是具体问题具体对待。这可以称为具体化治理。这种具体化治理的机制可以谈到两类：基层的协商民主和基层自治。

在治理过程中，如果遇到群众意见和政府意图不一致的情况，政府会主动地与代表人物进行磋商，开展协商活动。这是中国特色协商民主。其要点之一在于坐下来谈，既利用了共同在场的机制，也引入了情感性互动。其要点之二在于具体问题具体对待，将事情还原到具体的情境中。在解决问题的时候，还会进一步地将相关人具体化，调动和他相关的人脉去影响他或者调动多方的资源来满足他。这个过程涉及很多的协调工作，这是中国的政府特别擅长的。

比如，某市城区有一个拆迁户，拒绝拆迁十多年。统一的补偿方案都是拆迁补偿，该户可以拿到四套公寓房。该户当初提出的要求是不拿房子而是要现金，允许他在原地购买，因为他们确实习惯了原地社区的生活环境。由于该要求与政策不一致，双方没有达成一致意见。政府多年做工作未果。后来，该户的孙子长大了想要上学。该户提出给他家的孙子解决在当地的小学上学的问题，他们也想继续住在这里，可是动迁安置房在一定年限内不能出售，回迁就必须租房子。这时，政府就帮他们在原地社区低价租到了房子，这套房子属于一个国有企业。上学、租房子和拆迁不是同一个单位的事务，政府协调了三个单位后满足了该户的特殊要求，从而使得拆迁终于完成。

另一个将诉求具体化的做法是基层自治。中国的基层自治和比较高层次的民主政治是两个体系。例如，在行政村和高校院系等组织中，普通民众和员工的意见往往能够得到更多的尊重，或者准确地说，有着更多的自下而上的自由表达或选举。但是，基层自治的突出功能并不是将相似的诉求组合起来，而是使得具体问题具体对待更加成为可能。其中要注意两点：

其一，这种民主停留在最基层，并不会向上发展。这个事实是有意义的，如果它向上发展，民主本身具有的将诉求一般化或者组合起来的能力就会得到发展。当它局限于最基层的时候，它的功能非但不是将诉求一般化，反而是将诉求具体化了。比如村民自治中的选举，村民显然不是就候选人提出的施政纲领进行选择，他们是在表达对具体候选人的看法。在竞争性很弱的选举过程中，这种投票类似于一次对于干部的民意测验。当然，村民自治中的选举会形成按照宗族、宗教或者居住地投票的倾向，这是一种一般化表达。这样的倾向，在基层政府看来属于“势力”对于选举的干扰，在严重的情况下要反干扰，为此出台规定，严格限制贿选和拉票行为。在候选人的形成过程中，政府也会努力，确保组织意图的贯彻。最后的结果是将选举变成对于干部的满意度测评机制，或者监督机制。

其二，当我们说到基层民主的时候，不能仅仅停留在选举上，也要关注当选者的作为，以及这种作为是否民主。在行政村实行村民自治的一个好处是，本地干部对于群众情况熟悉，能够找到最为适合当地民情和事情的工作路径。在这个意义上，村民自治的主要意义是将治理任务具体化。

第六章　现代治理体系中的共享式联结

我们的方向就是让每个人获得发展自我和奉献社会的机会，共同享有人生出彩的机会，共同享有梦想成真的机会，保证人民平等参与、平等发展权利，维护社会公平正义，使发展成果更多更公平惠及全体人民，朝着共同富裕方向稳步前进。

——习近平，2014 年 3 月 27 日的讲话现代治理体系要有效地发挥出联结功能，不仅要有恰当的结构形式和人格化联系机制，还必须动用各种资源，通过各种形式的共享机制来实现联结。共享式联结的发展是伟大的历史进步，因为它以生产力的发展和中国式民主的发展为前提。传统的国家从人民中汲取资源和人力。现代中国让人们共享发展成果，提供公共服务，实行广泛的再分配，这意味着中国国家性质的根本转变。

对于现代治理体系来说，共享既是一种体系功能，也是一种联结机制。其一，共享是现代治理体系的重要功能。治理体系的基本功能包括管理、服务、动员、汲取和分配等，指向是社会整合。分配可以创造获得感，这是实现社会整合的必要条件。其中，共享是分配的重要形式，分配可以有更多共享色彩，也可以有更多独占色彩。显然，共享会更加有助于社会整合，所以，治理体系的分配功能会倾向于采取共享的形式。其二，共享是一种重要的联结机制。共享不仅仅是对结果的分配。从根本上来说，共同享有需要有道义基础。如果不在某种意义上属于共同创造的产出，对其实施共同享有就缺乏充分的道义基础。可以说，在共享之前需要有共建共治和共同发展的过程，或者说，要在共建共治和共同发展的过程中同时实现共享。共同的创造需要组织起来的行动，会产生更多的人际互动；而且，共享的过程会倾向于公平享有，特别有助于促进社会团结，比如后文会展开讨论的治理性团结。其三，现代治理体系是实现共享的条件。至少在中国来说，公平公正和可持续的共享需要有能力的治理体系来组织。

上一章已经提到过分配的问题，这里还单列一章来讨论共享的问题，是出于对现实治理经验的理解。治理体系作为一种结构形式，是依靠大量的资源作为内容来支撑的。比如权力、荣誉、信息、信任、情感等，还有非常重要的物质性资源。相比公共性的联结模式，体系化的联结模式对于资源因素的依赖更为明显。对于公共性的联结模式来说，政府和执政党掌握的资源有限，直接分配的资源更少，主要的分配是社会分配。如果社会分配中的资源不足或者分配不公，通常也就是让现任政府下台，但不会改变公共性的联结模式。政府本身是有限责任的政府，这种有限性是体制的设定，而这个体制恰好通过政府的更迭来规避人民对于体制的批判，所以也不能怪罪体制。可是，对于体系化的联结模式来说，情况就十分不同了。采取这种一竿子插到底的体系化的联结模式，国家直接面对有差异的个人，就表明了一种负责到底的姿态。要真正做到负责到底，仅有一个态度是不行的，必须能够通盘地调动人和其他各类资源，实现整体性的发展，然后大家共享。否则，说是负责任，也必然负不起责任。就如同一个企业的负责人，最重要的工作是做正确的决策，然后把人管好用好，把钱管好用好，让各方面井井有条，才能搞好生产经营活动，让企业蒸蒸日上，让大家共同富裕。所以，要理解治理体系何以能够存在，以及它何以就能联结好群众，必须将资源问题当作十分突出的重点来研究。资源问题的核心是共同创造资源，但对于社会治理来说，要重点研究这种资源是如何共享的。

既然共同富裕是社会主义的本质要求，从资源的维度来研究治理就是非常有意义的。当前的治理研究偏重于体制机制，或者说偏重于形式和技巧，对于治理的内容关注得还不够。其中有一些学科隔阂，同时，我们自己尚不能结合中国实际形成解释框架。西方政府所掌握的资源在质与量上都与中国有很大的差异，在资源运用的方式上则有本质性的差异。既有的理论研究辨析了不同资源的类别，比如区分了公共物品、集体物品和私人物品的不同，继而认为不同物品有不同的治理模式。但对于中国来说，有着不一样的公私关系，如果认为公共和集体或集体与个人之间有着绝对的界限，或者认为治理仅仅限于前两种物品，而不涉及私人物品，就不能很好地理解中国的社会治理实践。所以，关于资源运用和治理的关系，就需要中国的学者在学术自觉的意识下开展研究。

一　共享的传统

我们可以理解，所谓共享要处理的关系不只是平等的人之间的合作问题，它首先要协调的是精英与大众之间的协同问题。精英是社会竞争中的优胜者，这个优胜是相对于落后者来说的，精英所得也部分地建立在大众付出的基础上，所以，共享不符合一般精英的自利立场。然而，在中国的治理体系中，自古以来就有一种要求精英关怀大众或弱者的倾向，从这种倾向中我们可以提炼出一种“共享的传统”。所以说，共享在世界各地普遍存在，但中国是在一种特定的传统中来实践共享的。对于共享的社会理论意义要做出深入的说明，就要把它从一种政策性的口语或者提法变成社会理论体系中的一个构件。对于这种共享的传统，我们可以拆开来看，包括重视民生的传统和注重共同发展的理念，前者是中国治理的老传统，后者是社会主义的新传统，现在它们集合成一个新的词——共享。

1. 重视民生的传统

一般来说，人们强调中国的政治思想传统中“民本”与“仁政”的传统，而较少说有重视“民生”的传统。笔者这里强调古代中国在理念和政策上有重视民生的传统，这种传统一直延续至今，这并不是在提出一个新奇的论点，因为所谓“民本”与“仁政”的核心也就是民生。有人试图强调“民本”思想中也蕴含了民主或民权的思想，这是用今天的话语理解传统的文本。我们也可以说，生存权和发展权就是传统民权的主要内容，在生产力不发达的状态下，生存权更为基本。传统的“仁政”思想可能是伴随着郡县制的形成而开始出现的。第三章在讨论仁政思想的起源时，是从农战和农耕两个角度阐发的。随着对人民的索取的大幅增加，也就引发了对人民生活的广泛同情，也就导致这类思想在春秋时代的繁荣。实际上，“民本”或者“仁政”是先秦诸子百家的一个比较普遍的共识。但是，“仁政”的具体落实主要体现为“政在养民”。孟子对梁惠王说的这段著名的话，就充分地说明了“仁政”思想的内核其实是民生。

> 五亩之宅，树之以桑，五十者可以衣帛矣。鸡豚狗彘之畜，无失其时，七十者可以食肉矣。百亩之田，勿夺其时，数口之家可以无饥矣。谨庠序之教，申之以孝悌之义，颁白者不负戴于道路矣。七十者衣帛食肉，黎民不饥不寒，然而不王者，未之有也。

这段话表达的仁政措施包括分配土地、发展生产、合理赋役、提倡教化，但都指向了不饥不寒。

对于民生的重视，不仅仅是思想家的提倡，也是各国君主帝王经常提倡的理念。最早提出要“重民”“保民”“敬民”的是夏商周时代的王，这些思想体现在《尚书》和《诗经》中。《左传》《国语》《战国策》《史记》等正史中也记录了很多君王的民本或民生思想。自汉代开始，儒家思想成为主流意识形态，重视民生的思想也就成了几乎唯一的政治正确。之所以人们不太肯定传统中国也真正重视民生，可能与两个因素有关。一个是，传统中国被认为是“儒表法里”，而法家被普遍认为是主张严刑苛法的。但是，严刑苛法并不等于不注重民生。法家经典《商君书》这样为法家辩护：

> 故以刑治则民威，民威则无奸，无奸则民安其所乐。以义教则民纵，民纵则乱，乱则民伤其所恶。吾之所谓刑者，义之本也；而世所谓义者，暴之道也。夫正民者，以其所恶，必终其所好；以其所好，必败其所恶。

也就是说，面对社会秩序的崩坏，儒家的仁义反而可能导致乱政，最终让人民遭殃，还不如严刑苛法让百姓少遭殃。所以，在汉代废除了残忍的肉刑之后，还有人出来建议恢复肉刑。这种辩护在当时不能说没有道理，但它也体现了专制的精神，在今天就不可取了。

另一个对于传统中国的民生传统的质疑是：虽然当政者和思想家都提倡民生，且是真诚的，但实际上并没有做到。“苛政猛于虎”，不仅在产生了民生思想的时代是现实，在后来的国家宣扬民生思想的时代也很容易地就成了常态。之所以会出现苛政，很少是由于最高统治者不恤民情，往往是因为体制的庞大和腐败，随着人地关系的紧张，导致了社会矛盾的激化。只从国家上层来看问题，反而要承认历代王朝总是努力缓和社会矛盾，力求长治久安。所以，关于传统中国国家和民生思想的关系，这里的表述是：中国很早就有了“重视民生”的执政理念，却很难说传统中国存在民生政府，也许清代算是农耕时期最近似于民生政府的朝代。真正意义上的民生政府只能是民主化和工业化时代的产物。

值得注意的是，民主时代的中国政府同样高度重视民生，以民生为己任，而不是说强调保障民权，让百姓自谋出路。孙中山在提出“民族、民权、民生”的三民主义时，对人解释说，自己的三民主义和美国前总统林肯所说的“民有、民治、民享”的意思完全相通。但是，孙中山提出的主要民生措施是平均地权和节制资本，这大概是林肯不肯提出来的主张。

所谓“重视民生”，是一个动宾词组，我们不仅要关注它的宾语，也要注意它没有明言的主语——国家。这个没有明言的国家正是中国最大的特色，它不是“想要”平均地权和节制资本，而是最终在 1949 年以后真的做到了平均地权和节制资本。对于这种国家特性的理解有两种思路：一种思路是在国家—社会的框架下，强调国家相对于社会的强大，强调政府的积极有为；另一种思路是在系统—生活的视角下注意到整个社会是一个整体。国家之所以强大，其合法性就在于执政者乃至社会各个层面都倾向于将整个社会看成一个整体，社会上层不可以抛弃社会下层自己发展，所有的人都要顾全大局。因此，这种社会整体感是中国政府的民生思想的核心内容。

这种强大的社会整体感在前面讨论中国古代国家的起源时就提到过，认为农耕文明的时空脆弱性需要高度安全的环境，以确保一个接一个的生产环节都能按时完成，最后能够得到收获，因此，各个农耕部落或国家之间就要结成防御共同体，实际上是一个"吃饭联盟"，这就是古代"天下"的原型。中国的社会或政治史从一开始就有一个超越各个部落的整体作为逻辑和历史的起点，而不能如涂尔干所描述的社会转型那样，从一个个部落或"环节社会"的局部说起。而且，这种防御共同体的性质一直伴随着中华民族的发展，因为几乎始终存在可能前来劫掠的外来威胁。所以说，农耕文明的整体性具有很强的外部性来源，这种外部性借助农耕文明的时空脆弱性发挥作用，产生了整体性。

进一步说，如果继续从农耕文明的时空脆弱性角度来理解这种社会整体性的话，就会发现，它既出自外部的威胁，也来自内部的压力。这种内部的压力就是自然界的极限通过人地关系的紧张周期性地提醒执政者注意自己执政的条件。在自然界的极限面前，执政者和人民面临的考验是同步的，如果百姓没有饭吃，皇帝的天下同时就坐不下去了。到了王朝的中后期，人口膨胀到极点，社会分配的不公也达到了极致状态。正如社会学家斯科特所形容的："农村人口的境况就像一个人长久地站在齐脖深的河水中，只要涌来一阵细浪就会陷入灭顶之灾。"[①] 这种情况在中国王朝的中后期是一种常态，整个国家都在一种极限状态下运行。这种内在的社会整体性是欧洲社会所没有的。因此，我们在理解中国的社会整合的原理时，既要注意外部性来源，也要注意到这种整体的内在性。

这种整体的内在性，在以工业社会为原型的社会理论中被当作一种前现代社会的整合机制。这样的社会理论更加看重的是分工和分化导致的相互需要与观念认同，甚至对于外部威胁的重视也不够，比如，我们会看到政治学与国际政治学之间的两张皮。最近，整体的内在性以一种偶然的方式被提了出来。在这次全球新冠肺炎疫情中，有一对概念受到了广泛的关注，即"紧文化"和"松文化"[②]。这对概念用来解释中国等东亚国家的人民为什么能够在疫情中表现得更加有纪律，因为这些国家的人民习惯于在一种紧文化中生存。中国的紧文化的来源，在今天来看和人地关系的不断紧张化有关。到了当代，由于人口体量的巨大，这种整体的内在性依然强大，而外部性因素也始终没有消除，成为日夜恒常的压力。这些内外压力必定要在社会内部结构上反映出来。因此，精英与大众之间

① 斯科特．农民的道义经济学：东南亚的反叛与生存．程立显，等译．南京：译林出版社，2013：1.

② GELFAND M J，RAVER J L，NISHII L，et al. Differences between tight and loose cultures：a 33-nation study. Science，2011，332（6033）：1100－1104.

的共同体性质也就难以改变，但是保持共同体必须付出很大代价，其中存在艰难的平衡。所谓治理体系，正是在这么大的国家保持这种高难度平衡的一种方式、一种原则，乃至一种境界。

2. 注重共同发展的理念

注重民生是目标，如何注重是一个手段问题。在传统社会，即使国家注重发展生产，办法也不多。今天出现的发展主义是由于发展的规律被揭示了，发展的手段增多了，因此将郡县制国家内在的发展能力大大地激活了。郡县制不仅仅是一种治理体制，也是一种发展体制，它的发展潜力需要被激活。郡县制本身具有一种上下层级之间统分结合、实现双层发展的可能性，这在地方自治制度下是不容易做到的。在社会主义制度下，取消了土地的私有制，发展了土地公有制和国营（有）经济，又为更深层次的协同治理或共同发展创造了另一个重要条件。总之，超强的协同所需要的三大制度条件在当代中国是齐备的：国家的自主性、地方政府的能动性①、公有制经济占主体。这些因素是在个体私营经济的汪洋大海中发挥作用的。实际上，在当代，我们还得提到另外一种核心资源的公有：互联网时代形成的数据。如果这些协同机制用于治理，就是共治或者综合治理；用于发展，就是共同发展。对于这个体制本身来

① 熊万胜，张彬，张曦予．理解当代中国地方政府自主性的四个维度．华东理工大学学报（社会科学版），2021（4）．

说，这是同一体制的不同功能的体现，从注重治理到注重发展，治体的本质没有改变。

这种共同发展的能力是有其观念基础的。这个观念基础由两个部分组成：一个是百姓的平均主义；一个是政府的积极有为的倾向，在发展方面可以说是发展主义。我们不能认为要求精英和大众实现共建共治或者共同发展就是平均主义的体现。把平均主义说成中国的国家或者政府的价值观，这是不合适的。国家总是实用主义的，平均可以是一种应时的政策，但不宜成为“主义”。百姓的平均主义与村落的熟人社会性质有关。对于百姓来说，说他们有一种基于超强嫉妒心的铲平主义①，恐怕是抹杀了人格的基本标准，把人说得不可思议。我们不应该把动荡环境中人的行为当成一个民族的性格。

一个具有超强成就动机的地方政府主官在集权体制和土地公有制的帮助下，会采取一切可能的办法达成目标，包括对下属的“一平二调”（平均主义和无偿调拨）。在现代中国，上级将下级平均化，目的是促成更大的发展。比如，将有工具的人的工具调拨给无工具的人来使用，重点是帮助无工具的人发展，而不是基于某种心理偏好故意将有工具的人“铲平”。即使具体实施的人过于仇富，也不能说这是政府的出发点吧。但是客观上，政府借助了百姓的平均主义心理来落实这种资源紧张条件下的急功近利的发展，所以，一种在乱世中暴露得特别充分的平均主义得到了官方意识形态的认可。卢晖临通过研究农民攀比建房的行为发现，经过集体化时期，中国农民的平均

① 孙隆基．中国文化的深层结构．桂林：广西师范大学出版社，2004.

主义心态有所增长①。最后的结果是违背了发展规律，使得共同发展变成了共同贫穷，这是结果而不是动机。“越穷越革命”或者“宁要社会主义的草，不要资本主义的苗”这样的宣传口号有它作为宣传口号的规律，它要求朗朗上口，让人印象深刻，但在特定氛围下难免会让人对它的内涵做极端化的理解。总之，我们得看到共同发展的理念和平均主义的关系，但要做两个层次的辨析：第一，群众有平均主义的心理不等于政府有平均主义的目标；第二，出现了平均主义的结果不等于政府有平均主义的动机。毕竟，“平均”是一种十分具体的操作，它的适用一定是有特定条件的。

在落实共同发展或者协同治理的时候，往往就会涉及对精英的资源的某种平调。社会救济如果动用财政资金，就成为一种再分配，只会分配给一部分人。在一定情况下，这种政策也会受到自由主义的诟病。但在社会主义制度下，一定会朝着这个方向发展。在一种比较弱的动机水平上，欧洲的社会民主主义也在朝着这个方向努力。

总之，重视民生的传统得到了儒家伦理的肯定，共同发展的做法得到了社会主义核心价值观的说明，这两方面结合起来，成为中国特色社会主义的共享传统。它非常适合的是“紧文化”的状态。人类的未来是否会走向普遍的紧文化，以及紧文化将形成怎样多样化的表现形式，都是今天还未解开的谜。

---

① 卢晖临．集体化与农民平均主义心态的形成：关于房屋的故事．社会学研究，2006（6）.

二　共享的内容

共享不是共有，“享”的意思是使用，“有”可以是占有或所有。共有可以是共享的条件，但并非所有的共享都以共有为条件，更加常见的共享是以分有为基础的。分有却必须共享，就发生了协调的困难。这种协调如果不能由分有的主体自行解决，就会由一个权力中心来介入协调，这就产生了治理的问题。

必定会被共享的物品称为公共物品。在公共经济学中，通常会按照两个维度对“物品”进行区分：可排他性和拥挤程度[①]。最标准的公共物品是拥挤程度或者竞争性低而且不能排他的，比如空气、开放式的公园或者乡间公路；最具私人性的物品是可排他且稀缺的，比如房屋。社会治理的难点在于可排他但是不够拥挤或者非竞争性的，这样的物品称为集体物品。在各种集体物品中最难治理的是所谓“公共池塘资源”，它是共同所有和使用，但使用时细分成私人化的单位。乡村的公共灌溉系统或城市小区停车场就属于这种情况，很容易遭遇搭便车行为[②]。

在中国的治理实践中，无限责任的国家直面百姓的生活需

---

① 弗尔德瓦里．公共物品与私人社区：社会服务的市场供给．郑秉文，译．北京：经济管理出版社，2007.

② 奥斯特罗姆．公共事物的治理之道：集体行动制度的演进．余逊达，陈旭东，译．上海：上海三联书店，2000.

求，所提供的东西不限于公共物品。国家向百姓提供的可以共享的东西主要分为三类：物质性成果、生活环境和公共物品。物质性成果既包括创造收入的机会如就业机会，也包括可分配的物质如社会保障金；生活环境指的是与人的生活有直接关系的公共物品或集体物品，前者如交通秩序，后者如小区安全和小区绿化等，涉及增进安全感、便利感、舒适感等感受的环境因素；公共物品包括交通、教育、医疗等社会事业以及生产发展所需要的基础设施等。物质性成果属于人们常说的一、二、三次分配的内容，有人把生活环境和公共物品看成第四次分配的内容。

1. 物质性成果

在陆学艺规划的社会建设的三阶段论中，所论述的还是一个比较狭义的“小社会”概念，是与经济、政治、文化、生态等相提并论的社会。但在“大社会”的系统中，必须把经济基础考虑进来，尤其是要把物质性成果的共享当作最重要的共享来看待。从生活出发来看待社会团结，就更要谈物质性成果，因为这是生活的基本要素。在最典型的自由主义社会理论中，物质性成果比如经济繁荣给人带来的收入增长，虽然是可以共享的对象，却不属于政府治理的效果，政府应该减少干预，让市场自己运行。这种观点在20年前在中国还很流行，今天已经很少有人这么认为了。人们普遍地相信，国家能力对于经济发展的效果影响很大，经济发展不能没有政府有效作为，甚至于相信市场经济体制的形成也离不开政府的刻意建构①。即便如此，对于政府可以在多大程度上介入经济发展，依然存在极大的争议。我们看到中美之间的争端与此有很大的关系，美国一方面指责中国政府介入企业发展，另一方面又动用国家权力针对具体的公司采取手段。

为了促进经济发展，也为了从经济发展的角度创造大众共享的成果，国家有很多的治理手段。现有的手段可以概括为如下六种：1）各种常规的宏观调控手段，如货币政策或财政政策。2）中观的产业政策，如林毅夫极力辩护的新结构经济学手段②，或者如特朗普曾经推行的对于特定产业类型的企业的强制措施或激励措施。3）微观的产业政策，如借助于开发区对于企业实施的具体扶持政策或者"腾笼换鸟"手段。4）进行财政上的二次分配，实施社会保障政策和区域间的转移支付等。5）第三次分配，开展自愿的集体行动创造集体物品，或者开展慈善行动等。6）最为彻底的手段是基于共有的共享，也就是发展公有制。显然，这是国家权力最强有力的运用方式，它以一种釜底抽薪的方式来解决集体行动的困境问题，促使经济发展的成果可以被大众共享。

从共同富裕的目标出发，这六种手段都还有可以改进的空间。这里仅仅举例来说明：1）宏观调控中如何更好地兼顾公平和效益，比如很多人所讨论的房产税的完善问题；2）中观

---

① 波兰尼．大转型：我们时代的政治与经济起源．冯钢，刘阳，译．杭州：浙江人民出版社，2007.

② 林毅夫．新结构经济学：反思经济发展与政策的理论框架．苏剑，译．北京：北京大学出版社，2012.

的产业政策中，如何改变城乡之间高度不平衡的农产品流通体系，优化农产品的市场结构，既增加农民的收入，也减少市民的生活开支；3）微观的产业政策中，如何帮助乡村小微企业和集体企业发展；4）如何让农民工账户下的社会保障金能带回老家，如何让医疗保险可以在异地直接报销；5）如何激发社会公益精神；6）如何完善基于共有的共享，发展城乡集体经济。

这里研究的是共享问题，不准备对于共同富裕的实现路径展开论述，仅仅重点讨论其中的基于共有的共享问题，因为它和联结问题更有关系。基于共有的共享使得中国式的深度共享获得了经济基础。被共有的资源可能是国有制的，也可能是集体所有制的，还可能是合作社制度的。家庭内部的共有是介于公私之间的。在中国，在前述的社会主义共同发展理念下，曾经推行了全面的公有制，然后逐步退出，从乡村的承包到户到国有企业改革和城乡集体企业改制，再到社会事业部门如医院和学校的私有化改造等。总的来说，中国的经济有很强的公有制色彩。所谓公有制为主体、多种所有制经济共同发展，不只是当初改革的目标，也是对当今所有制结构的准确概括。

在基于共有的物质性共享形式中，有两个做法是很有中国特色的，且有明确的联结功能：一个是地利共享，一个是集体经济。

地利共享基于中国特有的土地开发制度。在这种土地开发制度中，只有国家才有权征收或征用集体的农用地并转为建设用地，被征收或征用之后的土地属于国有，而且曾规定使用建设用地必须使用国有土地或者征收为国有的集体土地。这样一来，任何人都不能在一块农用地上直接盖房子，必须先办农用地转用的手续，然后才能建设，从一个步骤变成了两个步骤。其中第一个步骤，即将农用地变成可以建设的土地的过程，就形成了所谓的土地一级市场，这是政府垄断的。在第二个步骤中衍生出二级市场，所有的开发者必须从政府那里购买从农用地转成的建设用地的土地使用权，然后，他们可以转售自己的土地使用权。我们能够理解，这项制度决定了地方政府发展经济的基本方式，形成了广泛的土地财政的现象，也就是地方政府对土地开发过程的依赖。同时，这项制度也影响了不同层次政府之间的关系，中央通过土地开发权的调控来影响地方政府，从而实现了经济发展与政治整合的统一。

地利共享属于国家治理的基本制度，也是微观的社区治理的基本制度。对于百姓来说，他们的宅基地和房子要被政府征收，自己和所在集体从中获得补偿。自己所得的补偿包括社会保障、住房或者货币。集体所得的补偿可能被大家分掉，如果不分掉，就成为集体经济组织的资本金，每年可以分红。由于城乡建设用地增减挂钩制度的推行，不仅仅是城郊的村庄的宅基地，边远地区的村庄的宅基地也可以转化成建设用地指标被地方政府出售，所以，地利共享的问题和每一个农民都有多多少少的联系。我们可以认为，这是农民分享城镇化过程中的土地增值收益的一种基本方式。有很多人主张要将农用地或者宅基地的开发权放给农民或农民集体，这样可以增加农民的财产性收入①；也有人主张国家垄断农用地开发权属于宪法秩序，

① 周其仁．产权与中国变革．北京：北京大学出版社，2017；文贯中．吾民无地：城市化、土地制度与户籍制度的内在逻辑．北京：东方出版社，2014.

涉及国家根本，不可动摇①。无论采取哪一种制度安排，对中国农村的前途都有极大的影响。

集体经济的发展对于乡村治理乃至城乡社区治理都具有基础性的意义，这种基础性的意义至少体现在两方面。一方面，集体经济是村民自治乃至居民自治的经济基础；另一方面，村级集体经济的发展过程也是农民的组织化过程。

村民自治和居民自治既是群众的民主权利的展现，也是上级行政权力的放权，更是群众自治组织的自主性的发挥。这种自主性的核心基础就是自有财力。自己的钱自己花是最为切实的民主自治。而且，围绕着经济分配产生的议题也最能吸引大家的关注和参与。此外，还有一点也是非常重要的。如果社区自治组织的财力主要是来自上级的，尤其社区干部的报酬是由上级通过严密的考核体系来决定的，那么，社区干部就会唯上级马首是瞻，既没有兴趣也没有时间来考虑群众的想法。这就会导致基层组织脱离群众。更加隐蔽和曲折的是，如果村级资源主要来自上级，而且这个资源还比较充足的话，它甚至能够导致基层干部的出身也脱离群众，这是更彻底的脱离群众。

在发达地区尤其是大城市郊区，村干部的报酬也实现了职业化，上级政府对于村干部的培养和选拔向城镇居委会干部看齐，都纳入组织部门统一的招聘、培养和选拔过程；组织部门建立社区后备干部制度，社区后备干部通过招聘进入社区。这种招聘有很多的形式。大学生村官计划和选调生计划的发起部门层次比较高，对学历比较重视，也相对公正。镇街自主地统

---

① 桂华．中国土地制度的宪法秩序．北京：法律出版社，2017．

一招聘比较灵活，比较契合当地上级需要，也是当前更流行的社区后备干部产生渠道。然而，在这种招聘过程中，难免出现人情关系的因素，在一些地方，这类因素可能还是很普遍和严重的，结果，这种社区后备干部中有很多人都是干部子弟或者关系户。由于社区人际关系日趋陌生化，只有在社区自治组织里工作过的人才可能是大家都认识的，所以事情演变的结果是，只有这些当初被招聘进来的人才可能成为书记或主任。在村民选举的过程中也会有人情关系的因素，村民会让关系最广的人当选。这两种人情关系的运作主要的差别在于：在选举中的人情关系虽然可能有宗派主义，但至少保持了干群联系；在招聘中的人情关系是一种能够让基层政权从根本上悬浮于群众的腐败。因此，对于当前的村干部职业化的趋势应该认真反思，发展集体经济，保证社区自治组织在经济上的适当自主性和保持村干部的半职业化，可能是社区自治制度健康运行的必要条件。

农民的组织化对于乡村治理的意义也很大，这种意义不是说中国的农民就应该被管起来，而是说中国的乡村组织化程度太低，不仅和日韩不好比，和欧美国家也不好比。当前乡村社会的治理体系不完善和治理能力不足都与这种组织化程度不够有关。组织起来需要纽带，如果没有经济利益作为纽带，能够将农民组织起来的就是信仰性的组织，但这不能在中国乡村成为主流。能够有效促进组织化的经济基础应该是合作经济，但今天中国的乡村合作经济的主流只能是集体经济。集体经济的本质也是合作经济，合作经济和土地的集体所有制结合起来成为集体经济。

民国时期发展的农村合作社，是比较原本意义上的自发合作。虽然也得到了政府一定的支持，但是这种农村合作社发展得并不好，仅有的一点成果主要被农村的上层人士所获得①。在共产党的控制区域，也发展过合作社，由于党的干部组织有力，效果不错；但也应该知道，它们在一定程度上已经成为党的外围组织。国共两党发展合作社的成绩，应该理解成权力的文化网络和组织网络在应对现代化过程中出现问题时的不同表现。

国民党败退台湾之后，继续发展农村合作社。这个阶段的合作社以比较彻底的土地改革为前提，也得到管理者政策的大力支持。台湾的情况和大陆十分不同。台湾区域面积小，农民数量不多，国民党以治理一个大国的经历来治理一个很小的局部，能够精细地帮助各个合作社在城市控制批发市场；管理者还大力发展合作金融，建立多层次的综合农协。同时，台湾的市场规模小，市场风险也小，管理者还对综合农协采取各种保护措施，极大地弥补了合作社制度本身市场竞争力不足的缺陷。应该说，台湾的综合农协发展得是不错的，这个成绩建立在权力的组织网络的有效介入上。在大陆，共产党接手的是一个超大型社会，其中的乡村社会还承担着提供剩余来帮助城市发展工业的任务，城乡关系的不平等是大陆乡村发展面对的基本格局。结果，大陆走上了以所有制变革为前提的集体化道

---

① 魏本权．农村合作运动与小农经济变迁：以长江中下游地区为中心（1928—1949）．北京：人民出版社，2012：385；赵泉民．政府·合作社·乡村社会：国民政府农村合作运动研究．上海：上海社会科学院出版社，2007：262.

路，强制乡村附从于城市。虽然在承包到户之后，强制性的集体瓦解了，但是，不平等的城乡关系依然存在，乡村发展等于是在这种不平等关系中的一种突围。政府要在农民利益和城镇居民利益之间进行权衡，通常是偏向城镇居民利益的，这个偏向的例证是：一旦农产品涨价，政府就要鼓励生产；一旦农产品跌价，却没有人补偿农民的损失。在这样不利的市场环境中，一部分专业化生产的农民很快走上了自发合作的道路，但是市场风险过大，政府的支持力度不够，而且政府还限制农民发展利润较多的金融合作，所以，今天的农民合作社的发展并不好。在第三次全国农业普查报告中，2016 年底，全国参加新型农业经营组织或形式的普通农户仅为1 649.9 万，家庭农场和专业大户为 48.8 万。参加新型组织的各类农户在农户总数中的比重为：参加“公司＋农户”的占比 1%，参加农民合作社（包括生产和服务为主的合作社）的占比 4.4%，参加专业协会的占比 0.3%，参加土地托管组织的占比 0.8%，参加其他组织的占比 2.2%。各类比例加总得数不到 9%。规模农业经营户中参加这些新型组织的比例要高一些，但各类比例加总后也只有 11%①。

在对于农民十分不利的城乡关系和市场环境中，农民即使合作，也难得到很多的好处。但在局部领域，农民也能获得一些好处。比如，我们能看到一些养殖合作社或者“公司＋农户”运行得比较好。养殖业是一个需要占用建设用地的产业。

① 国务院第三次全国农业普查领导小组办公室，国家统计局．中国第三次全国农业普查综合资料．北京：中国统计出版社，2019：173，174.

在今天的城市优先发展的土地管理体制中，农业发展所需要的建设用地就很依赖于农民的宅基地。这就迫使得到国家补贴的龙头企业要和农民合作，给了养殖户一个意外的机会。还有一种情况是农民村社的整合式的自主发展——农民村社更加积极主动地在现有的城乡关系中寻找发展的可能。比如，早期的集体工业企业，后来的社区性合作金融组织的发展，当前的乡村全域旅游，以及某些组织得比较好的“淘宝村”。

历史的经验证明，在一种十分不平衡的城乡关系和市场结构中，要从经济上组织农民，不能过于指望合作关系，必须依托集体土地所有制。就是要在土地的所有权的基础上组织农民，而不是在农地的经营权的基础上组织农民。前述的养殖业合作社、乡村全域旅游和淘宝村都涉及对于农村集体建设用地的盘活。依托所有权的合作经济和经营权的合作经济有一个很大的不同，它本身可能并不销售产品，从而摆脱了不平等的城乡关系造成的市场风险。而且，如果是发展乡村全域旅游，恰恰是利用了城乡关系中有利于乡村的一面，农民可以在家门口赚到城里人的钱。

新形式的集体经济的发展离不开对于集体土地所有制的运用，最有活力的模式需要集体发挥出土地所有者的权能，形成一个综合性的集体经济发展思路①。依托土地的所有权来发展合作经济和集体经济，必定要发挥村党支部的领导作用，村党支部一手领导村委会、一手领导合作社。不仅在发展集体经济

---

① 李昌平．再向总理说实话．北京：中国财富出版社，2012；李昌平．大气候：李昌平直言“三农”．西安：陕西人民出版社，2009.

的过程中治理和发展是融合在一起的，在土地开发的过程中，政府垄断一级市场，也就是包揽了和农民对接的任务，并且处理农民上楼之后的新型社区治理的问题，这样的发展过程也绝非单纯的市场交易过程，而是一个充满了治理内涵的过程。之所以如此，根本上是因为土地并不能被彻底商品化①；可是它也必须上市交易，要将这样一种不可交易的东西变得可以交易，就必须先进行充分的解构②，再进行充分的社会建构。在中国，这种社会建构是政府主导的。可以说，这些基于公有制土地的发展过程是一个充满治理内涵的过程，可以称为“治理性发展”③。

2. 生活环境

在生活社会中，生活环境的意义被提到一个令人惊叹的地位。人的生活环境有两方面：一是外在的环境，二是内在的心理环境。在一个高度世俗化的社会中，发展外在的环境对于提升人民的满意度意义非常重大。这也是经济发展到一定阶段的产物。实际上，20 年以前，一般的中国城市只考虑卫生和绿化，很少有系统的景观设计和城市文明的理念。但是，这种情况被一项看似具体的治理行动改变，这就是“全国文明城市（区）”

---

① 波兰尼．大转型：我们时代的政治与经济起源．冯钢，刘阳，译．杭州：浙江人民出版社，2007.

② 张彬，熊万胜．社会性解构：对征地拆迁过程的阐释：基于 L 县的调研. 南京农业大学学报（社会科学版），2019（1）.

③ 张彬，熊万胜．治理性发展：政府推动村级集体经济发展的新路径．南京农业大学学报（社会科学版），2020（6）.

的创建活动。对于这个创建活动，有一些研究是从运动式治理的角度展开的①，这里强调的是它的实际社会效果。

这个活动一开始是地方的自主创新，起源于 1995 年的江苏省张家港市，该市自主地以“文明城市”作为自己的发展目标。此前，一个相关的测评体系是 1990 年开始的“国家卫生城市”的评选，第一个被选上的城市是山东省威海市。相比而言，由一个“条”（卫生部门）发起的卫生城市测评指标是比较专门的，围绕着卫生展开；由“块”（地方政府）发起的文明城市测评指标是更加综合性的。张家港市的这个做法赶在一个十分恰当的时间点上。1996 年 10 月，党的十四届六中全会通过《中共中央关于加强社会主义精神文明建设若干重要问题的决议》，把文明城市与文明村镇、文明行业并称为“三大”群众性精神文明创建活动，写进党的决议，引起各级党委政府高度重视。

相比而言，国家卫生城市的测评指标主要是关于市容环境和健康事业方面的，与生活环境更加直接。迄今这依然是一个被地方政府十分看重的测评体系；而且，它往往被视为全国文明城市测评的预备活动。全国文明城市测评看上去大大地变得综合了，好像从对日常生活的关注中转移出去了，但实际效果并非如此。

文明城市有不同级别，一般分为全国和省级两级，省级测评也是作为全国级别测评的一个准备。文明城市测评对测评对

① 曾航．运动式治理的反弹逻辑：以武汉市全国文明城市建设为例．管理研究，2017（2）.

象做了区分，包括县级文明城市和地级以上文明城市。根据《全国文明城市（地级以上）测评体系（2017 年版）》，这个测评体系由 3 大板块、12 个测评项目、90 项测评内容、188 条测评标准构成。第一板块为牢固的思想道德基础，含理想信念教育、社会主义核心价值观建设、培育文明道德风尚 3 个测评项目；第二板块为良好的经济社会发展环境，含廉洁高效的政务环境、公平正义的法治环境、诚信守法的市场环境、健康向上的人文环境、促进青少年健康成长的社会文化环境、和谐宜居的生活环境、安全稳定的社会环境、有利于可持续发展的生态环境 8 个测评项目；第三板块为长效常态的创建工作机制 1 个测评项目。第二板块不仅和生活环境大有关联，内容也最丰富，其中“和谐宜居的生活环境”占 12 个指标。第二板块的其他指标也和生活息息相关。

可以说，全国文明城市创建活动大大增强了政府对于群众生活环境的重视。这种测评之所以受到重视，原因主要有两个：

第一个是它非常重要。虽然这个指标体系是综合性的，不特为改善生活环境而设立，但它是当前中国最为权威的城市发展与治理综合性测评体系；其他的测评体系也有不少，却无法和文明城市测评体系相提并论。这种测评引起了地方政府的高度重视，也可以说是极度重视。典型的表现是在北京派人来开展实地测评期间，各地政府会调动几乎所有的干部上街执勤，这种执勤是明确到每一个点上的。这种点的选择是按照测评体系的实施细则来安排的，我们可以用应试教育中的考点来比拟这种执勤点的设置。地方政府在每一个点上都安排了人手，可能是社区干部，可能是社区保安，可能是党员或者各类志愿者，还可能是聘请的第三方保安公司的人员，这些人都会穿上“志愿者”的马甲。这种测评是三年一个周期，并非一次评上就可以了，要在三年中定期开展年度测评。每一次都是对当地的社会治理水平的综合大考。

地方政府如此重视，和地方政府借助权威测评实施科层内部动员和社会动员有关，尤其是科层内部动员。一个庞大的官僚体系，需要这样的运动来保持它的活力。在孔飞力描述的清代，皇帝需要通过一个突发的事件来检验官僚体系的运行状态①。政治运动有时是必需的手段，要防范官僚体系的消极懈怠和官僚主义。在今天，需要一些类似的机制来防止庞大体系的僵化。因此，文明城市的创建在具体治理机制上被称为运动式治理，但在政治运动的谱系中应该称为治理性运动，以相对于政治性运动而言。

第二个原因与测评部门的测评方式有关，这种测评包含了实地考察，尤其是暗访。我们能够理解，纸面的或者通过网络填报的内容在同类地区不容易出现很大的差异，主要的差异其实在于考察队员的印象，考察队员所看到的东西会极大地影响他们对于其他方面的判断。考察队员的印象是文明城市测评中的“超级权重”。这也导致了文明城市创建中对于视觉感受的高度重视，实际上使得中国的城市变得非常感性，非常有视觉效果。

---

① 孔飞力．叫魂：1768 年中国妖术大恐慌．陈兼，刘昶，译．北京：生活·读书·新知三联书店，2012.

在对生活环境的重视中，有一个特别的重点是不能不提到的，就是安全。在国家范围内，这是检察院、法院、司法局、武警部队，以及公安部门掌握的社会治安综合治理队伍的中心工作，也是各个县级、乡镇街道和村居组织的重要工作。越是到基层，这项工作的重要性就越凸显。到了最基层的乡镇街道范围，“安全第一”就不是一句口号，而是一句大实话。安全感在文明城市测评以及各种工作考核中的意义是非常突出的。如同考察队员的印象是超级权重一样，安全感也是当地居民评价政府各项工作的超级权重。如果安全感不够，人们会认为这个地方有点“乱”。“乱”是一种整体性的负面感受，它蔓延到自己能想到的各个相关方面。文明城市测评包含了对于市民的满意度调查。安全感和满意度之间的关系很密切，虽然这种满意度主要是和市容卫生相关的。

《中国统计年鉴》公布的财政支出项目中列有“公共安全支出”，这一项主要是相关条线部门的支出，也就是公安、检察院、法院、司法局、武警部队的支出。在这个统计口径中，公共安全支出占财政支出的比重有所上升。而实际上，公共安全开支不仅仅从财政收入中开支，也从预算外资金中开支。在县级及以下组织中，可以有更多的支出口径，因为百姓能感知的安全是由很多部门来维护的。比如，中国城市中的摄像头就可以由多个部门安装，除了小区会安装，公安部门和综治部门会安装，城管部门或网格化中心也可能会安装。在安装这些摄像头的时候，由于不需要动用小区的公共资金，所以有关部门不需要征询小区居民的同意。这被称为治理中的“爱你没商量”。我们可以理解，一般居民对于安装摄像头的事情是不反对的。极少有人把这个事情当作一个问题提出来在小区业主的微信群里讨论。大家都非常在乎安全感，至于私人隐私似乎反而不那么重要。

在生活环境的治理中还有一个特殊的机制，这个机制具有典型的共享色彩。对于居住空间的安排，中国有一种有意识的空间混合的做法。如果不加干涉，完全交给市场和社会去安排，人们居住的空间分布会和阶级或者其他社会结构统一起来，形成社会结构的空间化，这是“居住空间分异”概念涉及的现象。也就是说，中国的城市有一种反空间分异的做法。这个做法的体现是，我们很少有大面积的别墅居住区，即使有别墅居住区，其中往往也有一些高层或多层房。这样会有三个层次的混合：1）一个小区内可能是不同房型混合的；2）居委会不一定按照小区来设置，会出现一居委会多小区或者一小区多居委会的情况；3）街道是城市的重要社区单位，一条街上多种房型并存，不同阶层的人生活在同一个社区的情况是普遍的常态。

这未必是政府的有意安排，但肯定和政府的政策有关，可能是政府各种政策的一个复合性结果。比如和特定的房地产开发政策有关。政府会对容积率提出要求，限制低容积率，而开发商希望有更多的房子可以出售，就导致出现混合房型的小区。而且，政府会明确地禁止发展太多的别墅居住区：一面开展拆迁工作，拆除农民自建房（这些房子可以说也是自建的别墅）；一面建别墅出售给富人。这肯定存在价值观风险。更直接的理由是要保护耕地，减少对农民土地的征占。还有一个原因是，中国城市的市中心的房价高于郊区。在市中心开发高档商品房，只能是小规模的，因为动拆迁的成本太高，而且利益关系复杂，难以建成大社区。这也导致了同一居委会或街道内部的房子高低搭配。这种越是市中心社区房价越高的现象，与政府的公共管理、公共安全和公共服务体系建设向市中心倾斜有关。结果是富有的人和穷邻居共享学校、医院、超市和街角的公园等。

3. 公共物品

提供公共物品是所有政府的责任。在中国的治理体系中，我们可以注意到公共物品提供过程和治理过程的融合。最典型的例子是外来人口在一个城市的社会融入过程。我们可以发现，户籍制度改革的方向未必就是让流动更加便利，其最基本的目标依然是关于秩序的，它从一种传统的统治手段变成了治理手段。外来人口融入一个城市的主要内容就是如何享有这里的公共物品，笔者曾将一个居民可以享受的城市公共物品分为三个层次[①]，引述如下：

第一个层次是这个居民作为国家公民可以享有的基本社会保障与公共服务，如基本社会保险、劳动就业、基本公共教育、基本医疗卫生服务、计划生育服务、公共文化服务、证照办理服务等。对于这些，只要是中国公民都可以享有。

第二个层次是这个居民作为地方居民可以享有的地方性的

---

① 熊万胜．新户籍制度改革与我国户籍制度的功能转型．社会科学，2015 (2).

社会福利，如地方财政对于社会保险金的补贴、中等职业教育资助、就业扶持、住房保障、养老服务、社会救助等。对于这些社会福利，当地户籍人口自动享有，居住证持有人需要以连续居住年限和参加社会保险年限为条件享受。至于当地居民最为敏感的待遇问题，如随迁子女在当地参加中考或高考的资格，则需要更加严格的条件。

第三个层次是这个居民作为社区居民所能享有的来自社区或集体的各种福利待遇和关爱。

持有居民身份证就可以享有第一个层次的福利，但必须另外持有居民身份证明才能享有后面两种福利。后面两种福利是社区性/地方性的，在区域之间差别很大。可以说存在一种“福利性地方主义”。

以上海为例，与居民生活直接有关的社会福利类型就有很多，在市级层面至少有如下类型：1）城镇职工社会保险；2）居民社会保险；3）农民社会保险；4）高龄无保障老人基本社会保障；5）职工遗属保障；6）城镇重残无保人员基本医疗保障；7）本市支援外地建设退休（职）回沪定居人员帮困补助；8）学生和婴幼儿基本医疗保险制度；9）普通高等院校学生医疗保障制度；10）就业援助制度；11）职业培训补贴；12）公共就业服务；13）最低工资标准；14）企业年金补充养老保险；15）城市生活无着的流浪乞讨人员救助管理网络；16）应急救灾援助机制；17）社区居家养老服务；18）工青妇和慈善公益组织的救助服务；19）廉租房制度；20）经济适用房制度；21）残疾人就业；22）特殊的中考和高考政策；

23）学区内就近入学的制度；24）上海交通大学、复旦大学、同济大学、华东师范大学毕业生可以直接落户；25）农民生活困难户补助。

上海各个区县、乡镇街道和村居还有自己特殊的福利制度。比如，静安区在全市率先为孕妇提供免费孕检，并将此项服务扩大到外来人口；对居民居住公房的免费维修；等等。上海大多数的街镇都有社区商业服务、孤寡和高龄老人的关爱和家政服务、社区公共文化场所等，有集体经济的乡镇还会进行集体内部的分配。干部在为居民提供以上服务时，同时熟悉了工作对象，建立了感情联络。对于注重群众路线的执政党来说，这种日常的联系是十分重要的。

张静的一个框架对于我们理解外来人口融入的问题是有启发的：人的城市化过程其实也是一个体制对接的过程。农民在自己家乡的时候是通过一套体制机制或者说“通道”来对接国家治理体系的；换到一个新的地方或者城市，就意味着要与一个新的治理体系建立对接，需要找到新的通道①。这个对接过程是复杂的，因为治理体系的功能很强，涉及很多方面。其实，外来人口要对接的不仅仅是治理体系，而且是整个城市的系统中与生活有关的方面。尤其是，如果这个外来者是到一个新的地方创业，他的最佳选择是进入一个开发区，由这个开发区完成这些对接工作。开发区在完成这些对接工作的过程中，也建立了对他们的治理机制。

---

① 张静．通道变迁：个体与公共组织的关联．学海，2015（1）．

三 共享的机制

共享的机制如果按照共享的内容来分类就会出现重叠，因为不同内容可以有共同的共享机制；如果按照共享的主体来分类就会存在合理性，也就是考察谁和谁共享。从中我们会发现，在中国，这种共享是全面的，在很多种类的社会分层之间都存在着共享机制，比如精英与大众、发达与欠发达或者强者与弱者之间的分层。当然，共享机制不可能弥合所有的社会裂隙，分享而非共享才是人们最愿意选择的享有机制。这里需要说明的是，治理体系如何通过弥合某些社会裂隙来实现社会整合。

我们可以注意到这样几类社会裂隙线：阶层、区域、体制、族群间的。

1. 跨阶层的福利

笔者认为，促进阶层共享最彻底的方式是抑制私有制，通过共有抑制收入不平等。随着苏联和东欧社会主义阵营的解体和中国等国家的市场化改革，促进阶层和谐的主要做法转向了第二次分配乃至基于自愿捐献的再分配。中国的一般财政预算支出中，社会保障和就业支出占比从 2006 年的 7.5％提高到 2020 年的 13.3％，这还没有计算其他的保障类支出。

另一项重要的措施是调整税收来源结构，总的趋势是税收来源向城市和高收入者集中。

在新中国成立之初的1950年，农牧业税收入占财政总收入的比重是29.3%，到1985年下降到3.7%[①]。在税费改革的前一年即1999年，全国农民直接的税费负担为1 247亿元，其中农牧业各项税为307亿元，其余为“三提五统”和“两工”（义务工和积累工）折款。对比一下当年的全国预算内财政收入是11 377亿元，可知农民对于国家财政的贡献率为2.7%。2006年在全国范围内取消了农牧业税。乡村集体企业的改制也使得农村经济对于国民经济的总体贡献和财政贡献都大大下降了。

我国的个人所得税起征点有过四次提高：2005年从800元提高到1 600元；2007年从1 600元提高到2 000元；2011年从2 000元提高到3 500元；2018年从3 500元提高到5 000元。调整的结果是个人所得税应纳税人口下降到不到3 000万人。但是，由于高收入群体的增加以及税收征管力度的增加，自2002年以来，个人所得税在财政收入中的占比经历了下降和上升的过程，占税收总收入的比重从2002年的6.9%下降到2012年的5.8%，再到2018年达到8.9%。应该说，个人所得税在收入调节方面的功能有所增强。不过，企业经营者可以通过不给自己开工资的做法来给自己避税。此外，企业还可以通过增开分公司获取地方政府招商引资中的税收返还等方式来避税。

---

① 中华人民共和国财政部，《中国农民负担史》编辑委员会．中国农民负担史：第4卷．北京：中国财政经济出版社，1994：415.

在2010年出台了《社会保险法》之后，企业的社会保障开支明显增加了。但是，到2016年也只有35.1%的农民工与雇主或单位签订了劳动合同，比上年下降1.1个百分点。其中，外出农民工与雇主或单位签订劳动合同的比重为38.2%，比上年下降1.5个百分点；本地农民工与雇主或单位签订劳动合同的比重为31.4%，比上年下降0.3个百分点①。这是签约率连续两年下降后的结果。此后，国家统计局没有继续公布此项数据。另外，2014年农民工“五险一金”的参保率分别为工伤保险26.2%、医疗保险17.6%、养老保险16.7%、失业保险10.5%、生育保险7.8%、住房公积金5.5%，分别比上年提高1.2、0.5、0.5、0.7、0.6和0.5个百分点。外出农民工和本地农民工“五险一金”的参保率均有提高。外出农民工在工伤保险、医疗保险、住房公积金方面的参保率高于本地农民工，在养老保险、失业保险和生育保险方面的参保率低于本地农民工②。此后，国家统计局没有继续公布农民工参保率的情况，估计是不容乐观的。

跨阶层的共享机制还有一种特殊的形式。前面提到的城市居住空间混合模式给地方政府抹平小区生活环境的差距提供了一种可能。在创建全国文明城市的过程中，政府会动用财政资金改造小区生活环境。此时，政府会优先照顾老旧小区，因为这种小区的维修费用高，可是留存的物业维修基金往往所剩无

---

① 国家统计局.2016年农民工监测调查报告.(2017-04-28). http://www.stats.gov.cn/tjsj/zxfb/201704/t20170428_1489334.html.

② 国家统计局.2014年全国农民工监测调查报告.(2015-04-29). http://www.stats.gov.cn/tjsj/zxfb/201504/t20150429_797821.html.

几，甚至根本就没有设立。如果要发动大家集资补充或者设立物业维修基金，无疑是十分困难的。在重任面前，市级、区县或镇政府就会启动专门的计划帮助这些老旧小区和动迁安置小区进行基础设施建设。而且，由于这些小区的居民收入比较低，物业公司的收费标准很难提高，或者收缴率也不够高，政府还要补贴物业公司。政府也通过这种补贴来对物业公司建立考核机制，使得物业公司更愿意配合基层组织搞好社区治理，从而明显地改善了基层组织和物业公司的关系。地方政府补助老旧小区和动迁安置小区动用的是财政资金，一般不会照顾到商品房小区，考虑到这方面的投入很大，实际上这方面成了一种重要的阶层再分配。

2. 区域性的福利

区域性的福利有两种：一种是区域内的福利，一种是跨区域的福利。区域内的福利在前面讲到公共物品时已经涉及，一个中国人同时具有三重身份——公民、地方居民、社区或集体成员，分别对应一个层次的福利，越是发达地区后面两个层次的福利越多。

跨区域的共享机制是非常有中国特色的，这也是社会主义制度的一个特点。它有两种类型：救急和救穷。救急的情况是“一方有难八方支援”，在历次的大灾难事件中，这种地方援助机制表现得十分抢眼，它和国家救援、私人救援与国际救援一起发挥了重要作用。在汶川地震期间，全国 18 个省（市）分别对口支援了四川的 18 个县（市），另有广东省和天津市对口支援甘肃和陕西的受灾地区。在 2020 年的新冠肺炎疫情中，19 个省（自治区、直辖市）分别对口支援湖北的 16 个地级市、县级市、自治州、林区。对口支援会采取条线对接的方式，支援方的地方政府会发动本地的各个条线与对方的各个条线对接，各自发挥所长，进行系统化的救援。

对于贫困地区的跨区域援助是常态化的，主要的手段是经济援助、医疗援助和教育援助。比如，1992 年三峡工程兴建议案获得通过后，截至目前，21 个省（自治区、直辖市）、10 个大城市对口援建库区，帮助解决移民安置和搬迁建设问题。1994 年启动了对口援藏计划，18 个省（自治区、直辖市）、17 家中央企业和几十个中央部门分别对口援建藏区各地区。2010 年开始启动 19 个省（直辖市）对新疆各地区的对口援疆计划。另外，也有地方政府自主发起的援建计划。1996 年，上海市与云南省开始结对开展东西协作，安排 15 个区和 2 家国有大企业与云南 26 个国家扶贫开发工作重点县结对；后来又将高校列入帮扶责任单位，与云南各重点县建立帮扶关系。自 2014 年启动的精准扶贫计划，也是在对口支援制度下展开的，使得对口支援的力度也上了一个台阶。

2001 年教育部建立了高校之间的对口援建计划，由高水平的高校援建西部地区的高校。首批 13 所高校参加了援建，后来参与规模有所扩大。

近年来，随着城乡建设用地增减挂钩的指标异地交易政策的出台，发达地区和欠发达地区之间形成了一种互惠关系。2016 年，原国土资源部出台了《关于用好用活增减挂钩政策积极支持扶贫开发及易地扶贫搬迁工作的通知》，突破了县域范围内建新拆旧，对应实质项目区的管理模式，允许集中连片特困地区、国家扶贫开发工作重点县，将增减挂钩节余指标在省域内流转使用，政策有效期 5 年。2017 年出台的《中共中央 国务院关于加强耕地保护和改进占补平衡的意见》在优化保护耕地的激励和约束机制方面做了探索，进一步加大力度推进跨省域补充耕地国家统筹和城乡建设用地增减挂钩节余指标跨省域调剂政策，提出“以县域自行平衡为主、省域内调剂为辅、国家适度统筹为补充，落实补充耕地任务”。2018 年出台了这两种指标跨省域调剂的管理办法，同年出台了城乡建设用地增减挂钩节余指标跨省域调剂的实施办法。跨省域补充耕地国家统筹，是指耕地后备资源严重匮乏的直辖市，占用耕地、新开垦耕地不足以补充所占耕地，或者资源环境条件严重约束、补充耕地能力严重不足的省，由于实施重大建设项目造成补充耕地缺口，经国务院批准，在耕地后备资源丰富省份落实补充耕地任务的行为。城乡建设用地增减挂钩节余指标跨省域调剂，是指“三区三州”及其他深度贫困县城乡建设用地增减挂钩节余指标由国家统筹跨省域调剂使用。可见在城乡建设用地增减挂钩节余指标的跨省域调剂中是包含了精准扶贫的目标的。其中，“三区”指的是西藏自治区和青海、四川、甘肃、云南四省藏区及南疆的和田地区、阿克苏地区、喀什地区、克孜勒苏柯尔克孜自治州四地区；“三州”指的是四川凉山州、云南怒江州、甘肃临夏州。这些地区是国家层面的深度贫困地区，是国家全面建成小康社会最难啃的“硬骨头”。

在脱贫攻坚战取得胜利之后，转入乡村振兴战略的实施阶段，这类措施应该会得到延续。

3. 体制性的共享

体制内和体制外的区分构成了中国最重要的一种社会分层模式①。所谓体制内外，它在历史上的原型就是统治阶级和被统治阶级。所以，体制内如何联系体制外，也是中国的体系化治理的核心问题，在这方面不能不慎重、不能不周全。这种联系不能仅仅通过管理和服务来体现，还必须通过更多的方法来实现，一定要把权力等级中蕴含的社会等级的潜力尽可能地消解掉。体制性的共享有很多种实现形式，比如：定点帮扶、慰问、党员联系户制度，以及精准扶贫制度。这种体制性的共享并不排斥社会力量进行另外的帮扶，但是在进行帮扶的时候，客观上有一个社区内平衡的问题，如果出现对某户过于集中的帮扶，会引发社区内居民的议论。因此，即使是自发的帮扶行动，最好也要经过基层组织的协调，结果使得自发的帮扶也体制化了。

定点帮扶指的是上级部门对于辖区内的村委会或居委会的帮扶。在"八项规定"出台以前，上级部门会将小金库的资金直接拨付给村居使用。此后，这种做法被禁止，有一些部门对于村居的价值就降低了；还有一些部门创新了帮扶方式，比如

---

① 刘欣．当前中国社会阶层分化的制度基础．社会学研究，2015（5）.

利用党建的共建活动，帮扶方出活动资金，被帮扶村居出场地。另外，一些银行、医院等单位受到了村居的欢迎，因为它们能够提供社区所需要的服务，银行和医院等也借此推广自己的服务项目或者进行宣传。而且，这种帮扶对于这些帮扶单位申请“文明单位”等也是有帮助的。

慰问指的是对于有特殊荣誉或特殊困难的人进行直接的帮助。一般是在逢年过节的时候，由单位的领导根据社区提供的名单前往走访。走访对象一般也是固定的，特定的部门走访特定的对象。基层社区会根据本社区的情况，平衡地分配这种特殊福利的机会。这种平衡通常是由村居和街镇的部门商量出来的。

党员联系户制度广义地说是一种党员干部直接联系群众的制度，狭义地说是针对特别困难的家庭进行的党员干部联系群众的制度。

精准扶贫制度的帮扶力度很大，效果也很明显，对于建成全面小康社会贡献很大。执政党的目标是：“小康路上一个都不能掉队!”在一个社会分化越来越严重的时代，能喊出这个口号，其中的道德决心不能等闲视之。不过，这是在低保户制度之外增加的扶贫方式，力度很大，实际上造成了被扶贫对象和未被列入扶贫对象的收入较低的家庭之间的不平衡，而且也造成了一些贫困户的过度依赖的心理。

这种体制性的共享建立在特定的制度基础上，不仅要有一种产生了体制性社会分化的社会体制，也要有努力消弭这种体制性社会分化的执政党；还有一点可能是会被人忽略的，也就是它建立在户籍制度的基础上。要使对人的帮助制度化和普遍化，并不能依靠社会组织，而必须做出系统性的安排。卡尔·波兰尼在对社会救济制度的历史描述中提到，最早的穷人是作为脱离采邑或任何封建等级的个体而引起注意的，结果，由谁来帮助他们就成了一个基本的问题①。

4. 族群间的共享

这里所说的族群之间，主要指的是民族之间和土客之间。

中国以汉族人口为主体，汉族人口占全国总人口的91.11％，在空间上以从黑龙江黑河到云南腾冲的胡焕庸线或15英寸等雨线为界，汉族主要分布在此线东南，少数民族主要在此线西北。当然，总体上是大杂居、小聚居、相互交错居住的格局。少数民族地区自然资源丰富，汉族地区劳动力丰富，这就形成了工业化时代主体民族与少数民族之间基本的共存发展的关系。廉价的劳动力与各地资源之间的工业化结合推动了整个国家的工业化发展，使得中国成为世界工厂，然后通过转移支付的方式以及各种经济政策实现少数民族地区的经济发展和生活改善。

农民要变成农民工，“人口”要变成工业化时代的“人手”，是一个激烈的社会转型的过程，家庭离散，伦理动摇。今天我们来谈体系化的联结问题，所面临的是社会转型程度差

---

① 波兰尼．大转型：我们时代的政治与经济起源．冯钢，刘阳，译．杭州：浙江人民出版社，2007：90.

异很大的区域文化格局。如果不是以体系的方式来协调这种区域文化落差，那么，很可能会出现美国式或者印度式的种族或民族压制，主体种族或民族对其他种族或民族进行歧视性的统治。美国持续的种族冲突就是一个例子。在亨廷顿看来，这是人类进入“文明的冲突”的一个国内版本①。这是一种将社会政治化的结果。在一种政治化的民族关系中，各民族的对内团结和对外排斥同时发展。

土客之间的矛盾曾经是中国历史上非常重要的一个问题。唐代中期的两税法改革的一个背景是人口的流动导致租庸调制无法维持，于是国家对人口实行属地化管理，并简化征收程序。“户无主客，以见居为簿；人无丁中，以贫富为差”，大大提升了中国人的迁徙自由度，成为唐—宋之变的重要制度基础。土客冲突也形成了南方地区比较制度化的宗族现象，这一现象在弗里德曼那里被解释成国家对于边缘地带的控制无力②，但更有力的解释应该是土客冲突的结果。北方人在向南方迁移的过程中与当地人发生了持续的冲突，在冲突中形成了有力的团结和自我认同，由此造就了独特的客家文化，宗族文化是这个文化的一个核心成分。这实际上也是一种自动的社会政治化的过程。

如果治理无力，土客冲突不太可能在一开始就通过族群融

---

① 亨廷顿．文明的冲突与世界秩序的重建（修订版）．周琪，等译．北京：新华出版社，2010.

② 弗里德曼．中国东南的宗族组织．刘晓春，译．上海：上海人民出版社，2000.

合来解决，这种融合必定要通过世代的延续才能完成。土客冲突的自然解决是通过区隔来实现的，如在工商业领域通过产业链上的分工、在农业领域通过空间上的分布。在改革开放以来的工业化过程中，也曾经产生比较明显的土客关系问题，尤其在较发达的乡村地区，本地农民会歧视外来人口。随着本地农民的城市化，本地老龄化的社会对外来人口的依赖性增强了，也无力压制外来人口，土客冲突随之缓解。但是，土客融合的问题依然没有解决。它通过体制的安排避免了政治化的发展，但也导致了前面所述的福利性地方主义的存在。地方福利是按照户籍制度来分配的，外来人口如果不能取得本地户籍，也就无法进入这个再分配体系中。另外，如果限制这种福利性地方主义，又会打击本地人建设本地的积极性，会造成其他社会问题。在种种两难之中，治理体系需要具体问题具体对待，不能一概而论。既不能无视差异的存在，也不能任由差异政治化[①]。

① 国内有学者专门研究了这种新的土客关系问题。康岚．大城市的新“土客”关系．北京：社会科学文献出版社，2019.

第七章　现代治理体系的文化基础

我们时常感到孤独，却又害怕被亲密关系所束缚。数字化的社交关系和机器人恰恰为我们制造了一种幻觉：我们有人陪伴，却无须付出友谊。

——雪莉·特克尔《群体性孤独：为什么我们对科技期待更多，对彼此却不能更亲密?》

中国的治理体系不可能是完美的，它有不少问题，其中，最值得在这里提出的核心问题是什么？执政党的自身建设始终应该放在最核心的位置上，必须不断地教育党员：不忘初心，不要放弃群众路线，不要远离人民。否则，执政党会被人民所远离。在大国竞争白热化的今天，执政党和人民之间的联系是社会团结乃至基本社会秩序的基础。除了这个最核心的问题，还有非常多的问题都在争夺研究者和社会各界的注意力。比如社会活力问题、基层负担问题、部门协调问题、条条专政的现象、治理技术水平的提升是否超越了决策科学性的水平、形式主义和官僚主义、讲效果不讲成本导致治理效率低下、基层自治能力的衰退、干群关系的疏远，等等。这些都是很基本的问题，也很难解决，但都已经引起了注意，这里就不再讨论。

这里要说的是一个具有根本性的问题：治理体系的文化基础。在这个文化基础上出现的问题集中体现为治理体系中的人——也就是关系性的“我”——遇到的问题。

一　人的问题是根本

1. “我”的危机

“我”的危机表现为人格的整合变得困难，人心疲弱。这个问题和个人主义的发展有直接的联系。在西方，个人主义并不一定被认为是一个问题，可以被当作现代社会的一个特征。在中国，个人主义既是自我整合困难的原因，本身也是一个大问题。自我整合的困难与人类相伴随，但在现代更为普遍，从社会的角度来寻找原因，有三个相联系的原因是比较基本的。

第一个原因是看似中性的。社会的分化与人的个体化，在内心的折射就是自我整合能力的下降，导致内心的力量逐渐耗散。在《全球通史：从史前史到 21 世纪》中，斯塔夫里阿诺斯将社会冲突的一个根源归结为经济、社会和文化层面之间变化的不同步，他忽视了人还有心理层面和身体层面。人绝不只是社会的人，人的变化和社会变化不可能同步。第二个原因是批判性的。之所以社会的变迁会超过人的承受能力，是因为各种现代性的力量尤其是资本必须追求效率，各种工具理性的组织总是按照最强壮和最有正能量的人的标准要求大多数人，这实际上构成了对内在资源的过度开采。我们知道，内心的力量和身体素质一样是一个社会最根本的资源或者能源。就如同外在自然资源一样，这种内在资源也存在一个被过度开采的问题。这个问题在哈贝马斯的《合法化危机》中表现为动机危机，这个问题的严重性也是存在主义哲学思潮能够流行于世的一个原因。第三个原因是前面两个原因的中国式结果，并且本身也成了原因。这个原因就是当前的教育稍缺教化能力，对于人心的整合帮助不够，甚至本身也在为人心的整合制造一些障碍。如果要找到解决方案，也许就要从这个原因入手。

在“我”的危机的形成过程中，我们的教育体系——不仅仅是学校——是一个十分重要的传递者。它使孩子在长大进入雇佣单位之前，就必须将全部身心陷入一种备考状态，竭尽全力参与分数竞争。这种竭尽全力的备考状态是长期的，至少从初中就开始，一直到考上大学。在大城市，这种状态从小学甚至幼儿园就开始了。难得有孩子会以此为乐，绝大部分孩子只是被动驱使。很多人都为此抨击国家的教育制度和学校，为此提出了种种关于如何为学生减负的建议，并开始采取措施。对这个问题的重视是非常有必要的，它关乎整个民族的未来。但是，我们需要对问题本身有透彻的认识。我们必须研究这种教育过程对于孩子的控制，研究这种控制的机制。这种控制既发生在家庭中，也发生在学校里。

在家庭内部，我们必须承认这样一个事实：家长一方面抱怨学校的作业太多，另一方面又主动地在课后给孩子安排各种辅导班。这一方面是因为家长确实注重孩子的教育，特别是对于一些普通人家来说，注重教育大概就是孩子与家庭提升社会地位的必由之路；另一方面是因为，如果不用学习把孩子的时间占满，亲子关系就会陷入更严重的紧张状态。青少年的同辈团体变得缺乏活力，对于这样的团体，家长也不会放心。在互联网尤其是手机互联网时代，对于必须上班工作的家长来说，一个天天留在家里的孩子本身就是一个“麻烦”。在学校内部也是一样。由于担心学生之间的人际关系朝着失控的方向发展，学校倾向于给学生更多的学业负担。所以，我们走在中小学的围墙外面，很少听到里面有喧闹声。大学各个学院或系则开设更多的课程，学生工作部门组织了更多的活动，并将这些活动与学生的评奖评优结合起来。结果，学生之间的人际关系出现更加深度的隔离，而且，也导致学生对于学校和老师的埋怨。这些心理积淀下来，逐渐成为诱发学生心理健康问题的因素，也有可能转化为他们未来人生通道上的心理障碍。总之，将孩子变成学习机器是一个综合性的社会过程，仅仅提倡减负并不能解决问题。尤其是，有些家庭和学校会“对抗”这种减负政策，使得政策走样。

在这个压制性的社会过程中，家长会主动切断孩子的社会联结，免除孩子的家庭和社会义务（因为家长认为它们与分数无关），以此换取孩子的配合。家长经常说的一句话是：“你只要把学习搞好，其他什么都不要你做。”不用洗碗，不用扫地，不用洗衣服，家里来人不必打招呼，对于长辈的招呼可以不予回应，更不必参加社区活动。对于孩子的家庭和社会责任的豁免，堵塞了孩子完成社会化尤其是中国式社会化的通道，至少是导致了孩子社会化的不充分。在学校里，通过学业负担控制学生人际交往的做法，直接地弱化了学校的社会化功能。本来，关系性的“我”的人格具有内在的社会性，但我们正在不自觉地系统性地改变这种人格模式，可是，我们也没有给出一种新的积极的人格模式。关于人格，我们的教育看似有方向，但在朝该方向努力的具体办法上，却没有很好地去研究，或者研究了，也没有多少人去认真地实践。教育者的感性而不是教育工作的理性把握了我们的教育工作实践的大多数场景。在系统—生活的框架下，为百姓的幸福生活创造条件是绩效合法性与文化合法性的来源，而“我”的危机恰恰侵蚀了幸福的基础。我们用人心承载社会发展的成果，因此才有了获得感。如果我们不注意人心的漏洞，所谓获得感就无从建立。空前的经济繁荣会被批判为庸俗的发展观，说成发展主义或者物质主义。快速的发展也不能得到赞扬，正如有一句话说的：别走太快，请等一等你的灵魂。如果说现代政治是一种关心合法性的政治，那就要注意到，合法性建立在民众能够“讲良心话”的基础上，民众应该对于自己的获得有所感知，对于获得的多少有所感知，对于所有的获得背后的他人的付出有所感恩并有所表达。就好像在享用饭店里的美味时，会对后堂厨师自然地心生好感，当他走过来的时候对他说：“好吃！”正如我们在现实生活中看到的，这种感知能力并不是人人具足的。感恩是需要能力的，过于虚弱的人缺少这种能力。如果这种感知能力变得不足，合乎德性的合法性机制就消失了。为公众服务失去了道德感，任何一种民主政治都会沦为纯粹的形式。人类所谓的政治发展——如果还有的话——就需要被重新定义。

2. “大我”的危机

“我”的问题广泛发生时，总的来说是因为在现代性因素的驱动下，社会的分化和个体化超越了人心的整合能力。但在不同的社会和文化中，自我整合的方式有所差别，“我”的问题的发生机制也有所不同，相应地，需要的解决方案也不同。在欧洲社会和大多数地区，这种自我整合机制的核心是宗教，所以，我们会看到遍及世界的宗教复兴现象。亨廷顿这样理解这个现象的原因：遍及世界的宗教复兴是针对世俗化、道德相对主义和自我放纵的反应，也是对秩序、纪律、工作、互相帮助和人类团结的价值的重新肯定。宗教团体满足了被国家官僚所忽视的需要，包括提供医疗及医院服务设施、幼儿园和学校、对老人的照顾、自然灾害或其他灾难之后的紧急救援，以及经济遭受损失时给予福利和社会援助。因秩序和市民社会的破坏而造成的空白，被宗教团体，常常是原教旨主义宗教团体所填补①。实际上，宗教复兴的主要地区不是欧洲，而是欧洲以外的地区；对于很多地区来说，都是宗教的新传播，而不是复兴。

对于中国来说，亨廷顿列举的这些功能中的大多数都可以由政府及其基层干部来发挥。但是，中国人的精神健康问题也越来越严重，年轻人的抑郁和学生自杀问题是这个现象最灰暗的组成部分。如果按照亨廷顿的思路走下去，中国人应该复兴的不是宗教，而是关系和人情。但这很困难。在哈佛大学开始于 1938 年的著名研究中，罗伯特·瓦尔丁格（Robert Waldinger）教授展示的结论是：那些幸福的人生属于更愿意把精力投入人际关系中的人，尤其是关注家人、朋友和周围人

① 亨廷顿．文明的冲突与世界秩序的重建（修订版）．周琪，等译．北京：新华出版社，2010：79.

群的人。这里的关系主要是有深度的关系，或者说“强关系”[①]。人的注意力是有限的，著名的邓巴数字是：人可以同时关注的人不超过 150 人[②]。社会交往的扩大让越来越多的人达到了这个极限。我们理解：交往的深度和广度是一对矛盾，广度达到了极限，我们的深度也就不够。

很多人还没有认识到移动互联网对我们生活的改变达到的深度。一般的人只是会朦胧地感到我们的生活方式和人际关系相比十年前有了巨变，比如生活中的温情变少了。大多数人都没有看到这个变化的根本性，对于它正在对我们的社会运行造成的严重影响还没有反应过来。当我们的注意力变得消散之后，产生的后果不仅在于使个人的幸福变得困难，让我们对眼前的人失去了足够的关注度，还让父母、家族、村落、单位、国家，乃至音乐、书本、足球等各种原来让我们的注意力驻留的对象失去了魅力。这些驻留本来就是生活的乐趣和意义的来源。不仅仅如此，注意力的消散还使得各种需要认真关注的事物都变得乏味。比如，在中国的大学里，如果不是为了准备考试，捧着一本书从早到晚地读已经不太常见。

注意力的分散首先不是移动互联网发展的结果。在前述的两波社会转型的说法中，第一波社会转型中的市场化和人口流动就足以让我们的注意力变得分散，第二波社会转型中的互联网的发展是进一步的推进。微信上有“关注”和“点赞”的功

---

① BIAN Y. Bringing strong ties back in：indirect ties，network bridges，and job searches in China. American sociological review，1997，62（3）.

② 邓巴．你需要多少朋友：神秘的邓巴数字与遗传密码．马睿，朱邦芊，译．北京：中信出版社，2011.

能，如果我们能控制自己的关注的数量，那么，这样的关注功能提供了方便。可惜的是，我们往往做不到。更常见的情况是，我们为了此事拿起手机，却在注意彼事的状态下放下了手机，然后想起来此事还没有处理。互联网是注意力经济的主要媒介，既然注意力是一个可以开发以牟利的领域，那么，技术就会模拟人们分配注意力的方式来引导我们去关注那些可以转化成商家利润的内容。常人或者凡夫很难逃过这种通过经年累月高速运算和大数据建立起来的算计能力的控制。

有一本哲学书比较流行，是法国米歇尔·塞尔写的《拇指一代》。拇指一代指的是移动互联网时代长大的一代人，因为他们使用手机时更多地使用拇指，而不是像老派的人那样使用食指。这一代人也是注意力高度分散的一代。访问者曾问塞尔：阅读被定义为"孤独深处的交流产生的奇迹"，随着"数字人类"的诞生，是否会产生一种危险，使得一些宝贵的经验难以产生，比如从头到尾读一本书的经验？塞尔的回答是一个比喻：人类不断地演化，也不断地退化，在退化中演化。我们确实不能说人类一直在退化。塞尔的一段话是很点题的："我们正处在一个十字路口：您要做个绝对自由主义者还是个等级制度者？从我来讲，我把赌注压在拇指女孩身上：绝对自由主义者会赢得胜利。"①

也许绝对自由主义者会胜利，可我们不知道绝对自由主义者何时胜利。如果他们失败了，我们也不知道何时失败，以及如何失败。在此之前，作为中国人，要注意到这样一个危险：

① 塞尔．拇指一代．谭华，译．上海：华东师范大学出版社，2015．

注意力的消散，使得一种特殊人格的消失加速了。这是一种中国社会秩序特别需要的人格——“大我”。

“大我”是中国人的人格中感人至深的一面，也是关系性的“我”最有代表性的一面。它与排他性的“我”形成了最鲜明的对照。它有一个基本的行为表现：把别人的事情当成自己的事情。“大我”的行为有三种类型：第一种是在自己的关系圈层中向外扩大，把自己关注的事情或者愿意出力的范围扩大到超出平均水平之外；第二种是关注超越关系圈子的公共事务，急公好义，乃至以天下事为己任；第三种是关注所有处于困难中的人或生命，存亡继绝，众生平等，近乎无我。“大我”如果不是“无我”，那就是一种关注自己与关注他人之间的平衡状态，这种平衡状态不可能是单一的，至少有以上三种。

所谓“大我”，并不是就注意力更分散的人而言的。“大我”的人格是有出发点的，比如，它如果关注社区事务，就是关注具体的某个社区，而不是世上所有社区；它如果关注世上所有社区，就是以一般的社区为特定的关注对象，而不是以民族或者动物为特定的关注对象。艾青的这两句诗广为流传：为什么我的眼里常含泪水？因为我对这土地爱得深沉……如果一个人的注意力过于广泛，这个人就不容易对任何对象爱得深沉。通俗地说，“大我”的人是一种性情中人，而注意力的分散将摧毁任何深沉的情感。

可以理解的是，所谓的党的群众工作，其实是“大我”与周围的“我”之间的联结。在理想的状态下，党员干部就应该拥有“大我”的人格。我们不妨注意一下《中国共产党章程》对党员和党员干部的部分要求：

> 第二条 中国共产党党员是中国工人阶级的有共产主义觉悟的先锋战士。中国共产党党员必须全心全意为人民服务，不惜牺牲个人的一切，为实现共产主义奋斗终身。中国共产党党员永远是劳动人民的普通一员。除了法律和政策规定范围内的个人利益和工作职权以外，所有共产党员都不得谋求任何私利和特权。
>
> 第三十五条 党的干部是党的事业的骨干，是人民的公仆，要做到忠诚干净担当。党按照德才兼备、以德为先的原则选拔干部，坚持五湖四海、任人唯贤，坚持事业为上、公道正派，反对任人唯亲，努力实现干部队伍的革命化、年轻化、知识化、专业化。

从这样的文字中，一个“大我”形象跃然而出。尤其是，一个标准的党员更符合第二种“大我”，也就是公共性的“大我”。所谓先锋模范作用，必须是“大我”才能发挥的。

对于“大我”的挑战肯定不是从移动互联网开始的，市场经济是最主要的力量。“大我”发挥作用是需要动用资源的，它非常依赖互惠关系，承诺将来会让配合并提供资源的人得到回报。市场经济让越来越多的资源比如劳动力和时间都被市场定价了，这就使得互惠变得困难。比如，要求一个人出力帮助义务修路，但他考虑到一天的工资是 200 元，修路一天就会损失 200 元，结果，“大我”就不能动员这个人出力。同样的算计也会发生在“大我”自己身上，他也要更多地为自己而努力。“大我”本身也需要激励，需要有人认可，市场化和人口流动都导致这种道德报偿机制的瓦解。而且，“大我”自己也不如以前独立了。在传统时代，“大我”可能是一个家长；而今天的家庭中往往没有一个家长，遇事一家人需要商量着办。一个人可以见义勇为，两个人反而可能会犹豫再三。

对于党员和党员干部来说，还有一种压力对党员发挥先锋模范作用造成了障碍，这就是基层负担问题，以及刚性的、机械的绩效考核机制。基层负担让基层的党员干部每天都坐在电脑前和忙于会议，很难有时间走近群众。机械的绩效考核机制就像是应试教育中的考试大纲，使得大纲以外的动作都变得不值得努力。即使某个党员干部是很有正能量的，他的作用也不能在群众中间发挥出来。

3. 圣贤安在?

将中国人的“我”出现的问题与治理体系的运行联系起来，让我们注意到这个治理体系的文化基础，也让我们更好地理解这个著名的判断：现代即后传统。当前的中国朝向了一个充满高风险的未来，此时，我们更加需要联结传统，清理自己的根基，知道自己还有多少家底可用。

以上所列的问题已经很多，多数不是这里所能厘清的。学者也不应该急于对重大的问题提出解决方案。但中国的治理体系也是一个社会认知体系，这个体系需要学者积极地参与其中。吉尔德·德兰逊这样评价英语世界里的社会科学家的社会角色：“在英语世界，社会科学家从未在公众领域发挥过重大影响。”① 如果他是对的，这种状态应该和他们的政治体制即

---

① 德兰逊．社会科学：超越建构论和实在论．张茂元，译．长春：吉林人民出版社，2005：引言 3.

社会认知体系有关。在那种体制下，民意主要通过政治化的方式表达。在中国，民意非常依赖内部化的调查研究，需要学者参与政策过程。不是所有的学者建议都能受到重视，但确实有很多作品产生了重要的影响。这样的例子不胜枚举。这种成效是在一次次智力的冒险中取得的，因为一些学者的建议完全可能是貌似有理的胡说八道，以至于遭人轻视。但在历史悠久的传统中，学者不应该顾虑这种冒险所产生的不良后果，必须勇往直前。

全面的分析需要另外写一本或多本书，这里着重讨论个人主义对于治理体系的文化基础的挑战。这可能是一系列问题中最难说清楚的问题。

关系性的“我”所承载的理想人格本是一种非常值得赞叹的状态，所谓“中庸之为德也，其至矣乎！民鲜久矣”，但它至少是最可能达到中庸之道的人格，所以梁漱溟才说中国文化是理性早熟的，因为这种文化中的人才可能是内在的温和的。这种内在的温和是在关系中取得的，它是一种个人和集体的平衡，是自利和利他的平衡状态。这种平衡状态变得困难，并且向个人偏离，形成所谓“小我主义”。“小我主义”不是个人主义。这种“小我主义”文化中的人并没有想着成为一个拥有排他性人格的人，他的内心依然是对他人开放的，只是变得更加谨慎，变得更不容易接纳最熟悉的人之外的人，也不那么愿意承担对他人的责任。

在西方的文化中，排他性的“我”本来也是指向一种自他平衡的状态的，宗教革命以后的发展逐渐导向了所谓占有性的个人主义。有趣的是，面对这种个人主义的发展，西方的社会理论者总体上是乐观看待的，这种甚至作为方法论的个人主义成为一些社会理论的基本预设。这种肯定资本主义社会的社会理论，无疑是西方社会理论的主流，而批判主义的社会理论是非主流。这种乐观性不仅源于它们在全球经济体系中处于顶尖位置，受益者倾向于将自己的受益合理化；也与它们的文化根基有关系。在基督教的《新约》中，保留了基督再临的希望，到时，合格的人将被拯救，这就允诺了一种积极的可能性。在基督教的教义中，人有灵魂，且灵魂不灭（佛教中，人有"识"，"识"能流转来生，但它不是不变的，也不能脱离某种身体形式独立存在）。这个专有的灵魂成为自我的一个心理根源。在伊恩·伯基特看来，西方文化中的自我主要有两个来源：一个是古希腊罗马社会中出现的人的概念，一个是基督教的灵魂观念。灵魂被视为某种不可再行分割的内在的东西，几乎就像是自在的实体①。这样的灵魂观也是排他性的"我"的一个根源。而且，个人主义本身与基督教的精神很有相容之处，新教教徒摆脱教会也能因信称义，自行得救，表明排他性的"我"本身就既可以是集体主义的，也可以走向它的反面，成为个人主义的，两极相通。

也有一些提倡自他平衡的方案被西方思想家郑重其事地提出来了。比如，乌尔里希·贝克和贝克-格恩斯海姆说的"合作个体主义或利他个人主义"②，或者伊恩·伯基特所说的

---

① 伯基特．社会性自我：自我与社会面面观．李康，译．北京：北京大学出版社，2012：7－8.

② 贝克，贝克-格恩斯海姆．个体化．李荣山，范譞，张惠强，译．北京：北京大学出版社，2011：186.

“社会性自我”或“社会个体性”[1]，或者别尔嘉耶夫的“个体人格”[2]，以及其他存在主义者的主张。但是，乐观地看待个人主义始终是他们的底气。在这个底气的深处，基督教的传统是最坚实的部分。很现实的是，基督教依然有很大的影响力，它的信念也许淡漠了，但是它的器物和制度都还发达。无论虔诚与否，它的信徒数量在增加。所以，尼采所谓的“上帝已死”，恐怕言之过早。在基督教会中有这样一种看法：宗教革命脱卸了教会的社会政治职能，让它们可以专注于灵性使命，那么，世俗化可能恰是上帝赐予的礼物[3]。这些器物和制度就如同宾馆里的电源，平时不用，以备急需。在这种氛围下，人们保留了返回传统信仰的能力，这在老年人中尤其现实。

比照欧洲的文化底气，当代中国人有必要建立和文化传统的联结。不然，今天中国人的活法很难让人建立文化上的信心。一些心理学家对于中国人的人格给予了无情的批判，在孙隆基这样的学者看来，中国人的人格非但不完整而且幼稚[4]。在这样的批判中，“大我”就被否定了。应该说，这种批判并不是毫无道理，但不必顺带否定中国人追求人格完整的理想。如果假定所有的人都应该以人格独立为唯一追求，这不仅缺少对于特定人格的批判力，更没有看到既独立又完整的人格的

---

① 伯基特．社会性自我：自我与社会面面观．李康，译．北京：北京大学出版社，2012.

② 别尔嘉耶夫．别尔嘉耶夫论自由与奴役．石磊，译．北京：中国商业出版社，2016：217，263.

③ 贝克．自己的上帝：宗教的和平能力与潜在暴力．李荣荣，译．上海：上海译文出版社，2016：23.

④ 孙隆基．中国文化的深层结构．桂林：广西师范大学出版社，2004.

意义。

中国的文化总体上是讲究中庸之道的，但中庸之道也没有一个标准。中国的圣贤有很多，近来学术界非常推崇儒家，尤其是先秦儒家，这样的倾向可能忽视了中国文化传统的复数性[①]。在近代中国出现了一股推崇陆王心学的思潮，康有为、章太炎、梁漱溟、蒋介石和青年毛泽东都可以纳入这个潮流中[②]。这与日本人对于阳明学的推崇是大有关系的，可以说是一次文化的反哺。我们应该思考的是：为什么在朝向现代化的过程中，日本文化会推崇阳明学？是否因为阳明学本身有它更容易和现代性相容的方面？

知行合一是王阳明一生学问中最为当代人熟悉的内容。所谓知行合一，给毛泽东的《实践论》带来了很大的启发。毛泽东也说，王阳明的学问还是有些道理的。知行合一在当代中国的实践形态有两种：一种是强调思想认识的提升。认识到位了，工作才好开展。因此，共产党非常注重理论学习和思想政治工作。另一种是强调实践与认识过程的统一，在循环往复中提升认识水平和实践水平。后一种运用和毛泽东在《实践论》中的发展有关，前一种则是传统的心学。后一种经过毛泽东的发展变得比较容易理解和接受；前一种往往被看成道德实践，甚至说是唯心主义。所谓认识到位指的是，某种认识能够统领其他相关的认识，并且调动相关的认识，因此遇到实际问题的

① 葛兆光．叠加与凝固：重思中国文化史的重心与主轴．文史哲，2014（2）．

② 朱维铮．走出中世纪（增订本）．上海：复旦大学出版社，2007：302－320．

时候，能够做出最为迅捷有力的、毫不犹豫的反应；如果这个认识是正确的，这个反应也就容易是有效的。认识和觉悟需要“提高”，这个词本身形象地描述了一个认知系统中的结构性。所谓提高认识，就是要将这个特定认识在认知系统中的地位提升，使之成为一级统领。要做到这一点并不容易，因为它会遇到竞争者和干扰者，所以必须格物致知、诚意正心。

王阳明的知行合一有三个特点。第一，它强调个人向内的修行。因此，它和基督新教的个人得救有相似之处。它甚至显得更加个人主义，即：心即理，不是教条主义的，外在权威更加没有地位。第二，它强调：如果能彻底解决认识上的障碍，行动也就能彻底。这也是毛泽东所发扬的方面。第三，它是有实践方法的，提出了从凡夫到圣贤的修行方法。知行合一是需要修证的，它是通过特定的方法修证出功夫来给人看。对于这三点，可能不同的时代需要强调的重点也不一样。在王阳明所处的时代主要谈第一点，或者准确地说，学术界是为了突出他和其他思想家的不同；在近代主要谈第二点，是一些实干家希望在危难中得到解决问题的思路；在当代却需要谈第三点，因为今天的人最大的问题是不相信圣贤，准确地说是不相信凡夫能够成为圣贤。所谓圣贤之道，不仅仅是圣贤讲的道理，更是成为圣贤的道路。今天的人讲究实证，王阳明的学问在儒家传统中是最具有实证色彩的。其实，宋明理学家中能感动人心的绝不只是王阳明，只不过今天的人不太理解古人的修行实践，很多人把圣贤书只当作哲学或者老式的心灵鸡汤，从纸面上读，读不出好处①。

很多人不能接受宋明理学的原因，是希望从原原本本的“本土”文化中为当代中国人找到精神出路。可是，之所以有融合了儒释道的宋明理学，恰恰是因为最本土的儒家必须援引西方来的佛教和本土的道教，否则无法说明自己。先秦儒家可以说是不证自明的，因为正是那样的风俗滋养了孔子，只需要圣贤做出归纳、提出重点，就能让人点头称善。但是到了汉代，时过境迁，所以有董仲舒来提出天人感应的说法，有戴圣出来解释先秦的礼制。经过三国两晋南北朝的乱世，进入隋唐，又经过五代十国的乱世，发生了唐—宋之变，整个中国的社会文化都发生了巨大的变化。所谓唐—宋之变之后的“中国转向内在”，可以说是本土的文化信念发生了动摇。北方少数民族的兴起与对中原的长期征服，构成了对于汉族的巨大心理压力。这种情况类似于 14 世纪的黑死病对于欧洲人宗教信念产生的影响，数千万人的死亡引起了人本主义的文艺复兴，继而是宗教革命。在这种情况下，官方对于圣贤之道的传统表述

① 梁启超说研究国学有两条应走的大路：文献的学问和德性的学问。前者用客观的科学方法去研究，后者用内省的和躬行的方法去研究。他说后一种是国学里最重要的一部分，人人应当领会。必走通了这一条路，乃能走上那一条路。梁启超．治国学的两条大路//梁启超．梁启超论中国文化史．北京：商务印书馆，2012：17－28. 禅修名家铃木大拙对胡适讨论禅宗的观点就不以为然。梁漱溟也为自己把熊十力引到北京大学讲佛教唯识论感到后悔，说他不懂。但是，也被称为“最后一个儒家”的梁先生自己两次要跟他最认可的儒家修行者伍庸伯学习儒家，伍先生却是断然拒绝，不容商量。可见，要理解自己没有达到的境界是多么困难。铃木大拙和胡适的论辩是著名事件，网上资料很多。梁漱溟对熊十力的评价参见：艾恺，梁漱溟．这个世界会好吗：梁漱溟晚年口述．一耽学堂，整理．上海：东方出版中心，2006：70；梁漱溟求师的事迹参见：梁漱溟．梁漱溟全集：第 4 卷．2 版．济南：山东人民出版社，2005：176。

也就不能令人信服。此时，儒释道的合流对各方都是必要的。对于儒家来说，圣贤言教不再是天经地义的，需要得到解释说明，否则只能是“儒门淡薄，收拾不住”（王安石语）。到了清末，文化信念再次剧烈动摇，强敌扣关，科举废除，任由新儒家如何再解释，也不能收复人心。

在文化断层严重的今天，费孝通晚年的这个提醒简直是石破天惊的：“古人常常说‘忘我’，‘去私’，这是一种把‘我’这个东西否定掉的倾向，这究竟是什么含义？……‘忽略我’、‘否定我’事实上是一种非常矛盾的状态，它反映出中国人文价值中隐含的一种深层的张力，但这种境界，不是虚构的道德说教或寓言故事中的题材，而是历代史不绝书的很多真人真事的反映。从古至今，确实有无数‘仁人志士’为了自己的理想达到了这种境界，也有很多‘高人’自我修炼达到了这个高度，当然还有很多‘奇人’因为投身或痴迷于某种事物，进入这种状态。不管怎么说，在古典价值体系中，‘忘我’和‘去私’是一种很高的境界，只有个人修养到了极高的阶段才能达到的境界。”① 牟宗三说得比较直白：“我们和康德不同之处是，我们所谓悟道、合一之处，康德说是神秘主义。他不承认人有智的直觉。……依中国哲学看，……理性主义与神秘主义不能分成两截，它们是相通的。但是若照康德的看法，理性主义就上不去，而被封住了。这造成很大的毛病。因为这样一来中国人从前所说的‘悟道’，‘成圣’、‘成佛’、‘成真人’都成

① 费孝通．文化与文化自觉．北京：群言出版社，2010：571.

了神话。但这些并不是神话，而是真实的可能。”①

梁漱溟先生也有一段有趣的文字。他在《中国文化的命运》中谈到中医的时候写道：高明的中医能有一种细微而清楚的觉察，“高明医学家，大多是相传的神仙之流的原因亦在此。神仙，我们虽然不曾见过，但据我推想，他可以有其与平常人之不同处，不吃饭也许是可能的。他可以见得远，听得细，闻人所未闻，见人所未见。蚂蚁走路声音虽细，但总有声音当是可信的，以其——神仙——是静极了，能听见蚂蚁走路，应亦是可能的。人的智慧真了不起，用到那里，则那里的作用便特别发达，有为人所想象不到的奇妙”②。最后，梁漱溟说，中医有它的道理，可惜自己说明不了自己，只好等着西医来说明它。他又推而广之地说：“我常说中国文化是人类文化的早熟，没有经过许多层次阶段，而是一步登天；所以现在只有等着人家前来接受它。否则只是一个古董，人家拿他无办法，自己亦无办法。”③

可见，要说清楚中国文化的精髓实在是难。可是，如果不说清楚，中国人的活法也就没有方向。现在流行的说法是生活目的论，生活本身就是目的。这个思想与对先秦儒家的提倡是联系在一起的，好像后来两千年的思想发展都是多余的。的确，生活可以自成目的，幸福的生活也必有道德，笔者对此深信不疑。然而，知道生活是目的是一回事，用这个思想来指导

① 李泽厚．实用理性与乐感文化．北京：生活·读书·新知三联书店，2008：97.

② 梁漱溟．中国文化的命运．北京：中信出版社，2010：18.

③ 同②19.

自己的人生是另外一回事。如果生活本身是目的，他却不好好过日子，把日子过得一塌糊涂，也不妨碍他知道生活就是目的本身。在不经意间，生活目的论还假定了一种较高的心理健康状态。只有当人的心理足够健康的时候，他才可能自觉和坚决地做该做的事，不做不该做的事，这个时候，他的生活确实是有道德的，否则他的生活不可能幸福。但这样的人不是常人，他已经接近于圣贤。所以，我们还是得相信圣贤的存在，需要圣贤给我们活出榜样来。

二　科学与人生观

圣贤安在？应该是还在，在莫名其妙的高处，等待有缘之人。对于大多数人来说，转述圣贤的言教已经很难打动人心。如果圣贤所说的是真理，是在教导我们按照规律去获得幸福，那么，我们就要努力将这样的规律用当代人能够接受的方式表达出来，使之成为当代社会教化的新内容。也就是说，要尽可能地将人生问题转化成依靠科学来研究的问题，这就有一个科学与人生观的问题。

在1920年代的时候，中国思想界已经发生过一次著名的论战，后人称为“科学与人生观”论战，亦称“科学与玄学”论战或者人生观论战。核心的问题是赛先生能不能解决中国人最看重的人生观问题，或者是内心修养的问题。随着论战的展开，形成了以张君劢、梁启超为代表的“玄学派”，以丁文江、胡适和吴稚晖等为代表的“科学派”，以及以陈独秀和瞿秋白等为代表的“唯物史观派”。这也是新儒学、自由主义和马克思主义在人生观问题上的一次交锋。基本立场也是清楚的。玄学派的代表张君劢认为：自孔孟以至宋元明清之理学家，侧重内心生活之修养，其结果为精神文明；三百年来之欧洲，侧重以人力支配自然界，故其结果为物质文明。科学派的代表——地理学家丁文江认为：欧洲当时的战乱与科学无关，真正科学的精神是最好的处世立身的教育，是最高尚的人生观。有科学精神的人，无论遇见什么事，都能平心静气去分析研究，从复杂中求简单，从紊乱中求秩序，这才能确知生活的乐趣。陈独秀强调不同的人生观都是时代的产物，可以从社会环境和历史发展特别是经济的发展变化中去解释①。

现在看来，当时的论战各方都像是在用玄谈的方式讨论问题，因为他们把人生幸福的问题抽象成了高高在上的人生观问题。新儒学的一派也没有说清楚要怎么做才能够成为圣贤，以及在新时代学习圣贤之道对于我们解决人生问题有什么好处。如果说不清楚这个，那就成了玄谈。“因为古人这样说，所以我也来这样说”，这在当时不能服人，放在今天就更加不能服人。科学派的问题是，认为有了科学精神就能解决人生观问题，这样的主张即使是成立的，在当时的教育远远没有普及的状态下，也还是一个十分抽象的原则。论战牵扯出了心理学，但当时的心理学的主要任务还是研究基本心理现象，以及探讨如何治疗心理疾病，够不上他们讨论的修身养性问题。参与讨

① 张君劢，丁文江，等．科学与人生观．济南：山东人民出版社，1997：4－5，38，53－54.

论的一个心理学者就明说，他们原不必牵涉心理学。至于唯物史观一派，也和另外两派一样，都没有涉及这样的问题：是不是人生观正确了，修养就变好了？或者换句话来说：假设我的人生观是对的，是不是我在做人方面的毛病就能得到解决？

从这场讨论中，我们可以提出两个今天需要正视的问题：第一，到底怎样的人生观是恰当的？这个恰当的标准应该首先是生活的，也就是问：怎样的人生观才能有助于人生幸福？这样的人生观应该不是单一的，而是复杂的组合。第二，如果我们知道了怎样的人生观是有助于人生幸福的，我们应该怎么操作，使自己能够从中受益？

1. 积极心理学

对于第一个问题，在今天看来，应该是一个心理学问题。过去，我们把它看成一个哲学问题，认为世界观就决定了人生观。这固然不错，然而极可能流于空论，哲学和实际行动之间还是有距离的。如何把人生观落实为恰当的行动？放在这里来说，首先是一个心理学问题。

心理学里有一个流派是专注于这个问题的，称为“积极心理学”。积极心理学是20世纪末西方心理学界兴起的一股新的研究思潮。这股思潮的创始人是美国当代著名的心理学家马丁·塞利格曼（Martin E. P. Seligman）、肯农·谢尔登（Kennon M. Sheldon）和劳拉·金（Laura King）。在他们的定义中，积极心理学是用科学方法理解并增进生活的积极方面，致力于研究普通人的活力与美德的科学。积极心理学主张研究人类积极的品质，充分挖掘人固有的、潜在的、具有建设性的力量，促进个人和社会的发展，使人类走向幸福，其矛头直指过去传统的“消极心理学”。它是利用心理学目前已比较完善和有效的实验方法与测量手段，研究人类的力量和美德等积极方面的一股心理学思潮。它研究积极情绪、积极人格、积极的人际关系、社会制度和公共机构①。严格地说，积极心理学并不是任何一种心理学的分支学科，它是心理学中的一种价值取向。为了让人更积极地生活，需要采取的方法必定是极其多元的。看起来，积极心理学或者类似的科学正是当前中国社会非常需要的研究领域。

虽然是心理科学，但它必定允许有文化内涵，尤其是积极心理学就会更加具有文化内涵。笔者甚至相信，每一个民族都可以有自己的积极心理学，或者类似的科学。潘光旦在这方面应该算是一名早期的探索者，他研究儒家的社会思想，自然要涉及如何用今天的语言来表述什么是完整人格，完整人格也应该是积极的人格。他在《中国人文思想的骨干》一文中提出中国儒家的人道，或者完整人格，应该在四个方面都能有照应。第一是对人以外的各种本体，即天地所指一切事物；第二是对同时存在的别人，也就是与自己有关系的各种人；第三是对自己，要考虑做人的标准；第四是对以往与未来的人，认识了来

---

① 卡尔．积极心理学：有关幸福和人类优势的科学：第2版．丁丹，等译．北京：中国轻工业出版社，2013：1-2．此处内容结合了百度百科中“积极心理学”词条的解释进行编写，这个词条由“科普中国”科学百科词条编写与应用工作项目审核。

踪和去路，才是一个完整的人①。总之，潘光旦给我们指出的就是一个完整人格的模样。他没有从人格独立的角度来看问题，因为，一个真正完整的人格也必然是一个独立的人格，就是一个“大我”。这样说好像是已经把中国特色积极心理学的命题讲完了，但是，有命题还不够，还需要得到进一步的操作化，要有经验的验证，要分析这些要素起作用的条件。

梁漱溟的《人心与人生》可以说是专门讨论中国式积极心理学的著作，虽然其中没有积极心理学的概念。梁漱溟一生修行，到最后说自己似乎看到了明心见性的一线曙光。他很想把自己所明的这个心用今天的人能够理解的语言说出来，好让更多的人得到好处。这就涉及圣贤之道的比较核心的层面。他在1926年就想过写《人心与人生》，也写出了序言，其中写道：“我们应当知道，凡是一个伦理学派或一个伦理思想家，都有他的一种心理学为其基础；或说他的伦理学，都是从他对于人类心理的一种看法而建树起来。”② 他也曾做过一些讲座。但是，由于中国的现实问题牵涉他的注意力，还是没有写成。于是，他从1955年开始写，到1975年写成，1984年才出版。梁先生认为无论如何都必须写出来。最后，书虽告成，他自己却说“实不满意”。梁先生一生为了乡村重建，知其不可而为之，想要说清楚文化的精髓，差不多也是知其不可而说之。如果梁先生所说的果真有道理，迟早有一天，人们还是能够用科

① 潘光旦．中国人文思想的骨干//吕文浩．中国近代思想家文库·潘光旦卷．北京：中国人民大学出版社，2015：174－186.

② 梁漱溟．人心与人生．2版．上海：上海人民出版社，2011：1.

学精神来解开它。

关于中国文化里的积极人格应该是怎样的，还需要研究。如果说要尊重中国的文化特色，那就应该特别注意孝道及其实践的意义。在本书的第一章，笔者区分了两种基本的人格：“关系性的我”和“排他性的我”。笔者认为，在“关系性的我”的形成过程中，“孝道是一个非常重要的原理，因为它拔除了我们与自己最亲近的人之间的心理障碍，从而为我们直通社会中的他人打开了通道。这就好比使得每个人都是自带插孔的插头，人与人之间的可连接性在硬件的层面上被建立起来。所以说，这样的人格的社会性是内在的”。在我们这种文化里，一种良好的人际关系是从孝道开始的，这样的人心灵是开放的，对于能够帮助自己的人有自然的尊重，因此，他或她可以得到更多的帮助，人生的路能够越走越宽。虽然人心是复杂的，仅有这一个优点也还不够，但在种种的人格特点中，总有一些属于最基本的层面。

2. 新时代的生活教化

在梳理治理史的过程中，笔者得到这样的概括：人生幸福离不开社会教化，有效的教化依靠社会组织做中介。既然我们决心要在俗世中活出精神，用世俗的方式获得幸福，就离不开教化。人生的问题在一定程度上就是一个社会的和国家的问题。

青少年的教育问题近期受到决策层空前的重视，一系列的政策随之出台。如何为青少年减轻学习负担成为一个重点。减轻学习负担不是目的，他们能够成才才是目的。或者说，负担可以减，担当却不能减。从减负担不减担当的角度来看问题，仅仅减负是不够的。青少年的负担不仅过重，而且结构不合理，即：学习负担太重，对于家庭、亲友和社区的负担太轻。这就好像是想要敲打出一只金碗，总在一边敲打只会把碗敲破，必须周遍地敲打才能敲打出一只可以载物的金碗。这个道理，一般的家长也懂，可是做不到。如果没有社会教化的支撑，私人的教化是很难成功的。在最亲密的关系中“立规矩”，只能限于幼儿时期；一旦子女开始逆反，家长很难坚持自己的原则。假使家长拿出破釜沉舟的决心，排除其他家庭成员的反对，一定要将私人的教化贯彻到底，其结果往往是非常糟糕的。可是，如果家长也放手了，谁来为社会承担责任呢？

年轻人能不能成才、能不能结婚、结婚以后能不能生孩子，这在传统社会都是非常私人化的问题。传统的国家投入巨大的精力推行社会教化，制定出明确具体的行为规范，以千年为时间尺度，持续不断地向社会各界宣导。今天，这些问题的公共性已经非常明显，但是要搞好教化却不容易。要搞好新时代的教化，必须具备四个条件。第一，要在推进政治教化的同时，发展与政治教化相融合的生活教化。也就是以人的生活为中心来确定教化的内容，研究健康心理与良好生活方式的生成规律。第二，要科学地、长期地和谨慎地研究生活教化的内容，因为这是在教人如何过上幸福的人生，不能出差错。第三，要认真地研究教化的规律，总结既有教化的经验和教训。要实行有效的教化，必须把工作落到实处，认真研究它的规律。今天，我们在教化上的投入也很大，但效果不能令人满意，很重要的原因是没有充分消化吸收传统教化的有益经验。第四，要推动基层社会的组织建设。这也是宋代以来的经验。教化以组织为中介，只有在特定的组织中按照教化行动的人才可能得到激励，得到激励的行为才可能不断地重复和固化。

在传统社会中，国家宣扬儒家伦理，但是忌惮按照这种伦理组织起来的社会势力。在今天，通过适当的教化来重整生活的秩序，已经成为具有一定社会基础的广泛需求。这种生活教化需要政府和社会各方面一起来推动，从政府的角度来看，生活教化在一定程度上属于政府公共服务的重要内容。政府在生活教化方面的公共服务遵从科学原则，即使是社会精英，他们对于人生问题的思考也会乐于接受科学的指导。问题在于，国家能否促进这方面的科学研究，并将这种指导转化成公共服务。

在这四个条件中，关于前面三个条件，这里已经有所涉及，进一步地阐明也超出了笔者的能力，希望在此抛砖引玉，引起各方的重视，大家一起来探讨。接下来，笔者想要努力对新型的基层组织形态做一点讨论。

三　治理性的团结

离开了适当的组织建设，就不可能有成功的教化。要在中国文化的历史长河中重提基层社会的组织建设问题，就必须认真理解既有的组织建设的经验和教训。笔者就组织问题写过两本书，也在本书中梳理了传统中国治理史的梗概，但是，依然感到兹事体大，所知甚少。尽管如此，也必须勇敢地提出设想，留给读者作为批判的靶子。我们讨论的是常规性国家的基层社会组织问题，就不能选择军事性国家的制度，也就是，那种全盘组织整个社会的计划经济社会模式不在这里讨论的范围之内。

传统中国的基层社会组织模式很有它的优点，最明显的一点是：它支撑了成功的教化，且保留了社会的活力。说它的教化是成功的，这自有专家做过论证，前文有所引述。说它保留了社会的活力，估计会引发很多人的不同意，因为我们一般说中国传统社会是停滞的。关于传统社会停滞的原因，这里不准备展开讨论，只是简单地提出：每一种文明都有自己的特色。中国不会用坚船利炮为自己的商品开道，中国传统的知识分子也很少会去探索宇宙的奥秘，在这些方面我们不似西方列强那般，毕竟，世上也没有全能的民族。然而，我们可以注意传统中国人的精气神，注意传统中国人的积极向上的人生态度，这就是社会活力的源泉。传统中国能够在列强的压迫之下免于沦为彻底的殖民地，且能保持国家的统一，直到建立一个新的独立自主的国家，这段历史已经证明了中国人的精气神和这个民族的生命力。

一种既有教化又有活力的状态是难能可贵的。欧洲的封建社会或者中国的人民公社时期，虽有教化，活力却不足；当代的西方社会虽有活力，但在道德上已经是脚踩西瓜皮，滑到哪里算哪里。这种既有教化又有活力的区域性人际关系状态叫作社会团结。所谓社会团结，首先是指一种有一定范围的区域性的人际关系模式，不是家庭或企业这样小范围的团结；其次，它不是一种严密的组织，而是一种基于自愿的人际关系结合；最后，具体到中国尤其是当代中国的语境中，团结有“团结在……周围”的意思，意味着在人群中存在公认的权威。

团结状态和组织状态之间的区别是重要的。形象地说，组织状态“规定”了人们的行动，而团结状态“固定”着人们的行动。当然，团结和组织不必是相互排斥的关系，团结需要组织作为筋骨才更稳健，而且，稳健的团结中也容易产生有行动力的组织。能够固定人们行动的因素是非常多样的，几乎所有能够被赋予意义因而被人看重的东西，只要它们具有社会交互性，不是完全封闭为私人的，都可以成为团结的促成因素。比如：物质资源、获利的机会、权力、情感、道理、规矩、法律、习惯、空间、氛围、风景、记忆，等等。从其中蕴含的社会因素的丰富程度来说，团结状态具有更强的多样性，团结好比是一片天然林，组织好比是人造的果园。实现团结必须允许社会因素的多样化，我们一定不能指望用单一类型的社会因素达成团结。在中国，正因为社会因素复杂多元，才容易形成人际关系中的“榫卯”结构。在良好的社会团结状态下，这些“榫卯”结构将是多种多样的、是强有力的，而且有很强的再生能力。当然，这些因素的多样化不排斥某一种或几种因素占主导，所以，我们可以根据占主导地位的社会因素对社会团结进行分类。

1. 三种社会团结

滕尼斯在描述从共同体到社会的转型过程时，认为社会的统一性从有机的变成了机械的[1]。涂尔干将这两个词的适用时代倒过来，认为人类社会从单元相似的机械团结走向相互不同而协作的有机团结[2]。弗朗西斯·福山将社会团结区分为社会性的和政治性的。他们所使用的“团结”其实是翻译出来的，原意应该更相当于“连带关系”或“相互依赖关系”[3]，而且不在意是否自愿，和我们这里讨论的团结的内涵有比较明显的差别，所以，这里是选择性地接受他们的语义。

福山认为，人类最基本的交往原则是亲戚选择和互惠利他，建立在这两种原则上的社会团结是社会性的。但是，在英国的革命过程中，议会能够抵挡国家的收买、胁迫和分而治之保持团结，这种团结是从何而来的呢？福山的解释是英国社会团结的政治性大于它的社会性，这种情况很早就已出现，后来更加明显。由于基督教的传播，英国的社区中的亲属关系很早变淡，这样的社区成为更加个人主义的社区。但这种更加个人主义的社区并不意味着团结的消失，只不过团结的形式从社会性的发展成为政治性的。这种政治性团结的机制是各郡、县和更小的百户的议会和法庭，这种议会和法庭都按照一种包含民主色彩的机制运行。以至于在 1066 年法国封建主对英国的征服之前，“整个英国社会已组建高度参与的各式政治单位，一直抵达村庄层次。这不是地方社会组织参政的基层现象，而是

---

① 滕尼斯．共同体与社会：纯粹社会学的基本概念．林荣远，译．北京：商务印书馆，1999.

② 涂尔干．社会分工论．渠东，译．北京：生活·读书·新知三联书店，2000.

③ 陈玉瑶．何谓团结?：基于法语“团结”的学术史考察．青海民族大学学报（社会科学版），2018（3）.

全国政府邀请地方上的参与，构建地方上的生活，扎根成为社区的来源”①。除此之外，还有深植人心的法律、产权不可侵犯的观念、君主政体的政策失误等，这些一起造就了英国议会在革命中的精诚团结，打败了一个来自法国且经营了数百年的王室。

在福山看来，从社会性团结向政治性团结的发展是一种进步。一旦政治性团结依托的非人格性制度失败了，亲戚选择和互惠利他的原则就会卷土重来，导致政治衰败。或者说，在国内政治制度的运行过程中，原则性和灵活性之间基本是不可调和的关系，不能把法治变成外交谈判。他非常强调制度化对于政治发展的意义，他所定义的政治衰败的两种形式都体现在反制度化上：一种是制度脱离实际，一种是家族制卷土重来。他不能设想有一种混合的状态可以让原则性和灵活性更好地结合起来，让非人格性的制度和人格化的联结能够统一起来，而这恰恰是中国的治理体系正在做的事情。对于制度化的强调并不是福山的独创，而是政治学的一般看法。而中国的治理体系对于主流的政治发展理论是一个挑战。

中国的治理体系能够包容人格性的因素，使一种高度现代化的国家制度建立在人的具体性上，形成一个可以“通人”的国家。这种人格化的因素不仅在面对百姓的时候起作用，在正式组织内部也会起作用，因为一个人总是同时具有一般性和具体性。中国的治理体系就是在这种张力下运行的。如果人格性的因素太多，上下级之间和干群之间就会形成封建性的庇护关

① 福山．政治秩序的起源：从前人类时代到法国大革命．毛俊杰，译．桂林：广西师范大学出版社，2014：365.

系；如果人格性的因素太少，部门之间和干部之间的沟通协调就会出问题，干群之间的人格化联系也会生疏。因此，有的时候对一般性强调得多一些，有的时候对良好的人际关系强调得多一些。目前的趋势是：对干部的一般性角色强调得越来越多，同时，对于干群之间的人格化联系的衰微又试图挽救。结果，中国的治理体系总是处于一种既有制度性又有人格性的状态。中国的治理体系通过体系化的联结机制将社会的各方主体都联系起来，形成了一种十分不同的社会团结形式。

我们可以将这种通过体系化的联结机制形成的社会团结形式称为“治理性团结”，以与社会性团结和政治性团结相并列。

2. 治理性团结的组织形式

（1）社会性团结的经验。

社会团结不需要将所有人都组织起来，但是，我们不能指望在一片散沙中实现团结。团结依托于多元化的、多层次的组织而建立。在比较高的层次上，没有无组织的文化，也没有无文化的组织。也就是说，组织可以涵育文化，那么，我们就可以通过组织建设来促进文化建设。所以，依然有一个基层社会的组织建设的问题。今天，最重要的、最发达的组织是企业组织，相比之下，非企业的社会文化组织就远不如传统中国的发达。从毛泽东的《寻乌调查》[①] 可知，寻乌县的社会文化组织

---

① 毛泽东．寻乌调查//毛泽东．毛泽东文集：第1卷．北京：人民出版社，1993：118－245.

就有多种，除了宗教性的、全国性的同善社，还有宗族性的组织，占全县土地的24%；神道性的组织有神、坛、社、庙、寺、观六种，很多都有“会”，占全县土地的8%；政治性的，如孔庙等教育性质的和桥会、路会、粮会等公益性质的，占全县土地的4%。杜赞奇根据《中国农村惯行调查》的资料研究了河北和山东的乡村社会，它们的宗族组织虽然存在，但比较弱小，基本没有族田。比较发达的是各种乡村宗教组织，杜赞奇将它们分成四类：村中的自愿组织，是村内部分人参加的，谁信谁参加，列举了7个；超出村界的自愿组织，也是谁信谁参加，成员跨村界，列举了6个；以村为单位的非自愿性组织，是本村人都要参加的，列举了11个；超村界的非自愿性组织，全村作为一个整体参加，列举了1个①。这些大大小小的宗教组织和宗族组织构成了“权力的文化网络”的框架。在治理体系中的经纪人尚且愿意保护乡村而不是唯求自保的时候，这些组织也构成了传统社会的“社会性团结”的框架。

在新中国成立以后，这些组织基本都被取缔，以统一的政经文一体化的人民公社组织替代了权力的组织网络和权力的文化网络。在人民公社体制瓦解后，属于国家的权力的组织网络也就松解了，一些社会文化性的组织再次发展起来。在杜赞奇调查的地区，现在最重要的非经济性的社会组织应该是基督教的组织；而在江西地区，重建的宗族组织比较多。此外，老人的棋牌室在各地区经济比较发达的村庄都是最活跃的。可见，

① 杜赞奇．文化、权力与国家：1900—1942年的华北农村．王福明，译．南京：江苏人民出版社，2003.

治理总是要依托人与人之间的联系才能展开。所谓国家直接面对有差异的个人，并不总是意味着干部直接登门。那么，基层治理就必须依靠经济组织和相关人物，由此形成了所谓“权力的利益网络”①。我们可以认为，在权力的文化网络中可以形成社会性团结；在权力的组织网络中可以形成高强度的组织化；在权力的利益网络中并不能形成任何真正意义上的社会团结，人们比较自由，但教化就弱化了。

今天，治理性团结如果也要依托一种“网络”的话，也许可以命名为“社会的治理网络”。在笔者的理解里，这是治理体系在基层的一种比较高级的状态，它意味着体与系之间的关联已经足够丰富，多元化和多层次的组织与个人之间形成了一种相互联动的富有活力的网络。或许可以这样概括传统的社会性团结的经验：借助群众之间的团结来实现对群众的团结，或者更加灵活一些地说，处理好“团结群众”和“群众团结”之间的关系。

（2）人民公社时代的经验。

我们在研究既有的乡村建设实践时，会发现其中的倡导者往往都是主打某一种类型的组织，比如：梁漱溟主打的是乡约组织，主要功能是教育和自治；费孝通主打的是乡村工业；晏阳初主要发展教育；温铁军的乡村建设运动主要推的是合作社；李昌平的乡村建设的核心是通过发展集体经济来激活基层政权组织。他们都自动地规避了两种东西：麻将馆和宗教活

---

① 贺雪峰．关于村庄权力扩展性的讨论．云南社会科学，2000（6）；贺雪峰．论村级权力的利益网络．社会科学辑刊，2001（4）．

动。而且，他们都没有建成寻乌或是华北传统乡村社会中那种丰富、多元和多层次的组织网络。显然，这样的组织网络不是建设出来的，只能是自己慢慢演化出来的。也就是说，他们的重点都在于组织群众，而不是群众之间的组织。如果治理性团结所需要的治理网络需要靠社会自发才能形成，它就意味着国家力量与百姓的生活世界之间的模糊性的耦合，在黄宗智那里被称为“第三领域”。

黄宗智提出了一个关于新型第三领域的系统设想，也可以说是对于治理体系的设想：“我们可以想象由下而上的但也带有国家认可和扶持的‘国家化’社会组织，譬如，建立带有国家领导和扶持的，但是基于村庄社区由下而上的、村民积极参与的、真正服务于村民的（如为农产品提供‘纵向一体化’的加工和销售物流服务的‘东亚型’）合作社（‘农协’）、城镇社区组织，以及‘商会’、工会和其他社会组织，包括各种各样的专业组织，也包括社会-国家协同提供公共服务、福利、劳动保护、保险等组织。另外还有由社会高度参与‘社会化’国家机构，如纳入社会参与的乡镇法律服务所、消费者协会，以及公安部门和法院的调解组织等。在治理体系上，一方面固然应该在某些领域，特别是现代专业化程度较高的新型领域建立所必需的‘科层制’和‘公务员’化机构，但另一方面，也可以在多方面承继、更新中国比较特殊的国家和社会携手的低成本第三领域机构和组织。一种可能远景是，形成一个既具有中国特色也是‘现代化’的‘中度国家集权＋较高度渗透社会’的第三领域（特别是农村公共服务方面）的现代中国式政法体系。因为，历史已经告诉我们，国家和社会在第三领域的良性携手，能够释放出极大的能量。”①

在黄宗智这里，特别注重的是那种既属于国家也属于社会的组织，应该也可以包括专业化的心理建设服务组织。但是，他没有把自己的设想置于具体的层次中，比如放在基层社区中来考虑，因此就没有考虑如何团结群众这样的关键问题。如果要考虑如何将团结群众和群众团结结合起来，就要思考这样的问题：什么样的组织才能真正赢得群众的拥护，或者说给群众带来切实的好处？在这个问题上，我们要尊重人民公社制度的三条基本经验：1）打造能够服务群众的领导班子。2）发展集体经济。传统社会的基层依靠文化将人结合起来。在文化衰败之后，就必须更多地依靠经济性的组织。有了组织，组织中就能涵育属于这种组织的文化。3）注意基层村社的适度规模。这是人民公社时期留给我们的惨痛教训，不应该轻易忘记。太大的规模阻碍干群联系，妨碍治理性团结的实现。

（3）乡村集体经济。

在市场经济的条件下并非就不能发展集体经济，恰恰相反，集体经济在市场经济条件下具有不可替代的功能与优势。有很多乡村资源由于分布分散或者深深嵌入社会关系中，开发成本高，因此被较大的企业所放弃。这些资源主要有五类：1）不适合进入企业的劳动力，比如各种半劳动力，以及因为在家带孩子不能到远处企业上班的妇女；2）全劳动力可以用于兼业的时间（有的人由于身处乡村不能及时得到兼业机会）；

---

① 黄宗智．重新思考“第三领域”：中国古今国家与社会的二元合一．开放时代，2019（3）.

3）各种零散的边角料资源，比如零星的土地、稻田里的秸秆、毛竹砍伐之后的竹枝、农户家里的鸡蛋；4）农户的宅基地和集体建设用地；5）当地的自然风光。必须是位于乡村社区的组织才可能利用这些资源。如果是私营的小微企业来开发，依然不能做到资源的充分利用，难免遭遇种种困难，且可能存在一些违规现象。从现实来看，即使是小微企业来利用这些资源，也需要得到作为集体土地所有者和当地人际关系总节点的村两委组织的支持。因此，要实现深度的农村市场化，就必须激活集体经济组织的能力。

可以说，乡村振兴和改革开放以来的农村发展最大的不同就在于，它不仅要实现市场化的发展，而且要实现深度市场化的发展。深度市场化的发展需要新的改革思路。旧的改革思路认为顶层设计就是关于顶层的设计，而没有注意那些着眼于基层制度的顶层设计。这是因为，基层的制度变革权力已经被收到顶层去了，那么，基层的制度变革就必须在顶层完成。旧的改革思路是这样的：比如，为了实现宅基地使用权的市场化，国家就发布一份文件，在一些地方进行试点，宣布农民宅基地使用权从此可以抵押了。这对于试点地区的银行来说是很大的压力，它们必须考虑是否配合进行这样的改革，即接受农民的宅基地使用权作为抵押物。新的改革思路可以是这样的：研究如何帮助集体经济组织发挥出作为集体土地所有者的土地权能，通过集体经济组织来收购农民宅基地的使用权，然后通过集体经济组织推向外部市场。这是一种农民-集体-外来购买者三者关系中的双层市场化机制。这种机制的形成和完善必须得到高层次政府的制度供给。

与此相关的一个问题是农业经营组织形式的选择问题。随着农业规模化经营的发展，农业企业或者大户经营的形式得到了发展，这是生产力对生产关系的要求。其中，我们会注意到一种“飞地农业”的现象，它不是指大城市在外地建设农业基地的现象，而是指一个农业规模化经营组织雇用外地劳动力而不是本地劳动力的现象，实际上这是比较普遍的现象，只是外地劳动力的占比有高有低。这样做有它客观的道理，比如本地劳动力难管理。但是，它导致农业发展和社区发展之间的脱节，也不利于当地剩余劳动力的开发。实际上，它还在一些地方导致了规模化经营组织和当地农民之间的冲突。这种企业化的规模化经营组织的长处在于对接市场，以及和当地政府包括干部私人协调关系。但是，在大宗农产品领域，这个问题要另当别论。因为，大宗农产品尤其是粮食市场的竞争性并不大，它的背后有强大的中央储备粮系统托底，企业经营组织的市场竞争力的优势并不明显，却带来这样不利的社会后果。而且，所谓要和当地政府协调关系，在一定程度上也与地方政府的服务不主动有关。

如果能够采取类似上海松江的家庭农场经营制度，采取集体整体流转再集体内部发包的做法，或者在有条件的地区实行某种集体直接经营制度，进一步地，这样的具有集体色彩的新型经营组织要和国家储备系统对接起来，依托国家储备系统降低市场风险，就可以形成一种新型的“专业农协”组织①，它能兼顾经济效益和社会团结。而且，只要是建立了国家储备系

① 熊万胜．农民合作的新前景．北京：中国政法大学出版社，2013.

统的农产品产业领域都可以发展这种专业农协组织。这种组织形式，在粮食主产区或者其他大宗农产品的主产区会更加有可行性。粮食主产区通常也是人口流出地区，乡村社会瓦解程度更深，乡村社会建设难度更大，如果能够借助国家的力量重建乡村组织，有可能使得这种衰败的乡村社会获得新的生机。

（4）城市社区的集体经济。

在城市社区又当如何发展治理性团结呢？同样，城市社区也要发展集体经济。这看起来有点荒诞，因为小区有维修基金和公益金收入，而居委会没有这些。然而，在居委会的层面从事社区建设是值得探讨的，也许更合理的社区建设单位是“小区＋街道”。城市居委会最擅长建设的社区类型是市中心的老公房社区，它们往往没有围墙，居民老龄化，相互之间比较熟悉，居委会所服务的户数只有几百户。当把这种市中心的社区治理模式推广到新型的商品房小区之后，遇到的情况十分不同：这里的房子是私有产权房，居民之间相互不熟悉，楼层比较高，存在业委会，居委会的规模通常超过 1 000 户，甚至达到 2 000 户以上。在这里用居委会的模式从事社区建设，虽然经年累月，投入巨大，其结果依然是一种“社区折叠”[①]，也就是说居委会所能保持联系和发动的群众始终是 100 多人，居委会没有能力也没有动力打开这种社区折叠。经费比较充足的大城市在居委会层面投入更多的人力和物力，开展各种“创新”，但是，居委会层次的社区折叠依然打不开。

---

① 熊万胜，刘慧．社区折叠：打造熟人社区的梦想为何难以实现．探索与争鸣，2021（12）．

现在看来，小区的建设尚没有受到真正的重视，有关部门和街道办事处关心的焦点在于居委会和业委会的紧张关系，而没有真正从小区出发来帮助小区搞好治理。我们对于小区应该有新的认识。一直以来，我们强调商品房小区的私人产权属性和陌生人社区的属性，其中隐含的是政府或居委会的视角。如果是住在小区里看问题，给我们带来最大困扰的绝不是产权属性和对于邻居的不熟悉——实际上，是居民自己不想让邻居对自己太熟悉。如果以小区视角来看，可以怎么看呢？小区尤其是商品房小区有两个本质性的特征：它是一种“物理性集体”，即通过空间强制形成的集体生活状态；它必须建立自己的集体经济组织来提供维修基金。所谓空间强制，意思是居住的空间结构造就了发生大量集体行动的必要，比如：楼道里的灯坏了，需要大家出钱。也正是因为小区生活是空间强制的集体生活，所以就必须存在城市社区的集体经济，作为物理性集体组织的经济基础。乡村社区作为一种经济性的集体因此也需要发展集体经济，两者有相似之处。同时，我们也可以期待，小区内部方兴未艾的社区商业活动也能促进小区居民之间的团结，它以互联网技术为基础，发展了居民之间的经济联系，或者馈赠礼物与旧物，或者销售手工作品，或者销售家乡特产，或者组织团购，等等。其中包含了互惠关系、合作经济与纯粹商业的多重原则。

城市社区的物理性集体的性质，是党建引领城市社区治理走向善治的根本契机，迄今还没有得到认识。这种物理性集体的形成可以说是偶然的，它是中国人地关系紧张造成的城市居住空间不足的产物，结果如此偶然地为城镇化时代中华文明的展开建立了新的场域。这个场域的中心不在街道办事处，也不在居委会，而在小区。但是，当前中国的城市社区建设走到了一个分叉点：在一个方向上，它的自治能力逐渐增强，这是由于有良好的业委会治理，能够提高物业费和充实维修基金，并且能够完成一系列的微观制度建设，比如能够将汽车充电桩集中在一处，通过微型规划缓解停车难的问题；在另一个方向上，它的自治能力衰退，维修基金越来越依赖于政府财政资金，这样的小区正在朝向传统的单位大院模式或者今天的安置房社区发展。由于文明城市的创建，政府对于小区建设大力投入，但是为了赶进度，反而会阻止小区的自治，也就是所谓的“爱你没商量”：既然是用财政资金，就不需要走民主程序了。所以，在创建全国文明城市或城区的过程中，我们既可能看到自治的发展，也很容易看到自治的衰退。这是很值得警惕的。

如果我们能够切实地以小区为原点来搞好城市社区建设，将小区党组织和小区业委会组合起来，重视城市社区的集体经济建设，那么，城市社区的社区折叠才能被展开，城市社区的治理性团结才是可能的。当然，我们应该能够理解，这种团结的程度在城乡之间会存在明显的差异，城市生活应该允许更多的自由。

（5）重建校园班集体。

今天的年轻人很多是要接受高等教育的，大学成为中国年轻人社会化过程中的关键场所。现在看来，有些问题是普遍的，引发了社会各方的关切。前面在讨论“我”的危机时讨论了教育过程中的控制机制，要解决这个问题，有一个关键的突破点，也就是重建校园班集体。

今天的大学校园里，有班级，却没有班集体。所谓班集体，除了有一个组织，组织里有班长和团支书等，还至少是一个大家相互很熟悉的群体，有集体行动能力，能够开展文体活动。1）那样的班集体能够以班级为单位，与老师、学院乃至学校进行沟通，表达自己的意见。而不是像今天这样，一个辅导员面对几百个学生，难免照顾不及，学生在细密的校方规定面前显得过于微小。今天，有一些学生会在公共媒体上“黑”自己母校，学校行政人员和老师给他们带来的负面体验是最重要的主题之一。2）那样的班集体会生发出同学之间的友谊，当他们毕业之后，无论走到哪里，至少有人接待，将来可以开有很多人参加的同学会。而不是像今天这样，一毕业大家就散了，甚至毕业的时候还叫不出同学的名字。3）那样的班集体会帮助年轻人在集体行动过程中生成责任感和对他人的关注，为社会积蓄正能量。而不是像今天这样，一个具有集体主义人格的学生反而会感到被孤立。4）那样的班集体中会有更多的人际互动，有助于学生释放心理压力；也有更多的相互关注，班干部对于同学的身心状态能有准确、及时的了解。而不是像今天这样，和人在一起的时候，也自顾自地捧着手机，默默地体验“群体性孤独”①；同学的身心状态出了问题，即使是室

---

① 特克尔．群体性孤独：为什么我们对科技期待更多，对彼此却不能更亲密?．周逵，刘菁荆，译．杭州：浙江人民出版社，2014.

友往往也不是很了解。5）那样的班集体还会生发出年轻一代对于集体主义的感受。如果中国的传统伦理和国家的主流意识形态提倡团结、提倡集体，而国民在社会化过程中从小到大都没有对于集体生活的深刻体验，那么这种传统伦理和主流意识形态也就无处着落。

大学校园也发生了从共同体到社会的转型，甚至要比社会上的转型更加彻底、更加激烈：学生从一个家长全面包办和全面呵护的孩子，转型成一个必须自己照顾自己的孤独的成年人，自由选课，自己选择参加学生社团，在学习过程中自由地组织小组、完成小组作业，独立自主地安排课余时间。即使是室友也很少会刻意地协调大家的选择，这不仅因为大家的独立性，也因为即使坐在一起，也是各上各的网、各看各的手机、各打各的游戏、各看各的视频。对于这种转型，有三个事件的影响最大：自由选课制度在不知不觉中的深化；新校区的建设，削弱了学生和任课老师的联系；移动互联网的普及。

一般人会认为，既然整个社会都要转型，让年轻人在大学四年中完成这个转型，成为一个“社会人”，不是很好吗？问题是：所谓“走上社会”的确切意思是什么？年轻人毕业后要走进的其实不是抽象的“社会”，通常是一个组织，比如一个企业或一个政府事业部门。年轻人在进入企业或政府事业部门之后，要从一个散漫的个体变成一名遵守纪律的工人、研发人员或者办事员，这才是真正需要完成的转型。如果中国必须保持制造业大国的地位，也必须坚持这样的治理体系，就要在大学里培养出角色意识强烈的“组织人”，这是一种内涵清晰的“社会人”，而不是一种内涵不清晰的“社会人”。而中国的大学在这个方向上没有显示出高超的能力。这也是用人单位面临的一个普遍的烦恼①，有的大企业甚至要为新员工组织军训。因此，大学生真正需要的转型，不是为踏入某种抽象的“社会”做准备，而是要从一个几乎只需要读书也只懂得读书的大孩子，转变为能够独立生活、理解自己在家庭和社会中的责任，并且善于找准自己位置的成年人。要帮助大学生完成这样的转型，重建校园班集体是必要的抓手之一。

重建校园班集体至少要做这样几件事情：1）明确区分必修课和选修课，取消必选课。所谓必选课是必须修的课程，允许学生选择时间和地点，同时也打散了自然班级。2）必修课按照自然班级授课。所谓大班教学还是小班教学的讨论，由于没有自然班级作为基础，变得非常主观。3）保留学分制，取消绩点制，学生的评价回归学习成绩和考试分数，让教学的重心回到必修课上。绩点制看似和按分数排名差不多，其实差别很大。总是准确地记着自己的绩点和大概地知道自己属于“中等偏上”，它所造成的人际关系紧张程度是大不一样的。我们总是强调在中小学不要做成绩排名，其中的考虑也是类

---

① 这种情况甚至影响到中国企业的组织结构以及政府的运行方式。现在的企业越来越倾向于选择某种可以将责任明确到个人的组织形式，统分结合的经营机制越来越普遍。很多所谓的公司，其实只是许多自主个体的共享平台。在政府工作中，“责任到人”的机制似乎也在变得普遍。如果不能责任到人，部门主管就指挥不了部下；反过来，为了激励主管，单位就要提高部门主管的报酬，由此拉大了部门内部的待遇落差，进一步瓦解了部门作为任务共同体的集体行动能力。

似的①。在取消绩点制之后，如果是奖学金的评选，仅仅以必修课成绩作为依据在本专业内评选，选修课和参与团委组织的活动的次数不应该作为依据。如果是综合性的评价，比如优秀学生的评选，应该采取学习成绩、同学推选、班主任和辅导员把关这样的结构来进行。4）严格控制强制学生参加学校或学院组织的公共活动的次数，这类活动的泛滥会导致学校教育任务的本末倒置。学生工作部门要通过不断提高活动的质量和创新活动的形式来吸引学生。实际上，当自然班级废弛之后，学生工作部门和教学部门都会感到有必要创造新的形式来联系学生，同时采取措施确保学生的参与，结果是增加了学生的学业和非学业负担。因为每个学生的负担来源看上去是不一样的，所以学生也无处申诉。5）努力为每个自然班级配备固定教室。空间认同是人际团结的必要条件。应该缩小教室空间，因为现在大学新校区的教室太大，影响学生注意力的集中，影响师生和学生之间的课堂互动。6）为自然班级设置班主任，提供活动经费，并提倡学生交班费。7）限制多校区办学。努力缩短老师到学校的通勤距离。如果大学教师在上课的时候才出现，上完课就离开，这样的大学肯定是缺少大学氛围尤其是学术氛

---

① 绩点不仅仅是对成绩的排名，还以绩点分的形式把每个同学标签化了。比如，我的绩点分是 3.1，也就意味着，直到下一次考试获得新的绩点分之前，我都是“一个绩点分 3.1 的人”，在我的班级排名第 15 位，有可能获得二等奖学金。如果要获得一等奖学金，就要超过五个同学，而这五个同学中有两个是我的室友，他们的优势和劣势我都已经了如指掌。这真是一个情感冰凉的游戏。一种个人主义社会里的制度发明，恰好满足了有关部门和学校的管理思维，因此被郑重其事地搬到中国，并且全面推广。它最大的功效，可能是方便中国学生申请到国外留学——此时需要用到绩点。

围的。

综上所述，看上去我们依然是在突出某一种组织，而没有提及多元化和多层次的组织发育的问题。其实不然。前面已经说过，社会团结依靠各种社会因素来“固定”人们的行动；在中国，还很依靠具有多分力量向度的“榫卯”发挥作用。在治理体系的建设中，“体”与“系”都要建设，协同地发展，“体”比“系”更需要理性化地建设，而“系”可以依靠社会自发演化。问题的关键在于政府要做好自己能做的工作，比如，促进科学的教化，为家庭教化提供支撑，发展集体经济，建设好校园班集体，等等。总之，要努力把治理体系之“体”稳稳地立起来。如果体系之“体”强大，“体”对“系”的引导自然有力量，就能促进“系”的良性发育，反过来，“系”也能够帮助“体”更好地实现教化目标。如果把“体”和“系”对立起来，“体”就变成了光杆司令，这在市场化和全球化的时代是行不通的。总之，要充实治理体系的文化基础。在破与立的关系上，把重点放在“立”上，做好“立体”的工作。

3. 治理性团结的增量

治理性团结和社会性团结的渊源要比政治性团结深得多，因为社会性团结是治理性团结的前身。那么，治理性团结相比社会性团结有什么优势或者有什么不同的功能呢？

我们可以在一个农村基层的场景中理解治理性团结和社会性团结之间的转换。由于生活必须有组织、有秩序，所以，总得有一些权威在其中发挥作用。在传统的社会性团结中，存在一个以绅士为中心的关系网络来完成协调，那么，治理性团结就是以干部替代了绅士。绅士能够团结周围的人是基于血缘、知识、传统和互惠等。干部团结周围的人依靠的是掌握了经济组织，同时也有血缘、知识、互惠和国家的权威等因素。治理性团结的维系机制看上去不少，但实际力度不够强。它不能借助传统的权威，而且，它的互惠机制和血缘关系都要弱一些，如果干部也能有很强的互惠能力和血缘关系，那么他到底是国家的代理人还是基层社会的代理人就会成为一个问题，会受到上级的质疑。结果，治理性团结就非常依靠组织能力和国家的权威。正式组织的导入是有成本的，比如建立一个集体经济组织，就要为一些干部发补贴，还要耗费大量的精力和单干倾向做斗争。因此，治理性团结必须有功能上的增量来抵补成本的增量。治理性团结的功能增量体现在以下方面：

其一，治理性团结更加注重平等，可以将原本被社会性团结抛弃的弱者和边缘人纳入治理性团结的范畴。

其二，治理性团结掌握了经济资源，可以实施再分配，甚至推动共同富裕。

其三，治理性团结发展了在分配关系之外的荣誉机制，对做出贡献的人进行褒扬。传统的舆论褒贬却可能有所偏颇，所谓“好事不出门，恶事行千里”。当然，组织褒贬和舆论褒贬各有长短。

其四，治理性团结会积极主动地创造人与人之间的交往。绅士不会这么主动，绅士受制于传统，不能在礼俗之外主动创造交往。所以，人民公社时代的社区都非常热闹，这是很多人怀念那个艰苦时代的一个原因。今天的社区建设也是有意识地推动的，方式方法越来越多样和讲究。

其五，治理性团结直接面对有差异的主体，它使得绩效合法性的形成也具体化了。在治理性团结机制中，干部会帮助群众解决具体的困难，发挥了非社会性或市场性的社会工作组织的作用。而且，这种干部社会工作是遍及城乡各个角落的，纯粹社会性和市场性的组织会由于成本因素不能抵达。

其六，更加宏观的是，治理性团结的核心机制是体系化联结，决策者会通过体系化联结来了解民心，增加民意表达，从而使得决策者能够直接地理解民心民意。这是社会性团结所不能替代的。

可以预见的是，随着传统社会纽带的解体，治理性团结的功能还会进一步扩展。

结语：三千年来的命题

一

本书在叙述过程中使用了两个互补的框架。

一个是理论性的“系统—生活”视角。通过这个框架来说明中国治理体系的普遍性意义，并用这个视角来安排全书的章节结构。从这个视角来看，国家希望直接面对有差异的个人，这样的社会可以称为“具象的社会”，因为每个人在治理体系里都是具象化的，人民以实名制的方式和国家打交道。在笔者看来，这首先是一种安排生活的活法，进而，当国家的本质总体上从统治转向了服务人民之后，它也是一种政治文明。

另一个是历史性的治理史研究。在治理史研究中，笔者注意的是国泰与民安之间的张力，这种张力是国家直接统治人民的一个后果。这不仅是因为国家对人民的直接索取以及这种直接索取的非理性给人民生活带来了苦难；比较深层次的是，在直接统治的模式中，地方治理还必须发挥出社会中间层的作用，百姓的日常生活秩序需要社会中间层的组织，国家的教化本身也需要社会中间层来落实。然而，社会中间层对于权势的需求和滥用必然会招来国家的打击，转而又造成了生活秩序的混乱。为此，必须打造出一个建设性的社会中间层。历史的吊诡之处在于，当社会中间层变得顺服之后，国家在制度上也软化了，国家开始撤出基层，逐渐地失去了直接动员人民的能力。新中国成立以后，我们重建了动员能力，但又遭遇了新的挑战。

总体上，笔者是在理论性的框架下对国家的治体做出定性的判断，然后在历史性的分析中提出我们面临的问题。在笔者看来，如何真正地成为一个符合人民意愿的“具象的社会”，就是三千年来的一个大命题。秦晖曾经批判过“大共同体本位”①，他的意思是大共同体本位不好。笔者的看法是，大共同体和大共同体本位不同，过于强调整体、忽视部分的大共同体本位在和平年代是不好的，但符合人民意愿的大共同体却是好的，问题是我们能不能建成一个这样的大共同体。

二

在很大程度上，成为一个具象的社会，直接面对每家每户，这在传统中国是一个自发而非自觉的过程，也不完全符合人民的意愿。结果，在传统中国始终存在一种“国家危机”。它的基本体现就是表面统一之下的内部涣散，使得国家不像一个国家，而更像一个有政府的文化体，或者是一种“伪装成国

① 秦晖．传统十论：本土社会的制度、文化及其变革．上海：复旦大学出版社，2005：61－125.

家的文明”。其中有无数的家庭在忙着自己搞饭吃，没有多少人把这个整体真正当回事。

中国的国家制度出现在农耕时代，而且将国家范围扩大到了最大规模，在极其广袤的空间里建立了一个统一的中央政府，由此就面临着有效治理的巨大困难。在几千年的历史上，只有少数几个极其能干的皇帝实现了政府的有效运转。更常见的是，在每一个长命朝代的中间，都发生了从国家向文化体的蜕变，整个帝制时代也都在断断续续地发生着这种蜕变，尤其在宋代以后变得明显起来，清代后期更是登峰造极。这种国家危机反复和自动地发生着，当遭遇外来侵略时，就被突然地放大，甚至导致国家的崩溃。清代形成了一个极为广阔的版图，将大部分的传统外来威胁变成了内部矛盾，结果还是不能应付来自地球另一端的冲击。

如果要解决这个危机，在理论上，秦国的模式是一种选择。秦国模式是彻底的郡县国家模式。至少从公元前 356 年（一说为公元前 359 年）商鞅主持变法到公元前 206 年秦朝灭亡，其间，它能够长期一贯地落实法家的治国理念，将整个国家严密地组织起来。能够严密地组织社会，就必须建立严密的上层建筑，而要建立严密的上层建筑，就要加大对百姓的汲取力度。秦国的土地税应该是超过了十分之一，其他还有户口税、山林使用税、作战的时候自带衣物、购买国家经营的盐铁等，更重要的是繁重的徭役和兵役。可以说，农民维持自身生命和家庭再生产之外的剩余基本都被汲取了。需要注意的是，以后的各个朝代，特别是到了后期，这种汲取也是彻底的，所不同的是，秦国是由国家来垄断对农民剩余的汲取。由于国家拿走了农民剩余的绝大部分，中间社会势力也就难以发育，不能产生威胁国家的权威。可是，秦朝还是灭亡了，因为人民不接受秦国的模式。秦国模式能防止汉代辩士徐乐所说的来自贵族势力的“瓦解”，却不能阻止发自民间的“土崩”。

汉代要下马治天下，采取了休养生息的政策，改变了垄断农民剩余的做法，将土地税降低到十五分之一，再降到三十分之一。这是给百姓让利，也是给中间社会势力让利。国家尊重农民的家庭生产生活方式，重视用教化的手段维持秩序；允许社会中间层的适度发展，并且借助他们实现地方治理和推行教化。成功的教化不是依靠宣讲就能实现的，必须在特定的组织形式中通过报偿机制来落实。同时，国家在基层保留了正规的治理体系，也保留了直接征发农民从事各种力役、兵役和杂役的权力。所以，所谓“汉道”也就是一种儒法共治的控制模式，在这种模式下的地方社会，国家权力和中间社会势力并存。结果却是地方坐大，内外失衡，汉代的豪强地主成为国家危机的重要源头。

战乱和国家对于中间社会势力的打击，是大分裂时期的社会精英陷入苦闷的社会根源。曾经影响了孔子的风俗已经远去，孔子所宣扬的道理也不能扭转风俗。伴随着中间社会势力反复被打倒的，是地方生活秩序的混乱。佛教就在这个时候传遍了中国。可想而知，当时的人们曾经对佛陀寄予了多少期待。可是，出世和入世之间的平衡实在难以把握。从正法时代退入像法时代的佛教依然展示了巨大的魅力，也引来了世俗政权一次次的毁灭性打击，逐渐实现了中国化。佛教中国化的核心内容，就是强调在世俗生活中修行的可行性。担水砍柴，无非妙道。这就给儒释道三教融合提供了合法性。如果担水砍柴就是妙道，为什么“事父事君”就不是妙道[①]？这是后世冯友兰的自问自答，也许也是当时很多读书人的自问自答。如果功名利禄之中也有内心解脱，那就不妨求之。隋代的科举制度是中国制度史上最伟大的发明之一。它最奥妙的地方在于，所考的内容被公认为用处不大——虽不是毫无用处。心心念念的是成为圣贤之道，而将来最常用的是刑名钱谷之术。用苏东坡的话来说：“自文章言之，则策论为有用，诗赋为无用；自政事言之，则诗赋、策论均无用。”[②] 一般认为，这种制度能够令英雄气短。也可以换一种理解：由国家来提供人民最看重的东西，从而实现了整合，这是一种很现代的做法。经过漫长而艰难的发展，佛教和科举制度为百姓尤其是为中间社会势力创造了一种新的活法：几百年人家无非行善，第一等好事还是读书。

在中间社会势力和体制的紧张关系基本消融之后，国家正式机构也就没有必要继续蹲守在乡村深处了。赋役制度的改革不断地将乡官改成职役，将力役改成雇役，原来从乡村征发的人力，逐渐地变成了城里人的就业机会。中央集权的势能也加速了郡县空虚，这在宋代非常明显。三教融合之后的宋代新儒家及时地提出了乡村教化的主张，诸位大儒身体力行，推动庶民宗族的建设，国家也主动引导礼下庶人。有组织的教化填补

---

① 冯友兰．中国哲学简史．涂又光，译．北京：北京大学出版社，2013：252.

② 严耕望．中国政治制度史纲．上海：上海古籍出版社，2013：201.

了国家正式权力撤出留下的空间，但也越来越分离了官与民。在儒与法的关系中，一般说儒表法里，但是儒家的力量越来越大，到后来真可以说是互为表里。

在清代的时候，由于生存资源的扩展和人口的暴增，社会容量大大地增加。相比而言，国家正式权力的影响半径进一步地缩小，形成了城市里的官吏遥控乡村的治理模式。上下之间空前地脱节了。帝制中国从一种严格意义上的郡县国家模式开始，终结于一个郡县制下的城邑国家形态。这样的国家在费孝通看来是一种有序的双轨结构，遇到考验却更像是黄仁宇所说的三明治结构，上下之间缺少有力的联系。

这样来看三千年的治理史，所谓具象的社会，国家直接面对每家每户，是这块土地上自然而然地长出的一种文明。它是被人设计出来的，作为国家间竞争的一种最优策略，仍然可以说是一种自发秩序。国家上层之所以要采取这样的制度，主要的目的是汲取，是尽可能地征税和役使人力。一旦赋役合一，且可以货币化征收，国家正式权力也就顺其自然地退缩了。从产生到消退，都是自然而然的。它从来没有被作为一种社会理想，实际上，由国家直接面对每家每户，按照儒家的看法，这不符合封建制的原则。

然而，如果不能直接面对每家每户，也就不能解决中国的国家危机。外部的竞争压力越是巨大，这个命题就越是真实和紧迫。宋代以来的经验还告诉我们，国家必须推行生活教化，每个人的幸福不仅是个人的事情，也是家庭、社会组织、基层社区和国家的事情。这种教化必须通过贴身的组织来落实，而不能仅仅停留在课堂上。这无非就是说，基层必须有组织，而且是多元的且能体现政治统一性的组织体系，形成一种社会团结。

宋代以来的基层多元组织一般不是政府发起成立的，但它们的负责人和成员高度认同国家的主流意识形态，形成了富有文化内涵的社会性团结。今天要重建的基层组织体系，其中的组织一般也不必是政府发起成立的，但是都接受基层党组织的领导，可以形成一种新型的治理性团结。

三

1949 年新中国的成立，1978 年以来的放活，2006 年完成的农村税费改革，后来个税起征点的不断提升调整，不断完善的社会保障和公共服务，以及 2012 年以来的反腐败和治理提升，一再地证明了中国的国家性质，证明了中国是世界上最为负责任的国家之一。传统中国通过汲取和教化来沟通家家户户，现代中国增加了服务手段来联结十几亿人民，追求共建共治共享的理想境界。一种人民所接受的具象的社会正在成为现实。极权主义的帽子除了表达欧洲人对自己文明的担忧之外，也给我们提了醒，但并没有在中国显示出它的理论解释力。

自发形成的具象社会形态，应该成为中国更为自觉的选择。社会秩序和生活秩序是社会治理的两项基本任务。应该说，社会秩序已经有了空前的改善，说它是千年之变大概也不为过。顾炎武曾经说："人聚于乡而治，聚于城而乱。聚于乡则土地辟，田野治，欲民之无恒心不可得也。聚于城则徭役繁，诉讼多，欲民之有恒心不可得也。”（《日知录：卷十二·人聚》）他预言了城市化带来的治理困难。然而，到今天来看，城市治理也是井然有序。虽然，如果遇到经济波动，不敢说社会秩序不会发生变动，但仅从社会治理的角度来说，各种制度、技术和措施都是很有力的。

现在的问题在于生活秩序。很有必要重建与政治教化相融合的生活教化，由政府和社会力量一起依靠科学方法和多元化的组织发展出新型的生活教化，帮助人民重振活法。这也是三千年来治理史可以提供给现代中国的经验。

在疫情中看到这样一条标语：每个人都是自己健康的第一责任人。意思是说，关于我们的身体健康，还有更多的责任人，比如家人、社区、政府和其他。这是一个很有中国味道的社会事实。当我们看到人口增长率下滑的数据，不能不为这个国家的未来捏把汗，因为我们都活在一个命运共同体里面。年轻人为什么不结婚，不生孩子？难道这种养育了他们的活法真的就不值得再来一遍吗？然而，今天很多的年轻人已经自顾不暇，更不用说去顾及家人。一个乡下老人拄着拐棍到了村委会，控诉自己子女的不孝，以拐顿地，大声地问：这样的事情你们怎么不管啊?！关于孝道，笔者听到过的最有力的一句控诉是："不蠢就是孝！"这大概在很广泛的程度上代表了“最后一代公婆”的心声。意思是，如果子女能够尊重他们一点，他们本可以给予子女更多。比如，他们可以帮助子女照顾第二个孩子，只要子女愿意生。有些地方的子女算是“聪明”的，他们生了两个孩子，分别随父姓随母姓，分别交给爷爷奶奶和外公外婆带大，两个孩子成了两家人。凭直觉来说，这也不妥当吧！孩子们也很不容易。当看到疲惫不堪的学生时，我们不能不感到心疼。可是，为人父母的时候，我们一般也还会想着把孩子送去补习功课，因为如果留在家里，孩子就可能成了“神兽”。我们看到那些勇于与“神兽”做斗争的虎爸虎妈，感到他们那样做也未必好。如果这个社会还需要生活教化，成功的生活教化就不可能仅仅由私人来完成。

每个人的幸福不仅是个人的事情，也是家庭、社会组织、基层社区和国家的事情。这句话值得再重复一遍。习总书记说：“江山就是人民、人民就是江山，打江山、守江山，守的是人民的心。”笔者很认同这句话，尤其认同这句话里沉甸甸的责任。

致　谢

本书最基本的观点是“国家直接面对有差异的个人”，我认为这是中国社会的一个特质。形成这个看法已经十多年了，最终促成我写出本书的动因是完成恩师曹锦清先生的国家社科基金重大课题。这是一个研究如何“构建全民共建共享的社会治理格局”的课题，立项于2015年，我负责其中的理论部分，于是就借这个机会推进了相关的思考。本书的另一个观点源于曹先生关于“治体”的想法，这是一种把握政治系统的思维，不同于流行的“政体”思维。我后来发现可以将曹先生的想法与自己的想法结合起来，将“治体”解释成“治理体系”的简称，继而认为要实现“国家直接面对有差异的个人”，就必须有一个体系化的结构，这个结构正是“治理体系”。而“体系”恰好是我在曹先生的指导下完成的博士论文的主题。在本书初稿形成之后，曹先生又投入大量时间审读了全书，提出了不少意见，嘱咐我认真思考，最后他还为本书写了序言。本书的完成必须首先感谢曹先生。当然，所有文责在我一人。

曹先生在序言中指出了本书的缺点，但只是点到为止。诚如曹先生所说，本书实在是勉为其难，论题所涉宏阔，而自己的学力远远不够。但我感到有必要写它，也有必要出版它。它的缺点之多是可想而知的，希望读者能帮我指出缺点和改正的路径，让我有机会进一步完善它，或者说，让我们一起来完善它。

在本书的写作过程中，我没有系统地借鉴西方社会理论家对于组织化的联结相关问题的思考，比如关于法团主义和社群主义的思考；还有很多本土性的理论思考与本书所论也是高度相关的，尤其是接续了费孝通先生晚年思路的最新研究，我也没有来得及去梳理。我的师弟张贯磊研究过涂尔干的理想社会图景，他反复阅读了部分初稿，给出了有价值的意见。在本书的写作过程中我处于一种阶段性的闭关状态，在这种状态下，端赖我的夫人凌慧女士应对一切家务，让我背对生活，专心致志。中国人民大学出版社的任晓霞、梁保菊、霍殿林、王海龙等老师为本书的出版提供了很多的帮助，他们对本书的关注、耐心和信心令我深受鼓舞。编辑团队在后期投入的精力无疑是巨大的，他们核实了每一个数据和每一处引用，对我触动很大，以后我不应该大而化之地对待细节问题。非常感谢他们的努力！

我在《群体性孤独：为什么我们对科技期待更多，对彼此却不能更亲密?》这本书中看到了一种特别的致谢方式，作者在致谢很多访谈者的时候，说希望他们能够为自己的作品而感到自豪，因为这是大家共同的作品。开始我想的是，如果欠了很多人情却还不了，大概也只好这么说了。但是现在，我可以换一种理解。一项比较复杂的工作注定会牵扯到非常多的人，包括那些无意中提供了帮助的人，也包括那些我没有意识到他或她的帮助的人，也许正是某个人在自己岗位上的认真工作，帮助我扫除了本来可能存在的障碍。一本书的完成不仅仅是发生在与写书直接有关的过程中，也发生在日常生活和工作的有序展开中。应该说先有日常生活和工作的有序展开，然后才有了一本书或别的东西。至于到底是哪些人帮助我顺利地从昨天过到今天，又将度过这个夜晚过到明天，这哪里能说得清楚呢。别人若为你的工作感到自豪，一定是因为你的工作确实是很有意义的事情，所以，我希望本书的内容和出版确实是有意义的，以此回报一切人。

2022 年 8 月

图书在版编目（CIP）数据

江山与人民：中国治理体系解析/熊万胜著．--
北京：中国人民大学出版社，2022.9
ISBN 978-7-300-30921-7

Ⅰ.①江… Ⅱ.①熊… Ⅲ.①行政管理-研究-中国
Ⅳ.①D630.1

中国版本图书馆 CIP 数据核字（2022）第 163313 号

江山与人民
中国治理体系解析
熊万胜 著
Jiangshan yu Renmin

出版发行	中国人民大学出版社		
社　　址	北京中关村大街 31 号	**邮政编码**	100080
电　　话	010－62511242（总编室）		010－62511770（质管部）
	010－82501766（邮购部）		010－62514148（门市部）
	010－62515195（发行公司）		010－62515275（盗版举报）
网　　址	http://www.crup.com.cn		
经　　销	新华书店		
印　　刷	北京宏伟双华印刷有限公司		
规　　格	148 mm×210 mm　32 开本	**版　　次**	2022 年 9 月第 1 版
印　　张	14.125 插页 2	**印　　次**	2023 年 1 月第 2 次印刷
字　　数	298 000	**定　　价**	79.00 元